U0533609

九州文库

# 价值驱动型职业院校改进

赵海吉 著

九州出版社
JIUZHOUPRESS

图书在版编目（CIP）数据

价值驱动型职业院校改进 / 赵海吉著 . --北京：
九州出版社，2023.5
　　ISBN 978-7-5225-1845-9

　　Ⅰ. ①价… Ⅱ. ①赵… Ⅲ. ①职业教育—学校管理—
研究 Ⅳ. ①G710

中国国家版本馆 CIP 数据核字（2023）第 089139 号

## 价值驱动型职业院校改进

| | |
|---|---|
| 作　　者 | 赵海吉　著 |
| 责任编辑 | 郝军启 |
| 出版发行 | 九州出版社 |
| 地　　址 | 北京市西城区阜外大街甲 35 号（100037） |
| 发行电话 | （010）68992190/3/5/6 |
| 网　　址 | www.jiuzhoupress.com |
| 印　　刷 | 唐山才智印刷有限公司 |
| 开　　本 | 710 毫米×1000 毫米　16 开 |
| 印　　张 | 16.5 |
| 字　　数 | 296 千字 |
| 版　　次 | 2023 年 5 月第 1 版 |
| 印　　次 | 2023 年 5 月第 1 次印刷 |
| 书　　号 | ISBN 978-7-5225-1845-9 |
| 定　　价 | 95.00 元 |

★版权所有　侵权必究★

# 前　言

先谈一下我对价值驱动型学校的认识。

纵观企业管理的全部历史，它大致经历了经验管理、科学管理、文化管理三个阶段，总的趋势是管理的软化。①成思危也认为，管理实际上很大的工作量是对人的管理，所以在管理的发展过程中经历了三个发展阶段：第一个阶段是经验管理阶段，就是管理者根据他自己的经验来进行管理；管理的第二个阶段是科学管理。科学管理就是利用运筹学的方法，用计算机作为辅助手段来进行管理。从20世纪80年代以后，发达国家已经认识到管理应进入第三阶段，那就是文化管理阶段。所谓文化管理，就是在企业中培养企业文化，使职工树立共同的价值观，通过这些价值观、道德观来加强管理。②

学校管理也大致经历了这三个阶段，即经验管理、科学管理和文化管理，由此形成三种类型的学校：经验驱动型学校、技术—效能驱动型学校、价值驱动型学校。

文化管理的结果便是价值驱动型组织的构建。理查德·巴雷特（Richard Barrett）在《驱动力：建设价值驱动型组织全系统方案》中明确提出价值驱动型组织概念，国内学者张东娇借鉴该说法，提出价值驱动型学校概念。价值驱动型学校建设是学校文化管理的新追求和新境界。价值驱动型学校是以核心价值观的建构、反思和实现为主要管理活动的学校，与经验驱动型学校和技术—效能驱动型学校相比，具有文化地图清晰、价值观管理贯穿、内群体文化团结的特征。③

---

① 张德. 从科学管理到文化管理——企业管理的软化趋势 [J]. 清华大学学报（哲学社会科学版），1993（1）：28.
② 成思危. 价值观与企业文化管理 [C]. 2008湖北企业文化高峰论坛论文集，2008（5）：915.
③ 张东娇. 价值驱动型学校的特征、文化哲学与建设策略 [J]. 北京师范大学学报（社会科学版），2014（5）：5-7.

接下来，梳理一下关于价值驱动型学校改进的演化及其主要内容。

"学校改进"被正式提出是在20世纪70年代末至80年代初，这个时期，学校改进主要关注组织变革、学校自我评估、变革所有权等问题。20世纪80年代后期至90年代中期，学校改进重点在学校效能的提升上。20世纪90年代中后期至今，学校改进更为关注学校组织中"人"的发展，一方面是研究不同因素的变化对学生学习结果的影响，另一方面是对教师学习水平和教学行为的关注。价值驱动型学校改进，就是学校在校本核心价值驱动下，通过系统、持续的努力，改变组织内外诸要素及其相互关系，从而更有效地达成教育目标的组织变革过程。①

福列特（Follett）将构建价值观驱动型组织视为管理的理想状态和终极状态，它既是出发点，又是过程，更是结果。福列特以价值观共同体、个体认知定位、关系思维下的融合统一体、共享的权力四个维度作为构建价值观驱动型组织的内容体系。②价值驱动型学校改进的支撑点是学校教育的三大功能，即促进学生成长、服务社会、发展学校。改进的内驱力是共同的价值观；改进的突破口是学校自我诊断；改进的统率力是学校精神文化建设；改进的依托力是利益相关者。③

依据以上分析，对于与普通教育不同教育类型的职业教育，研究价值驱动型职业院校改进，具有特殊的意义和价值。

本书的第一章主要探讨职业院校改进中的文化培育。学校文化管理的最终结果就是建设价值驱动型学校，这一部分是价值驱动型职业院校改进之魂。我试图从职业教育的目的这一终极问题入手，分析学校文化的功能，首先着重谈了学校精神文化的内容及其提炼方式，这是价值驱动型职业院校改进的内在统率力。其次分析了学校物质文化、制度文化、行为文化培育及改进方式。

第二章主要从职业院校"产教融合、校企'双元'育人"，这一职业教育独特的办学价值观切入，分析产教融合下的职业教育改进的方式与策略。该部分是本书中价值驱动型职业院校办学方式改进方法和路径的具体呈现。

第三章是在承接第二章产教融合这一宏观大背景下，从中观和微观层面，

---

① 郑航，王晓莉等. 价值驱动型学校改进——理论与实践 [M]. 广东人民出版社，2021（5）：15-16.
② 周文彰，张薇. 福列特构建价值驱动型组织的四重逻辑 [J]. 国家行政学院学报，2018（2）：70.
③ 郑航. 价值驱动型学校改进需关注的几个重要问题 [J]. 教育科学研究，2021（1）：33-36.

就工学一体的课程建设和以学生为中心的行动导向教学改进进行阐述。

第四章回归到价值驱动型职业院校改进的支撑点"人"的发展这一根本性问题。以立德树人、社会主义核心价值观为统领，探讨培养什么人、怎样培养人、为谁培养人的问题，这一部分应当是生动和鲜活的一部分。本书从教师专业化发展和学生个性化成长两个方面，谈了改进方法和思路。

本书集中体现了高水平院校建设研究成果，同时融合了笔者近30年从事职业教育工作中的行动与思考，特别是多年来主持和参与的部、省、市级以上多个立项课题的研究成果，多篇在中文核心期刊发表的文章，以及在全国讲学的讲稿。囿于水平所限，有论述不充分或不当之处，敬请各位批评指正。

成书期间非常感谢华南师范大学教育科学学院教授、博士生导师郑航，他将自己的新作《价值驱动型学校改进——理论与实践》寄给我，给了我很多启发和写作动力。同时，还要感谢我的单位给了我实践教育管理的平台，也要感谢我的同事，书中诸多成果是大家共同努力的结果。

# 目 录
## CONTENTS

**第一章 职业院校改进中的文化培育** ............................................... **1**
  第一节　学校文化与学生职业素养 ............................................... 1
  第二节　学校精神文化 ............................................... 10
  第三节　学校物质文化 ............................................... 25
  第四节　学校制度文化 ............................................... 34
  第五节　学校行为文化 ............................................... 46

**第二章 产教融合下的职业教育改进** ............................................... **62**
  第一节　产教融合的发展及现状 ............................................... 62
  第二节　产教融合下的职业教育改进 ............................................... 88

**第三章 一体化课程开发与教学改进** ............................................... **129**
  第一节　一体化课程开发 ............................................... 129
  第二节　以学生为中心的课堂改进 ............................................... 157

**第四章 价值驱动的教师与学生发展** ............................................... **181**
  第一节　价值驱动的教师专业发展 ............................................... 181
  第二节　价值驱动的学生发展 ............................................... 215

**参考文献** ............................................... **241**

# 第一章

# 职业院校改进中的文化培育

## 第一节 学校文化与学生职业素养

职业院校的毕业生就业率、专业对口率、用人单位的满意度等指标，在一定程度上反映了职业院校的办学质量。根据《2018年中国高等职业教育质量年度报告》的数据，2017年高职毕业生毕业半年后就业率达到92.1%，比2016届上升0.6个百分点[①]。专业对口程度作为就业质量的重要评价指标是衡量大学生人力资源开发与利用有效程度的重要标准，对专业对口问题的探究有助于深层次了解毕业生所在岗位上对于高校培养的真正需求，对高校培养的调整有着深刻的意义[②]。影响专业对口率的因素较多，且过低的专业对口率，对高职院校学生职业能力培养是个巨大的挑战。目前毕业生当年专业对口率基本维持在70%左右，但毕业生毕业三年后的专业对口率情况如何呢？根据麦可思2014年中国大学生就业报告，全国高职高专2010届毕业生至2013年，职业转换率达48%，最高的为"餐饮管理与服务类"高达69%。2010届毕业生三年内行业转换率达54%，最高的为"家具、医疗设备及其他制成品业"达75%。根据权威机构公布的数据，近几年全国高职高专学生毕业三年后的职业转换率和行业转换率基本维持在50%左右。职业转换率是指有多少比例的毕业生在毕业三年后转换了职业，行业转换率是指有多少比例的毕业生在毕业三年后转换了行业。

这意味着高职高专有超过一半的毕业生三年后所从事的职业或行业与自己在学校所学的专业并没有太多的关联性。据我们的初步调查，中等职业学校毕

---

[①] 上海市教育科学研究院，麦可思研究院编著. 中国高等职业教育质量年度报告[M]. 北京：高等教育出版社，2018.

[②] 魏巍. 本科毕业生就业专业对口问题研究[D]. 上海：华东师范大学，2017.

业生三年后行业转换率更高，不同的专业会略有差异，平均大约在60%左右。也就是说，中等职业学校毕业生有近六成的学生所从事的职业与学校所学专业关联性不高。

这种现象的出现，颇值得我们反思。我们花大力气进行工作过程系统化的课程改革，实行产教融合、工学一体、订单式培养，希望学生能与就业岗位零距离，结果毕业三年后有超过一半的学生却远离了自己所学的专业。我们不禁要问：学生在校几年的学习生涯中，到底学习什么最有价值？我们有必要探讨一下职业教育的目的。

### 一、职业教育的目的

唐朝杰出的文学家、思想家韩愈在《师说》中云："师者，所以传道受业解惑也。"如果站在学校教育的角度来看，"传道"即立德树人，"受业"通"授业"即传授知识与技能，"解惑"即解决疑惑。该文大约作于贞元十七年至十八年（801—802年），韩愈不仅回答了教师的作用，还非常好地回答了学校教育的作用。

赫伯特·斯宾塞（Herbert Spencer，1820—1903年），英国哲学家、社会学家、教育家，于1859年在《什么知识最有价值》中提出："最有价值的知识是科学，因为它最直接地关系到我们自我保存。"这在英国工业革命取得成功的背景下，有其合理性。

在20世纪70年代雅斯贝尔斯就对当时的教育状况提出："人们所理解的教育只是将青年人培养成有用人才。当某一科学被运用于经济之时，这门科学马上身价百倍，人们为了获利，纷纷追求它，并在学校中推广这一学说；研究者和教师也以此要求编入教材中。"这在我们当前的职业教育中，并不少见。

美国人在反思几十年前美国的教育时，说得很直白："国家如果想在经济和军事前沿与苏联展开有力的竞争，学校就应该在像道德教育这样的'软'领域中少花些时间，而在学术性主题上多花些时间，民主更多的是依靠国家产品的多少和核弹头的数量而不是个人的道德自律。"[①]而曾任耶鲁大学校长达20年之久的理查德·莱文曾说过："真正的教育不传授任何知识和技能，却能令人胜任任何学科和职业，这才是真正的教育。"[②]杜克大学校长理查德·布罗德海德在

---

① HERGH R, MILLER J, FRELDING G. Models of Moral Education: An Appraisal [M]. New York: Longman, 1998: 23.
② 潘璋荣. 耶鲁大学的办学理念及其启示 [J]. 新课程研究, 2018 (1): 1.

谈论人文教育时说:"不是教给学生以后工作中需要的技能和方法,而是培养学生一种内在的潜能,一种可以受用终身、从容适用新环境,并能不断应对未来各种变化与挑战的基本素质,如思考、分析、判断能力。"

职业教育不能过分功利化,也不可无视就业导向。北京师范大学的钱志亮博士将教育划分为三个层次:第一层次是"工具性",就是培养学生听说读写能力,应付考试,能在商业化的社会中满足生存之需;第二层次是"人文性",就是提高学生审美鉴赏能力,培养真实个性与独立人格,能在庸俗功利社会中保持不泯人性;第三层次是"精神信仰",即"文以载道",儒者兼济天下,侠者为国为民,道者独善其身,释者身体力行。

1917年5月6日黄炎培先生联合社会知名人士蔡元培、梁启超、张謇、宋汉章等48人于在上海创立中华职业教育社,开办中华职业学校,以"敬业乐群"为校训,提出"劳工神圣""双手万能"的实用教育,要使"无业者有业,有业者乐业"。他在1917年创建中华职业教育社时,就揭示了职业教育的目的有三:

一是为个人谋生之预备。

二是为个人服务社会之预备。

三是为世界及国家增进生产能力之预备。

1934年,他又把"谋个性之发展"作为职业教育的首要目的,并且提出它的终极目的是:"使无业者有业,使有业者乐业。"

德国学者劳尔·恩斯特(Lau·Ernst)认为,职业教育重点在于培养人的职业行动能力,其包括三个方面:

专业能力:会全面、系统、综合地学习和掌握专业知识和技能。

方法能力:掌握并具有自我学习、处理和解决问题的方法和能力,适应未来不断变化的需求。

社会能力:具有与人交往、合作的能力,以及责任意识和组织纪律性等。

新修订的职业教育法中这样界定职业教育,是指为了培养高素质技术技能人才,使受教育者具备从事某种职业或者实现职业发展所需要的职业道德、科学文化与专业知识、技术技能等职业综合素质和行动能力而实施的教育。

综上所述,笔者认为,职业教育之目的在于培养人的职业能力、促进人的全面发展、服务社会需求。职业教育是培养能够体面并持续就业或创业,享受职业幸福的人。职业教育不是学历教育,也不是资格教育。德塑人生,技行天下。掌握知识与技能可以解决谋生问题,而人生的路能走多远,还要看人的职业素养。

## 二、学生职业素养

职业素养是指职业人在从业过程中需要遵守的行为规范，是劳动者在职业生涯中表现并发挥作用的相关品质，是人们从事某种工作、专门业务或完成特定职责所具备的专业技能和道德操守的总和，职业素养一般包括职业道德、职业意识、职业行为习惯和职业技能等四个方面的内容。[①]

广义的职业素养可以从以上四个方面理解，职业技能为显性职业素养，职业道德、职业意识、职业行为习惯为隐性职业素养。除去"职业行为习惯"，每个方面涵盖的内容如图1-1所示：

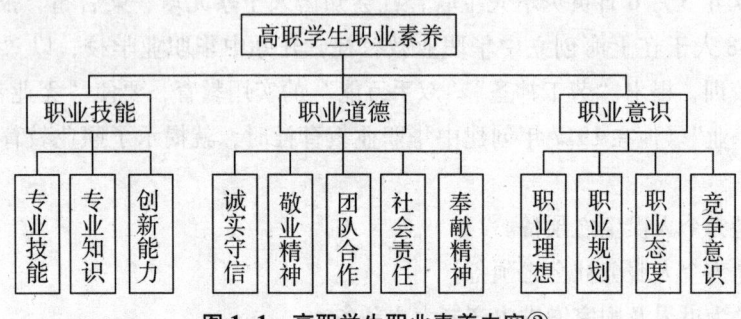

```
                    高职学生职业素养
            ┌───────────┼───────────┐
         职业技能      职业道德      职业意识
         ┌─┼─┐     ┌─┬─┬─┬─┐    ┌─┬─┬─┬─┐
        专 专 创   诚 敬 团 社 奉  职 职 职 竞
        业 业 新   实 业 队 会 献  业 业 业 争
        技 知 能   守 精 合 责 精  理 规 态 意
        能 识 力   信 神 作 任 神  想 划 度 识
```

**图1-1　高职学生职业素养内容**[②]

职业素养是职业对从业者的要求，从另外一个视角看，职业素养可分为三个层次：公共职业素养、行业职业素养、岗位职业素养。公民素养则是三个层次职业素养形成的基础。公共职业素养是从事任何职业的劳动者都应该具有的素养，是职业人共有的基础性职业素养。岗位职业素养是针对某一特定岗位的从业者的特殊要求。[③]

---

① 王红岩. 高职生职业素养培养策略研究[J]. 黑龙江高教研究，2012（2）：130-132.
② 吴伟萍. 从企业需求出发探究高职学生职业素养培养[J]. 职业与教育，2014（8）：105-107.
③ 蒋乃平. 职业素养训练是职业院校素质教育的重要特点[J]. 中国职业技术教育，2012（1）：78-83.

```
        岗位职业素养
      ----------------
       行业职业素养
     公共职业素养
   （责任、进取、自尊、自信等）
```

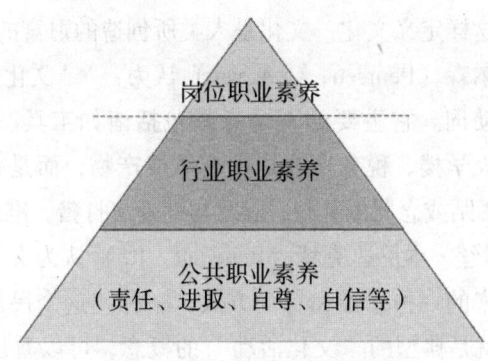

图1-2　职业素养的三个层次

从以上可以看出，职业院校对学生的培养，不仅要重视职业技能的训练，还要注重职业道德、职业意识、职业行为习惯的培养。从职业素养的层次来讲，我们不能只关注露出水面的"冰山"一角——岗位职业素养的培养，还要花更大的力气培育影响人一生的未露出水面的"冰山"主体——公共职业素养和行业职业素养。

职业院校如何培育学生的职业素养？其途径和方式方法有很多，通过学校文化浸润来提升学生的职业素养，或许是职业院校不可或缺的有效途径。

### 三、学校文化及其功能

什么是学校文化？为更清楚地认识这一概念，我们有必要先看一下什么是文化？文化概念内涵丰富。20世纪50年代的美国人类学家克鲁伯和克拉克洪（Kroeber, A. L. and Kluckhohn, C.）合著的《文化：关于概念和定义的批判回顾》一书中，罗列的从1871—1951年80年间的文化定义就达164种，我国研究者韩民青在其所著的《文化论》中指出有近200种定义。[1]

文化概念的发展，基本遵循两条路径：静态的"文化实体"与动态的"文化活动"。

英国人类学家泰勒（Taylor, E. B.）在著作《原始文化》（*Primitive Culture*）中这样定义文化："从广义的人种学的意义上说，文化或文明是一个复杂的整体，它包括知识、信仰、艺术、道德、法律、风俗以及作为社会成员的人所具有的其他一切能力和习惯。"[2]这一定义直接影响了"文化实体"概念的发展，

---

[1] 杨全印，孙稼麟. 学校文化研究——对一所中学的学校文化透视[M]. 北京：教育科学出版社，2005：22.
[2] [英国]泰勒著，蔡江浓编译. 原始文化[M]. 杭州：浙江人民出版社，1998：1.

如我们今天很多人这样定义文化：文化是人类所创造的财富的总和。

荷兰哲学家皮尔森（Peursen，C. A. van）认为："'文化'这个术语与其说是名词，不如说是动词。它主要的不是意指包括诸如工具、图画、艺术作品，更不消说博物馆、大学楼、税务所在内的客体或产物，而是首先意指人制造工具和武器的活动；舞蹈或念咒的礼仪；以及与性爱、打猎、准备食物相关联时的各种行为模式。"露丝·本尼迪克特（Benedict，R.）认为文化"是通过某个民族的活动而表现出来的一种思维和行动方式，一种使这个民族不同于其他任何民族的方式"。①这就是典型的"文化活动"的概念，可以看出"文化实体"与"文化活动"概念的差异。

那么学校文化该如何界定，当然也要遵循"文化实体"与"文化活动"两种路径。

"学校文化是在一定的社会历史环境中，学校和学校教职工在教书育人和组织管理生活中，为追求实现共同目标而逐步创造和形成的观念形态和文化形式的总和，它包括价值观念、行为准则、道德规范、心理趋向以及规章制度、校风校貌、学校精神和学校形象等。"②

学校文化："学校内有关教学及其他一切活动的价值观念及行为形态。"③

笔者认为，学校文化就是一种氛围与做事的方式。当我们选择了一所学校，也就选择了一种生活方式。

学校文化不同于校园文化，两者有共性，但也存在差异。学校强调的是一个组织机构，而校园强调的是一个地域范围。校园是学校的一个组成部分，正如我们讲企业与厂区的关系是一样的。学校文化要涵盖校园文化。

北京师范大学安文铸教授认为，中小学校园文化是以中小学校园为地理环境圈，以社会文化为背景，以学校管理者和全体师生员工组成的校园人为主体，在学校教育、学习、生活、管理过程中的活动方式和活动结果。这种方式和结果以最有校园特色的物质文化和精神文化为其外部表现并影响和制约着校园人的发展。④

我们主张用"学校文化"取代"校园文化"，还有一个重要原因：职业教育本身就是一种"跨界"教育，它跨越了学校与企业、职业与教育的界域。因

---

① 杨全印，孙稼麟.学校文化研究——对一所中学的学校文化透视[M].北京：教育科学出版社，2005：23.
② 刘学国.浅论学校文化和学校文化建设[J].教育理论与实践，1990（6）：64.
③ 顾明远.教育大词典（6）[M].上海：上海教育出版社，1992：426.
④ 安文铸.学校管理研究专题[M].北京：科学普及出版社，1997：230.

此，用"学校文化"更能揭示职业教育规律。

学校文化的内涵发展许多源于企业文化，我们可以从企业文化的内涵中去理解学校文化的要素与结构。企业文化的构成要素，比较有代表性的是：五要素说、七要素说和八要素说。

表1-1　企业文化要素①

| 理论 | 学者 | 企业文化要素 |
| --- | --- | --- |
| 五要素说 | 迪尔和肯尼迪 | 企业价值观、英雄人物、典礼与仪式、企业文化传播网络、企业环境 |
| 七要素说 | 河野丰弘 | 员工价值观、情报收集的取向、构想是否为自发地产生、从评价到实行的过程、员工的互助关系、员工的忠诚度、动机的形态 |
| 八要素说 | 彼得斯和奥特曼 | 采取行动、接近顾客、自由和创新精神、以人为本、亲身实践和价值驱动、坚持本业、组织单纯、宽严并济 |

比较与借鉴上述成果，职业院校学校文化的要素应当包括如下六要素。

表1-2　职业院校学校文化要素

| 学校文化要素 | 主要内容 |
| --- | --- |
| 价值观 | 办学理念、使命、愿景、学校精神、宗旨、校训、校风、教风、学风等 |
| 以人为本 | 学习方式、教育教学方式、师生关系、资源配置等 |
| 榜样人物 | 优秀师生、优秀管理者、社会知名人士、道德模范、优秀企业家及员工等 |
| 典礼与仪式 | 毕业典礼、成人礼、开学礼、散学礼、各类颁奖典礼、升旗礼、校庆、军训、运动会、艺术节、五四青年节、科技节等 |
| 传播方式 | 故事、会议、媒介、讲座、展示活动等 |
| 学校环境 | 教育教学硬件、师资队伍、学生素质、专业与课程、管理制度、精神文化等内部环境，还有政治、经济、法律、技术、社会文化及产业等外部环境 |

---

① 赖文燕，周红兵，赵婧．企业文化［M］．南京大学出版社，2015：8.

"价值观"要素,可以包含但并非必须包含"以人为本"要素。之所以将"以人为本"单独作为一要素,是由于职业教育的"教育性"所决定的。

学校文化结构是指学校文化系统内各要素的排列组合方式。

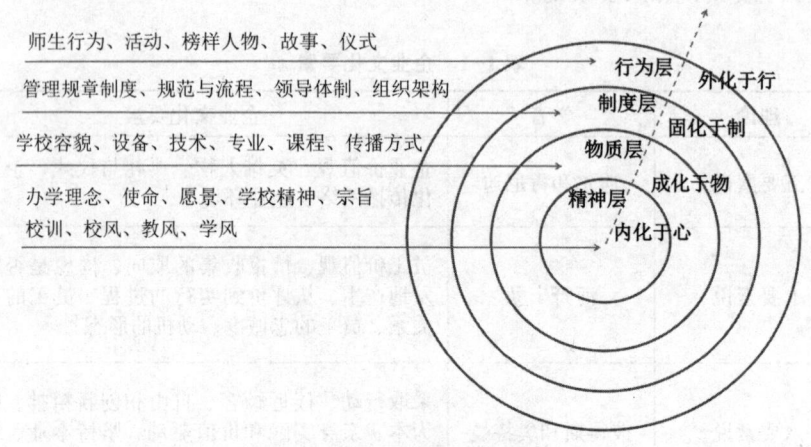

```
师生行为、活动、榜样人物、故事、仪式 ————→ 行为层  外化于行
管理规章制度、规范与流程、领导体制、组织架构 ————→ 制度层  固化于制
学校容貌、设备、技术、专业、课程、传播方式 ————→ 物质层  成化于物
办学理念、使命、愿景、学校精神、宗旨
校训、校风、教风、学风 ————→ 精神层  内化于心
```

**图 1-3 学校文化四层次模型**

学校文化结构比较典型的有:"四层次结构"模型、"冰山"模型、学校识别系统模型、生态树模型。

现在应用比较广泛的是"四层次结构"模型,将学校文化结构分为:精神文化、物质文化、制度文化、行为文化。将迪尔和肯尼迪提出的文化的"五要素"体现当中。如图 1-3 所示。

精神文化是核心,物质文化是基础,制度文件是保障,行为文化是外显。许多人将物质文化放在最外层,我认为在另外三层次的"内化于心""成化于物""固化于制"的共同作用之下,最终"外化于行",形成行为文化。

学校文化的"冰山"模型,是将学校文化结构分为显性文化与隐性文化两部分。显性文化是直接显现出来的外在化的文化形态。按照存在的形态划分,显性文化可分为物理形态、文本形态和行为形态。学校建筑、标志符号、地理环境、教学设施设备等属物理形态。文本形态是以书面文本形式呈现的文化形态,如学校的各类规章制度等。行为形态是指由师生员工行为所呈现的文化形态,如学校的领导行为、教师教学行为、班级管理行为、学生行为等。[①] 隐性文化是不能直接显现出来的内在化的文化形态。主要包括:学校的办学理念、

---

① 郭继东,祝静文. 学校文化结构的三种模型隐喻 [J]. 现代教育论丛,2011(9):12-15.

价值观念、学校精神等。

学校识别系统模型，源自企业识别系统，为运用于学校文化建设发挥了积极作用。通常分为理念识别系统、行为识别系统、视觉识别系统、环境识别系统四部分。

学校文化生态树模型，如图1-4所示。

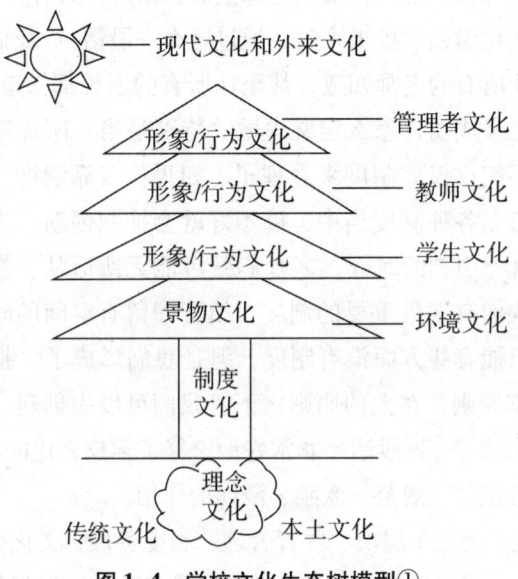

**图1-4　学校文化生态树模型**①

理念文化为树根，制度文化为树干，管理者文化、教师文化、学生文化与环境文化为树枝，景物文化与形象/行为文化为树叶。传统文化和本土文化为土壤，现代文化和外来文化为阳光。

该模型将学校文化理解为一个有生命的生态树，考虑到了传统文化与本土文化的土壤因素，也考虑到了现代文化与外来文化的阳光作用。虽然本书下面几节选择大家熟悉的四层次模型来讨论，但该生态树模型对于指导具有跨界特点的职业院校的学校文化建设具有特殊的意义与作用，值得借鉴与实践。

学校文化的功能。我们在探究学校文化功能之前，不妨先看看几个企业文化的例子。日本经营管理之神松下幸之助曾说："当员工100人时，我必须站在员工前面以身作则，发号施令；当员工1000人时，我必须站在员工中间，请求

---

① 刘亦菲．对学校文化的要素与结构的分析［J］．天津师范大学学报（基础教育版），2008（1）：11-16.

他们鼎力相助；当员工10000人时，我只有站在员工后面，双手合十，以虔诚之心祈求他们万众一心，众志成城。"要让众多人达到"万众一心，众志成城"的状态，靠的是共同的愿景、价值观和精神追求等文化引领。稻盛和夫在《企业家精神》一书中，反复强调企业经营的三要诀是：让员工迷恋上社长；仔细查看月度销售额与费用；共有哲学。①企业经营如此，学校治理是否也可以这样讲：让师生迷恋上校长；定时仔细查看师生成长情况；共有育人理念。

李希贵在讲文化引领学校未来时，说过这么一段话："我们需要在学校管理的每一个领域，让所有的老师知道，甚至让所有的家长都知道：我们提倡什么，反对什么；怎么定义成功，怎么定义失败。特别是当一所优质学校发展到一定程度的时候，就不能仅仅靠制度来管理了。如果仅仅靠制度，就会陷入无休止地、没完没了地订立各种制度当中，搞不好就会抑制创新。当我们留有太多空间，又没有一种文化引领的时候，老师们就可能无所适从，甚至各行其道、南辕北辙。所以当我们有了最重要的制度，给管理留有空间的时候，文化引领就应该起作用了。可能有些方面没有制度，但是我们形成了'提倡什么，反对什么'这样一些基本原则，在大的原则之下，我们可以去创新，用自己的智慧为学校贡献自己的力量。"②这段话，非常好地诠释了学校文化的功能和作用。

学校文化具有统领、规范、激励、浸润的作用。

学校管理可划分为三个层次：看管管理、制度管理、文化引领。在规模较小的学校，靠校长盯人式的看管式管理，有时也是奏效的，但却是较低层次的管理方式；在中等规模的学校，在看管式管理失效的情况下，需要完善的制度来提高办学质量，这就是制度管理；在大规模或超大规模的学校，需要文化引领，这是较高层次的管理方式。三个层次的管理分别对应着三种管理行为：管门房、管课堂、管心房。管心房永远比管门房重要，这就是学校文化的重要作用。

## 第二节 学校精神文化

### 一、学校精神文化及基本内容

学校精神文化是学校文化的深层表现形式，是指学校在长期的教育实践过

---

① 稻盛和夫.企业家精神[M].叶瑜,译.北京：机械工业出版社,2018：115.
② 李希贵.新学校十讲[M].北京：教育科学出版社,2013：117.

程中，受一定的社会文化背景、意识形态影响而形成的为其全部或部分师生员工所认同和遵循的精神成果与文化观念。①表现为师生员工认同和遵循的文化传统、价值观念、道德情感、思维方式、心理情趣、人生态度及政治观念等。②

具体说来，学校精神文化主要包括办学理念、使命、愿景、价值观、宗旨、校训、校风、学风、教风、校歌等。

办学理念，主要回答办怎样的学校，培养什么样人的问题。

学校使命，指学校的责任，回答学校为什么存在。

学校愿景，主要描绘学校的蓝图，回答成为什么。

校训，《辞海》中这样解释："学校为训育之便利，选若干德育条目制成匾额，悬见于校中公见之地，是为校训。其目的在于使个人随时注意而实践之。"

宗旨，回答现在和未来应从事什么样的事业。

**二、学校精神文化凝练的两种途径③**

学校精神文化是在学校漫长的办学史中沉淀形成的。而现实中，多校一面，万众趋同，并不鲜见。彭振宇对代表中国高等职业教育办学水平的200所全国示范、骨干高职院校为研究对象，比较分析了这200所职业院校的校训后发现：校训形式单一，校训内容雷同度较高。

表1-3 200所全国示范、骨干高职学院校训表述形式统计④

| 形式 | 学校教（所） | 举例 | 占比（%） |
| --- | --- | --- | --- |
| 2×4 | 81 | "严谨治学，崇尚实践"（无锡职业技术学院）等 | 41 |
| 4×2 | 67 | "厚德、笃学、求实、拓新"（武汉职业技术学院）等 | 34 |
| 2×2 | 18 | "厚德、长技"（温州职业技术学院）等 | 9 |

---

① 赵中建. 学校文化 [M]. 上海：华东师范大学出版社，2004：299.
② 范国睿. 学校管理的理论与实务 [M]. 上海：华东师范大学出版社，2003：327.
③ 赵海吉. 职业院校精神文化的内涵及其提炼方式 [J]. 职业，2020（21）：28-29.
④ 彭振宇. 基于校训视角看高职院校精神的凝炼——基于200所全国示范及骨干高职院校校训调查统计分析 [J]. 职业技术教育，2011，32（20）：78-81.

续表

| 形式 | 学校教（所） | 举例 | 占比（%） |
|---|---|---|---|
| N×3 | 7 | "勤、信、实"（宁波职业技术学院）等 | 4 |
| 单句 | 7 | "植根电力，与光明同行"（四川电力职业技术学院）等 | 4 |
| 其他 | 10 | "德、行、技、医"（上海医疗器械高等专科学校）等 | 5 |
| 暂无校训 | 10 | 闽西职业技术学院、新疆石河子职业技术学院等 | 5 |

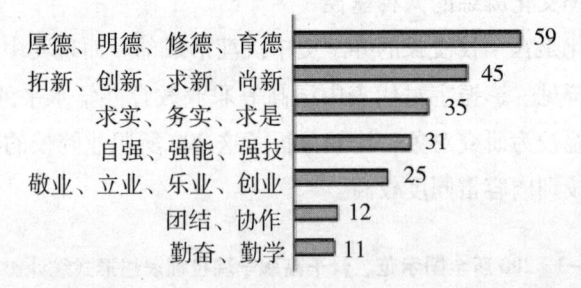

```
厚德、明德、修德、育德           59
拓新、创新、求新、尚新         45
求实、务实、求是            35
自强、强能、强技           31
敬业、立业、乐业、创业       25
团结、协作          12
勤奋、勤学          11
```

图1-5 200所全国示范、骨干高职院校校训表述词语组合使用频次统计[①]

200所高职院校有校训的有190所，10所暂无校训。大多采用2×4"两词八字"，或4×2"四词八字"形式。在内容上，使用频率较高的词语有"厚德、明德、修德、育德"，"创新、求新、拓新、尚新"，"求实、务实、求是"等等。不少学校的校训惊人相似或雷同。

这反映出学校在精神文化的凝练上，一是缺少办学特色的体现，二是缺少历史沉淀，三是师生创造或认同度不高。

如何凝练学校的精神文化？基本途径有两条。

一是从历史积淀中挖掘。

在学校历史发展长河中，总会有许许多多可歌可泣的人或事，对这些人或

---

[①] 彭振宇. 基于校训视角看高职院校精神的凝炼——基于200所全国示范及骨干高职院校校训调查统计分析[J]. 职业技术教育，2011，32（20）：78-81.

事进行认真梳理，发掘其中的闪光点，将其凝练为精神，成为学校倡导和发扬光大的精神文化。这就是提炼学校精神文化最好最直接的方法。因为是师生所创造的，所以这种精神也最具生命力。也可以从民族、本土文化中发掘。

主要方式包括：从关键事件中发掘、从突出人物身上发掘、从专业行业特色中发掘、从传统文化中发掘、从本土文化中发掘。

### （一）从关键事件中发掘

关于关键事件（Critical incidents），弗拉纳根认为："无论事件对活动产生的是积极影响还是消极的影响，只要对活动产生了重要的意义，就可以成为关键事件。"我们通过这些对学

图1-6 百色学院的"石磨及石磨精神"像/赵海吉摄

校发展、师生成长产生过重大影响的事件的分析，提炼出某种精神，使之成为学校师生共有的价值追求。例如，百色学院的"石磨精神"。1938年，百色学院前身广西省立田西师范学校在抗日烽火中诞生，国家危亡，办学条件艰苦，生活艰辛，石磨成为当时学校加工粮食、解决师生饮食的重要工具。石磨见证了学校曾经走过的艰苦岁月，印证了学校在改革发展道路上的每一个足迹。建校80多年来，学校坚持在"老、少、边、山、穷、库"地区办学，凝练了"团结合作、艰苦奋斗、克难攻坚、磨砺成才"的"石磨精神"，走出一条艰苦创业的发展之路。

### （二）从突出人物身上发掘

在学校发展过程中，会涌现出许多突出人物代表，他们可能是学校的创办者，可能是对学校发展起到关键作用的人物，也可能是对学校产生重大积极影响的教师或学生等等。南京工业职业技术学院前身为黄炎培创办的中华职业学校。该校在一个世纪的办学历程中，始终传承弘扬黄炎培职业教育思想，遵循"敬业乐群"的校训，坚持"手脑并用，双手万能"的办学理念和"做学合一"的教学方法，在人才培养、科学研究、社会服务、文化传承、国际化等各个领域保持着良好的发展态势，综合竞争力位于全国高职院校前列。

在中国西部有一种普通而常见的植物——红柳，她在风沙肆虐环境恶劣的西北高原深深地扎根，开出淡红色的小花，在盐碱荒漠上擎起火红的信念和绿色的希望。在笔者考察地处西北的兰州理工大学时，感叹于他们将其发掘为

"红柳精神"。在参观校园时,负责介绍的老师随手指着正在校道上跑步的一位白发苍苍的长者,告诉我们,这是他们的老校长,是从清华大学派来的,扎根西部已几十年。兰州理工大学在近百年的发展历程中,像这样的老师有很多,他们将这种精神提炼为"艰苦奋斗、自强不息、求真务实、开拓创新"的"红柳精神",并形成了"红柳"系列学校文化品牌:红柳之歌、红柳人才计划、红柳大讲堂、红柳面对面、红柳文化节等。

### (三)从行业专业特色中发掘

职业教育具有行业性和区域性特点,职业院校大多是针对某个区域的某些或某个重点行业而设置,行业专业特色明显。如针对交通、电力、轻工、机械、电子、旅游等设立的地方性职业院校等,都具有鲜明的行业特点,从中发掘学校的精神文化,引领师生成长,对培养适合行业需要的人才具有重要意义。四川电力职业技术学院提炼出的"植根电力,与光明同行",上海医疗器械高等专科学校的"德、行、技、医",就具有鲜明的行业特色。再如,北京国家会计学院,秉承"诚信为本,操守为重,坚持准则,不做假账"的办学宗旨,为我国宏观经济管理部门、大中型企业以及社会中介机构培养了大批会计和审计高级专业人才。其他的还有如北京师范大学的"学为人师、行为世范"等。

### (四)从传统文化中发掘

中国五千年文明史,孕育出诸多灿烂的影响世界的思想文化,传承和发扬这些思想文化是学校育人的责任。如清华大学校训"自强不息,厚德载物",东南大学校训"明德新民、止于至善"等,无不闪耀着中国传统文化的光辉。在台湾地区的一些学校,也比较注重从中华传统文化中发掘育人理念。例如儒家"五常":仁、义、礼、智、信,以及传统文化中的温、良、恭、俭、让,忠、孝、勇、恭、廉等,常被用于校训。华夏科技大学的校训是"诚信勤恒"。校歌歌词:"禹奠九洲,周颁六典,工艺之学古所崇。吾华地广物博,积健允为雄;'国父'创新基,煌煌兴实业,利溥生民在大公。蔚尔群英,依仁游艺,孟晋气如虹。时正好,学专政,殚物理夺天工。大哉九功惟叙,丕扬华夏之休风。"华夏科技大学以 WISE-123 为教育标杆,W 代表 Worldview(世界观),旨在培育学生之世界观;I 代表 Innovation(创新),旨在提升学生之创造力;S 代表 Skill(技能),旨在培养学生多元的专业技能;E 代表 Employment(就业),旨在强化学生的就业竞争力;123 指的是 1 项专业技术(专业领域)、2 张学程证书(跨领域学程、就业学程)及 3 种能力证照(职能、外语、资讯证照)。

### (五) 从本土文化中发掘

本土文化充满地方特色，学生耳濡目染，时时刻刻都能感觉到就在身边。从中挖掘其教育功能，作为学校或专业系的育人理念，不失为好的办法。

我在担任食品系系主任时，就采用了这种办法。学校所在地是广式腊味的发源地，全国最大的"广式腊味"生产基地，被誉为"腊味之乡"，其制作工艺也被列为"广东省非物质文化遗产"。民间流传着这样一个故事：当地一卖粥档主，名叫王洪（人称洪老先生），在清光绪十二年（1886）冬季的一天，天气奇寒，冷雨连绵，因无人光顾，王洪准备的肉料——猪肉、猪肠、猪肝卖不出去，遂用酱油、盐、糖等调味料把肉料腌起来。连日阴雨，王洪只好试将猪肉切粒，塞进肠衣，用水草分截绑好。天晴后，经数天的风吹日晒，其制品吃起来别有一番风味，且耐储藏。王洪继而如法炮制，并设档出售，购者日众。因此物是用猪肉辅以肠衣制成，形如猪肠，故名腊肠。①

我将这个故事，制作成版画悬挂于教室走廊，将列为非物质文化遗产的腊味制作工艺，请民间艺人制成雕塑立于教学楼院内，命名为"传承"。传承什么？除了工艺，还有腊味之所以流芳百年的秘诀：诚信与质量。我发动全系爱好书法的学生书写"诚""质"两字，最终挑选出两名同学的作品，用当年毕业班同学捐献

图 1-7　广式腊味制作雕塑/赵海吉摄

的班费，请人刻于一石的两面上，并将"某某级某某同学书""某某级同学毕业留念"也刻于石上。我不请书法名人书写该两字，就是让学生创造文化，这样的文化最有感染力。每年新生入学的系情教育，我都把这两个字的来历讲给新生听。由"诚""质"两字，也衍生出食品系的系文化："民以食为天，食以安为先，安以质为本，质以诚为根。"

二是从学校发展愿景中提炼。

现代管理学创始人德鲁克（P. F. Drucker）认为：愿景回答的是"组织未来期望成为什么"的问题。卓越的领导者，应当具有愿景的领导能力。愿景领导力就是拥有构建与不断完善愿景的能力，影响愿意领导力的因素有：价值选择、

---

① 李剑铭. 中山市黄圃腊味产业集群发展对策研究 [D]. 电子科技大学，2011.

社会演化、组织变迁、科技进步、文化变革。①从这个意义上来讲，学校文化建设完全可以从学校发展愿景中进行挖掘提炼。

职业院校开展的国家示范性高职建设、骨干高职院校建设，以"高水平院校、高水平专业"为建设目标的"双高"建设、优质校建设等，均可以作为学校的发展愿景。围绕这个建设愿景，可以丰富学校的办学理念、使命、价值观等，使之成为全校师生共同的精神追求。

### 三、办一所有灵魂的学校

梅贻琦有句名言："所谓大学者，非谓有大楼之谓也，有大师之谓也。"大学之所成为大学，并不在于它有多少幢大楼，而在于它有多少位大师。大师可以成就一所学校的精神。

西南联合大学在抗战艰苦的办学环境中办学，提出"刚毅坚卓"之校训。"刚毅坚卓"中的"刚毅"要求师生做一个无私无畏的人，即所谓的"无欲则刚"，对物质世界或他人保持自己的主体性，同时也尊重他人的主体性，激励他人坚忍不拔，刻苦自励，追求真理，建功立业；"坚卓"则要求人心之坚定，刻苦自励，勤奋学习，卓然成家，但又不慕名利地位，铁骨铮铮；不好为人师，不强为人师，而能谦恭和蔼，待人以诚，循循善诱，能移风易俗，成人之美。其目标就是保持人的主体性、人的尊严、人的价值，充分体现大学人文精神。

校歌更加振聋发聩，撼动人心，歌词是：万里长征，辞却了五朝宫阙。暂驻足，衡山湘水，又成离别。绝徼移栽桢干质，九州遍洒黎元血。尽笳吹弦诵在山城，情弥切！千秋耻，终当雪；中兴业，须人杰。便一成三户，壮怀难折。多难殷忧新国运，动心忍性希前哲。待驱除仇寇复神京，还燕碣。西山苍苍，滇水茫茫。这已不是渤海太行，这已不是衡岳潇湘。同学们，莫忘记失掉的家乡！莫辜负伟大的时代！莫耽误宝贵的辰光！赶紧学习，赶紧准备，抗战，建国，都要我们担当，都要我们担当！同学们，要利用宝贵的时光，要创造伟大的时代，要恢复失掉的家乡！千秋耻，终已雪；见仇寇，如烟灭。大一统，无倾折；中兴业，继往烈！维三校，如胶结；同艰难，共欢悦。神京复，还燕碣！

一所失去精神的学校，是一所没有灵魂的学校。学校精神文化就是一所学校的灵魂、一所学校的统领。俗语讲："提领而顿，百毛皆顺。"在学校管理中，这个"领"，就是学校精神文化，只有问答清楚了"办什么样的学校""培养什么样的人"，这两个最根本的问题，学校才是鲜活的，才是有灵魂的。

---

① 中国科学院领导力课题组. 愿景领导力研究［J］. 领导科学，2009（6）：26-29.

中山市技师学院，是以"孙中山职业教育思想"指导办学的职业院校，学院坐落于珠江三角洲的中山市，中山旧称香山县。这里是中西文化交汇之地。中国第一位留学生容闳就来自香山县。在近代中西文化碰撞中产生的香山买办，对推动中国近代对外贸易和工商业的发展产生了重要影响，代表人物有徐润、唐廷枢、马应彪、郭乐、蔡昌、刘锡基、李敏周等；还有倡导思想启蒙的郑观应、刘师复、唐国安、王云五等；在艺术与体育界较有影响力的有苏曼殊、阮玲玉、郑君里、萧友梅、黄苗子、方成、容国团、江嘉良、苏炳添等；尤其是为追求国家富强，为民主革命做出巨大贡献的孙中山、唐绍仪、郑藻如、陆皓东、杨鹤龄、杨殷、苏兆征等。①

孙中山先生是伟大的民族英雄、伟大的爱国主义者、中国民主革命的伟大先驱。孙中山在进行民主革命运动的同时，对国民教育体系也有了不起的谋划，尤其对普及教育、女子教育、职业教育、师范教育等论述较多。我们研究与实践"孙中山职业教育思想"，对今天的职业教育的发展有重要的促进作用。

不管是研究孙中山教育思想，还是有针对性地研究其职业教育思想，都不得不谈孙中山所倡导的民族、民权、民生的三民主义。吴稚晖说："三民主义是'国父'建国之大经，乃教育之根源。"台湾师范大学教授庄政认为：三民主义教育思想，三民主义是本源，其教育思想固应具有特殊的内涵，但其仍应以三民主义为依归，殆无疑义。如"民族主义的教育思想，就是要促成民族的复兴，争取国家的独立与自由；民权主义的教育思想，就是要促成民权的普遍，建立自由平等的社会；民生主义的教育思想，就是要促使民生发展，以发展国民的生计，改善国民的生活"。中山先生教育思想范围颇为广泛，总括而言，实现三民主义教育思想，这是在其晚年正式形诸文字的。②我们今天来看孙中山先生的三民主义教育思想，仍然意义非凡。民族主义教育：中国教育是中国的，中国教育为中华民族伟大复兴而服务；民权主义教育：教育资源全民共享，教育面前人人平等，教育为人民服务；民生主义教育：教育为人们的生存与发展服务。

基于这样一个分析，我们审视孙中山先生的职业教育思想，主要包括如下六个方面：

---

① 王远明. 香山文化历史投影与现实镜像 [M]. 广州：广东人民出版社，2006：8.
② 庄政. 孙中山教育思想阐述 [M]//侯杰."孙中山与中华民族崛起"国际学术研讨会论文集. 天津：天津人民出版社，2006：11.

## （一）"人尽其才"的育人观

孙中山讲："质有愚智，非学无经别其才，才有偏全，非学无以成其用，……若非随地随人而施教之，则贤才亦以先学而自废，以至于湮没而不彰。"① 孙中山先生认为"质有愚智""才有全偏"。他把人的天赋分为"圣、贤、才、智、平、庸、愚、劣"等八等。② 对待不同的人，要按其性之所近，因材施教，以期达到"人尽其才"之目的。

1894年6月，孙中山在《上李鸿章书》中提出："欧洲富强之本，不尽在船坚炮利，垒固兵强，而在于人能尽其才，地能尽其利，物能尽其用，货能畅其流——此四事者，富强之大经，治国之大本也……所谓人能尽其才，在教养有道，鼓励有方，任使得法也。""凡天地万物之理，人生日用之事，皆列于学之中，使通国之人，童而习之，各就性质之所近而肆力焉。又各设有专师，津津启导，虽理至幽微，事至奥妙，皆能有法以晓喻之，有器以窥测之。""各就性质之所近而肆力焉"即所谓的"因材施教"。"教养有道，则天无枉生之才……人既尽其才，则百事俱举。"③

特别是在1912年10月14日，孙中山先生在上海中国社会党的演说中如是说："圆颅方趾，同为社会之人，生于高贵之家，即能受教育；生于贫贱之家，即不能受教育，此不平之甚也。社会主义学者主张教育平等，凡为社会之人，无论贵贱，皆可入公共学校，不特不取学膳等费，即衣履书籍，公家任其费用。尽其聪明

图1-8 孙中山语萃园/赵海吉摄

才力，分专各科，即资质不能受高等教育者，亦按其性之所近，授以农工商技艺，使有独立谋生之材。卒业以后，分送各处服务，以尽所能，庶几教育之惠，不偏为富人所独受。其困苦不能造就者，亦可以免其憾矣。"④

教养有道，因材施教，让每个人都有人生出彩的机会，这是我们从事职业教育的基本要求。孙中山先生在一百多年前提出的"人尽其材""使有独立谋生

---

① 孙中山．孙中山全集（第9卷）[M]．北京：中华书局，2006：2．
② 孙中山．孙中山全集（第9卷）[M]．北京：中华书局，2006：287．
③ 庄政．孙中山教育思想阐述[C]．"孙中山与中华民族崛起"国际学术研讨会论文集，2006（11）．
④ 孙中山．孙中山全集（第2卷）[M]，北京：中华书局，2006：523．

之材"的论述,在今天仍可指导我们的育人工作。孙中山的民权教育与民生教育,尤其适合职业教育。目前就读于职业院校的学生,存在两个"80%现象":中职生有约80%来自农村,高职生有约80%是家庭中第一代大学生。"80%现象"的背后透露出他们大多来自生活并不富裕的家庭或社会的弱势群体,他们希望通过教育,"使有独立谋生之材",来改变当下的生活条件。

(二)"知难行易"的行知观

《尚书·说命》中有"知之非艰,行之惟艰"之说。传统的哲学观点认为"知易行难",孙中山先生的"知难行易",是对传统观点的颠覆。孙中山认识到中国近代的人之所以积弱不振、奄奄待毙,是由于"知之非艰,行之惟艰"。由此,孙中山在革命和建国的过程中,不断思索、不断求证,创新性地提出与传统观点相悖的"知难行易"说。[1]在行与知的关系上,孙中山先生在《建国方略之一——《孙文学说(心理建设)》有大量论述,他认为:"以行而求知,因知以进行。""行先知后","以行求知","不知亦能行"。"知之则必能行之,知之则更易行之。"孙中山认为:"生徒之习练也,即行其所不知以达其欲能也。科学家之实验也,即行其所不知以致其所知也。探索家之探索也,即行其所不知以求其发见也。伟人杰士之冒险也,即行其所不知以建其功业也"[2],都是"行其所不知以致其所知"。他在《建国方略》中说:"其始则不知而行之,其继则行之而后知之,其终则因已知而更进于行。"对于行的作用,他说:"不去行,便无法可以证明所求的学问是对与不对;不去行,于是所求的学问没有用处。"[3]

孙中山先生的"知难行易"观,在两个方面对我们的职业教育具有重要指导意义:一是技术技能的操作与训练比枯燥的理论知识要容易掌握,即我们经常讲的"讲了,学生不一定明白;做了,其实很简单"。二是以行致知、因知进行的行知关系。过去我们习惯了先理论后实践的教学逻辑,理论课有理论教师讲授,实操课有实训师傅,两者脱节。现在我们强调"理实一体",专业课程开发也是基于工作过程系统化的,将理论融合在工作任务中进行学习,"做中学""学中教""一体化教学",这些充分证明了孙中山先生的"以行而求知,因知以进行"的认知逻辑。

---

[1] 韩杰,粟斌.浅析孙中山知行观及其教育思想[J].焦作大学学报,2014,28(3):110-112.

[2] 孙中山.孙中山全集(第6卷)[M].北京:中华书局,1985:222.

[3] 孙中山.孙中山全集(第4卷)[M].北京:中华书局,1986:240.

### （三）"双手万能"的实践观

可以看出孙中山在"知难行易"观中非常强调"行"的作用，对于学校办学，他也非常重视培养学生的动手实践能力。他在《地方自治实行法》中说："学校之目的，于读书、识字、学问、智识之外，当注重于双手万能，力求实用。凡能助生产之机械，我当仿造，精益求精，务使我能自造，而不依靠于人。必期制造精良，实业发达，此亦学校所有事也。学校者，文明进化之源泉也。"①孙中山的职业教育思想对职业教育运动的旗手黄炎培、大教育家陶行知等产生了一定影响。黄炎培倡导"手脑并用，双手万能"的教育观念。陶行知强调"教学做合一"。②

图1-9 "双手万能，力求实用"石/赵海吉摄

"双手万能，力求实用"的思想，对当前以服务为宗旨，以就业为导向的职业教育，具有现实的推动作用。

### （四）"产校结合"的办学观

职业教育的兴办应该因地制宜，结合当地农业、工业、服务业状况发展各自职业教育，促进本地经济发展。孙中山说："教育、卫生，随地方情况而异。此权之宜属于地方者也。……警卫队之设施，岂中央所能代劳，是又宜属之地方矣。同一教育也，滨海之区，宜侧重水产；山谷之地，宜侧重矿业或林业，是固宜予地方以措置之自由。"③

孙中山兴学养才、因地制宜发展实业教育的思想对民国的职业教育产生了重大的影响。民国时期，全国各地纷纷开展农业、工业、商业、商船等实业教育，并注重与当地经济发展需要的结合，如在湖北创办甲种农业学校（现华中农业大学前身），在云南设立涵盖采矿和冶金两大专业的甲种工业学校，在上海兴办江苏省立第一商业学校和在厦门创办集美航海学校等。④ 广东省之职业教

---

① 孙中山. 孙中山全集（第5卷）[M]. 北京：中华书局，2006：223.
② 韩杰，粟斌. 浅析孙中山知行观及其教育思想[J]. 焦作大学学报，2014，28（3）：110-112.
③ 陈旭麓，郝盛潮，王耿雄. 孙中山集外集：中华民国建设之基础[M]. 上海：上海人民出版社，1990.
④ 蓝炜儿，姚晓波. 孙中山职业教育思想及现实意义初探[J]. 郧阳师范高等专科学校学报，2013（4）.

育亦逐渐发达。广东最早的职业学校是1902年设立的广州工艺学堂,其次是1907年省立的岭东中等职业学堂,然后是广肇罗中等农业学堂、艺徒学堂及韶州中学附设中等农业科。广东各县市之职业学校,最先开办者则为1912年设立的揭阳县立乙种工业学校。其他的都是在辛亥革命失败后才开办的。[①]

国家《现代职业教育体系建设规划(2014—2020年)》中就明确提出:"坚持产教融合发展。走开放融合、改革创新的中国特色现代职业教育体系建设道路,推动职业教育融入经济社会发展和改革开放的全过程,推动专业设置与产业需求、课程内容与职业标准、教学过程与生产过程对接,实现职业教育与技术进步和生产方式变革以及社会公共服务相适应,促进经济提质增效升级。"

(五)"公民教育"的思想观

公民教育分为广义和狭义。广义是指在现代社会里,培育人们有效地参与国家和社会公共生活、培养明达公民的各种教育手段的综合体;狭义是指在养成参与国家或社会公共生活一分子必要知识的公民学科。孙中山的"公民教育"思想,刘保刚认为由培养国民意识、规复国民人格、养成国民能力、振作国民精神、提高国民素质五个方面组成。对学生而言,孙中山所倡导的"公民教育",概括起来有如下四个方面:

1. 爱国精神

1924年,他在广东第一女子师范学校演说时,更是谆谆告诫:"学师范的人,本来是教少年男女的做人的。做人的最大事情就是要知道怎么爱国。"[②] 他自己经常以"爱国若命""一息尚存,不忘救国"来鞭策自己。国家为人民立身之地,只有爱国才能"立身",爱国就是爱自己。孙中山说:"须知救国即是救破舟一样,当沉舟之时,不图共力而补救,徒顾个人铺盖行李,俄而舟已沉矣,生命亦俱亡,又何有于铺盖行李?……但我国人多不知国与己身之关系,每顾个人之私事而不为国家出力,不知国与己身之关系如身体之于发肤,刻不可无。"[③]国家强大,人民才有尊严。1923年,孙中山在广州岭南大学对学生演讲时说:"如果只要自己学成美国人,便心满意足,不管国家是怎样,我们走到外国,他们还笑我们是卑劣的中国人呀……只要把国家变成富强,是世界上的头等国,那么,我们面色虽然是黄的,走到外国,自己承认是中国人,还不失

---

[①] 周军. 辛亥革命时期广东的教育 [EB/OL]. 广东革命历史博物馆,2018 (12).
[②] 孙中山. 孙中山全集(第10卷)[M]. 北京:中华书局,1986:19.
[③] 孙中山. 孙中山全集(第1卷)[M]. 北京:中华书局,1981:523.

为头等国民的尊荣。"①

### 2. 立志有为

孙中山先生说："立志是读书人最要紧的一件事。"②立志要合乎时代潮流，合乎中国国情。他把人分为"有意识之人"和"无意识之人"两种。"有意识之人"是对于人生前途、国家观念、世界责任等都有明确的认识，并且确定了志向的人。"无意识之人"则是"对于人生前途、国家观念、世界责任多未打算清楚"，"是未定志向人"。他希望今日学生都做那种确定志向的"有意识之人"。他说："学生做事，宜从有意识方面做起。"③他对青年学生说："我劝诸君立志，是要做大事，不可要做大官。"④孙中山所讲的"做大事"，其实质就是教育学生要立志于"为大家谋幸福"；他讲的不可"做大官"，即不要立志于"为个人谋幸福"。孙中山的这一思想，是对传统封建教育"学而优则仕"思想的彻底否定。

### 3. 道德人格

孙中山说："讲到中国人口有四万万，文明有四千多年的历史，为什么我们的国际地位一落千丈呢？这就是我们中国人不自振作，所谓堕落。堕落的原因，就是不讲人格。我们要恢复国际的地位……便先要讲人格……中国人的人格堕落已极，像那些官僚武人，只知道升官发财，自私自利，什么事都不管，人格是不是堕落呢？"⑤"我们要造成一个好国家，便先要人人有好人格。"⑥孙中山所说的道德人格，是要"恢复"中国传统优良的固有道德。他说："我们民族的道德高尚，……有了固有的道德，然后固有的民族地位才可以图恢复。"⑦孙中山提出恢复中国固有的道德，最主要的就是忠孝、仁爱、信义、和平等。孙中山讲恢复"固有道德"，并非全部继承。他说："我们固有的东西，好的要保存，不好的才可以放弃。"⑧例如，对于"仁爱"，他主张要"仁爱恢复起来，再去发扬光大"⑨。他经常以"博爱"二字送人，就是对传统儒家"仁爱"思想的发扬光大，具有"爱无差等"的"兼爱"思想。1921年他在谈军人精神教育中，谈到"博爱"与"仁"之区别。他说："博爱云者，为公爱而非私爱，即如'天

---

① 孙中山. 孙中山全集（第8卷）[M]. 北京：中华书局，1986：542.
② 孙中山. 孙中山全集（第5卷）[M]. 北京：中华书局，1986：556.
③ 刘丽蓉. 孙中山教育思想研究[D]. 昆明：云南师范大学，2015：5.
④ 孙中山. 孙中山全集（第8卷）[M]. 北京：中华书局，1986：535.
⑤ 孙中山. 孙中山全集（第8卷）[M]. 北京：中华书局，1986：320.
⑥ 孙中山. 孙中山全集（第8卷）[M]. 北京：中华书局，1986：319.
⑦ 孙中山. 孙中山全集（第9卷）[M]. 北京：中华书局，1986：243.
⑧ 孙中山. 孙中山全集（第9卷）[M]. 北京：中华书局，1986：243.
⑨ 孙中山. 孙中山全集（第9卷）[M]. 北京：中华书局，1986：245.

下有饥者,由己饥之;天下有溺者,由己溺之'之意,与夫爱父母妻子者有别。以其所爱在大,非妇人之仁可比,故谓之博爱。能博爱,即可谓之仁。"①

孙中山在道德人格中非常注重"互助"与"服务他人",同时,他还强调个人"修身"。他说:"像吐痰、放屁、留长指甲、不洗牙齿,都是修身上寻常功夫,中国人不检点。所以我们虽然有修身、齐家、治国、平天下的大知识,外国人一遇见了便以为很野蛮……假如大家把修身的功夫做得很有条理,诚中形外,虽至举动之微亦能注意,遇到外国人,不以鄙陋行为而侵犯人家的自由,外国人一定是很尊重的。"②

4. 全面发展

我们今天强调"全人教育"、学生"职业素养"培养等,都是将人培养成为一名完整的人。1924年孙中山讲:"青年会以德育、智育、体育为职务,吸取青年有志之士以陶冶之,而造成其完全之人格。"③

(六)"国民模范"的教师观

孙中山在广东女子师范第二校的演说中这样讲:"惟必有知识,方可担任教育。盖学生之学识,恒视教师以为进退,故教师之责任甚大。兄弟今日惟望诸君谨慎小心,养成国民之模范,即教育乃可振兴。"④孙中山认为教师应当"惟必有知识"与"国民之模范",才能成为教师。这与陶行知的"学高为师,身正为范"有异曲同工之妙。"惟必有知识",需有怎样的知识?在1924年8月26日公布的《公布〈考试条例〉及考试条例施行细则》中,选聘中等学校教员,除学历或经验要求外,考试科目有:教育学、教育史、教授法、历史、地理、伦理学、心理学、应试人志愿担任教授之学科。同时,还要参加应试人曾经笔试之各科目口试之。⑤对于"国民之模范",他说:"教育者,乃引导人群进化者也。"⑥教师不仅是"经师",更要是"人师",其责任巨大。孙中山曾这样说:教师的教育对象是少年男女,而青少年时期是一个重要的发展时期,其中教师的言行、习惯、理想、信念、道德、情操等,都在潜移默化地感染着学生,对他们形成怎样的世界观、人生观,起着重要的影响作用。他倡导教师育人要注重方法,"津津启导,虽理至幽微,事至奥妙,皆能有法以晓喻之,有器以窥测

---

① 黄彦. 论三民主义与五权宪法 [M]. 广州:广东人民出版社,2008:139.
② 孙中山. 孙中山全集(第9卷)[M]. 北京:中华书局,1986:249.
③ 孙中山. 孙中山全集(第11卷)[M]. 中华书局,1986:537.
④ 孙中山. 孙中山全集(第2卷)[M]. 北京:中华书局,1986:358.
⑤ 黄彦. 论三民主义与五权宪法 [M]. 广州:广东人民出版社,2008:299.
⑥ 孙中山. 孙中山全集(第5卷)[M]. 北京:中华书局,1986:563.

之。其所学有浅而深，自简及繁，故人之灵明日廓，智慧日积也"。①

中山市技师学院深入挖掘伟人故里孙中山的职业教育思想，以"先行"文化作为学院的精神追求，"先行"文化意蕴具体体现为"先行"文化语韵、"先行"文化文韵、"先行"文化意韵、"先行"文化合韵四方面。如图1-10所示。

```
                         "先行"文化
                             ↓
意    ┌──────────────"先行"文化意蕴──────────────┐
蕴  → │         ↓           ↓          ↓         ↓
      │  "先行"文化语韵  "先行"文化文韵  "先行"文化意韵  "先行"文化合韵
                             ↓
语    ┌──────────────"先行"文化语蕴──────────────┐
韵  → │         ↓              ↓              ↓
      │  "先实行、先进行"    "先前、先时"      "走在前面"
                             ↓
文    ┌──────────────"先行"文化文韵──────────────┐
韵  → │              ↓                    ↓
      │          "敢为人先"            "知行合一"
                             ↓
意    ┌──────────────"先行"文化意韵──────────────┐
韵  → │         ↓              ↓              ↓
      │   宏观层面——学院    中观层面——教师   微观层面——学生
                             ↓
合    ┌──────────────"先行"文化合韵──────────────┐
韵  → │         ↓              ↓              ↓
      │      精神层面         行为层面        知能层面
```

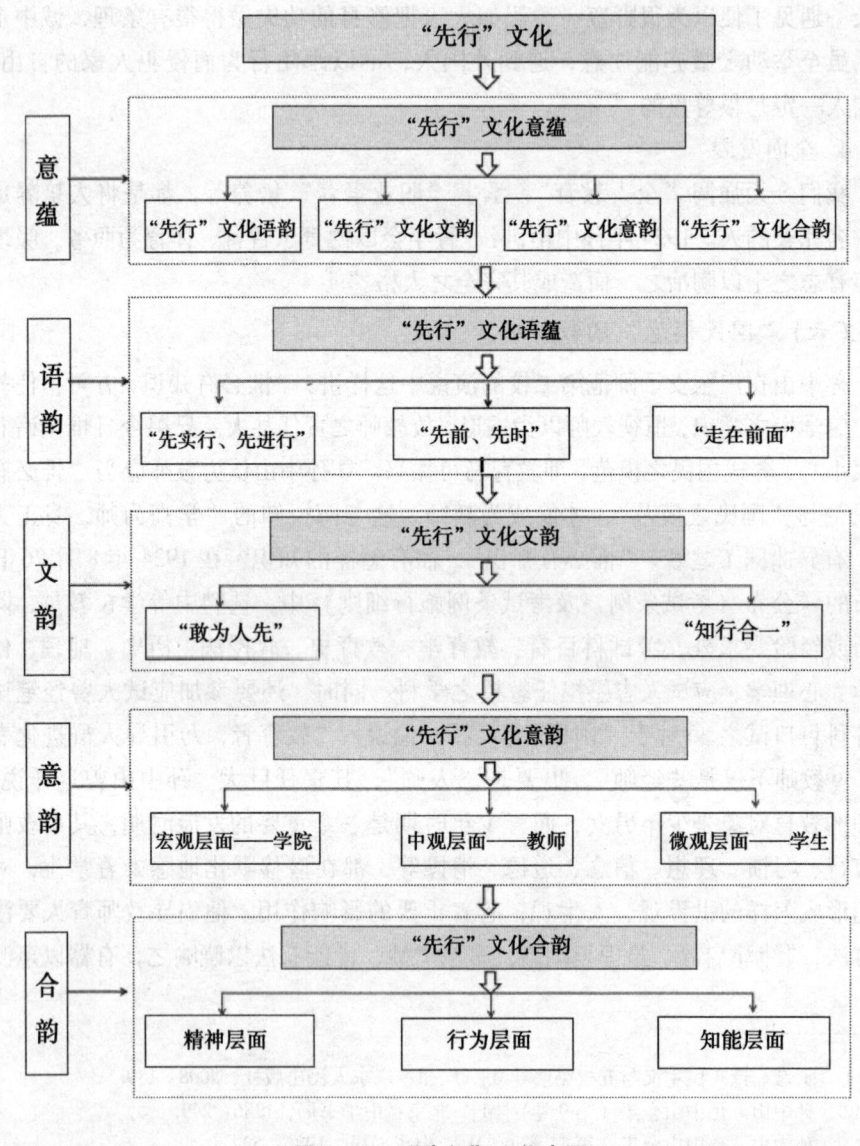

图1-10 "先行"文化内涵

---

① 孙中山. 孙中山全集（第5卷）[M]. 北京：中华书局，1986：363.

以"先行"文化为统领，形成师生认同的精神文化如下。

办学理念：以行而求知，因知以进行

学校愿景：办国内一流、国际知名的技师学院

学校使命：为学生成长、为企业发展、为促进就业服务

培养目标：使有独立谋生之材

学校校训：明德、精技、健体、立业

学校校风：脚踏实地、自强敬业、敢为人先

学校教风：教养有道、厚德重技

学校学风：积微成大、陟遐自迩、精益求精

学校口号：一技傍身天下行

## 第三节　学校物质文化

**一、学校物质文化及建设内容**

赵中建在《学校文化》一书中，这样描述学校物质文化："学校物质文化是由学校师生员工在教育实践过程中创造的各种物质设施，它们能够迅速为人们提供感觉刺激，给人一种有意义的感情熏陶和启迪，是一种以物质形态为主要研究对象的表层学校文化。优秀的学校文化总是通过学校标志、学校环境、学校文化设施等物质表现形式来体现的。"[1]葛金国认为："学校物质文化是指学校文化主体曾经和正在作用于其上的一切物质对象，是人们通过感官可以感受的一切物质性对象的总和。"[2]这里的学校文化主体，应当包含校长、教师、学生和学校服务人员等。

学校物质文化的基本内容包括：学校容貌（学校标识、学校建筑风格、布局等）、学校环境（工作环境、生活环境）、设备、技术、专业、课程、传播方式等。

（一）学校容貌

学校标识是一所学校的典型特征反映。校徽、校旗、纪念建筑等是最为直

---

[1] 赵中建. 学校文化 [M]. 上海：华东师范大学出版社，2004：326.
[2] 葛金国. 校园文化：理论意蕴与实务运作 [M]. 合肥：安徽大学出版社，2006：97.

接的表达形式。以深圳职业技术学院的校徽为例，如图 1-11 所示。

整个校徽以红色为主调，图案中"1993"是学校创立首届招生年代，中心三角形以深圳市市花簕杜鹃的基本形态变化而来，围合向心的"T"字，含英文 Technology（技术）与团结协作之意，中文校名与英译校名放在外围，饰以圆弧。整个校徽以圆形为主体形状，象征学校事业圆满、稳定、成功，显示了学校在高职教育领域中积极开拓、热烈向上的朝气。

图 1-11　深圳职业技术学院的校徽

学校的建筑风格，能反映一所学校的历史与精神追求。如我的母校厦门大学，从 1921 年到 1955 年，陈嘉庚先生为厦门大学建造了 73 幢楼房，共 9 万多平方米，形成一个独特的风格，人们称它为"嘉庚风格"建筑，雅称"穿西装戴斗笠"的建筑风格。20 世纪初，美国牧师毕腓力在 In and about Amoy 写道：华侨"由于在海外遭受帝国主义和洋人的欺凌，因此在建筑房屋时产生一种极为奇怪的念头。他们干预设计，将中国式屋顶压在西洋式建筑上进行厌压，以此来舒畅他们饱受压抑的心情"。这是从外国人的角度来看嘉庚风格的建筑。陈嘉庚自己诠释是："采取古今，中西结合，既能保持民族特色，造价也便宜，同时较实用。"① 厦门大学校园文化精髓归纳起来就是"嘉庚精神"——开放、包容、创新。这在建筑风格上，极大地体现出来了。

学校的建筑布局，应当因地制宜，要充分考虑教学区、办公区、生活区、休闲运动区的有机布局。将有人文气的楼房与充满生机的植物、山水相融，不建议将学校建成标准化的工厂，但可以在学校建筑中融入中国传统园林元素、公园元素、企业元素。

（二）学校环境

1. 教学环境

学校教学场室有：教室、实训实验室、图书馆、体育运动场室、展览室、办公室、会议室等。师生使用频率较高的地方，就是我们必须着重进行环境建设的地方。

教室文化。教室是教育教学活动最常发生的地方。教室文化建设值得研究

---

① 缪远. 传历史文脉　承嘉庚风格——厦门大学嘉庚风格建筑楼群赏析 [J]. 华中建筑, 2008 (3): 192-195.

与探讨，美国的"教室文化"这样界定：教室空间资源划分的价值内涵，是学生学习和教师教学赖以进行的物质、制度和价值构成的相互影响的存在形态，主要由三个部分构成，第一部分是静态的物理空间，包含三个空间：一是生活空间和学习空间，如阅读空间、数学空间、语言空间、手工或艺术空间、科学空间等；二是硬件空间，如书架、可拼小方桌、阅读桌椅、各形的教师辅导桌、指导桌、电脑桌等；三是材料空间，基于不同学习需要提供不同的材料，即所谓的学习环境。第二部分是规则系统，是保证教师的教与学生的学在一个稳定的环境内有序展开，包括学校统一的协议，各个教室由教师和学生协商制定的规则，学生的承诺和责任，属于教室制度文化。第三部分是活动程序和环节，是由教师教的程序和学生学的程序构成的，充分体现了活动程序的内容。①

美国"教室文化"的物理空间、规则系统、活动程序和环节这三部分值得借鉴与学习。我们比较注重了物理空间的布置，如图书角、公布栏、黑板报、卫生角的布置，书桌摆放，以及体现班级精神文化的口号展示等，对班规班纪、活动程序等重视不够。

书桌的摆放直接反映出教师的教育教学方式。单人单座、双人双座、小组围坐，不同的座位摆法，可采用不同的课堂教学组织形式。

实训实验室文化。职业院校实训实验室文化建设，不仅具有明显的专业行业特色，而且在追求理实一体、营造真实的实训环境。下面介绍两种建设方式，一种是"学习岛"的构建，一种是理实一体的"五区"设置。

"学习岛"产生于德国的职业培训。它是设立在企业实际生产环境中的一个工作区域，无论从空间上还是组织上它都是真实生产过程中的一个组成部分，即与真实的生产环境有着相同的工作条件及工作和问题解决程序。在"学习岛"中，学员以小组或团队的形式共同合作完成实际生产过程中一项特定的工作任务，其所生产的产品要符合一定的质量要求，即具有经济价值。同时，实训教师作为辅导人员对学习者遇到的问题与困难提供帮助。② 我们以 Carl Schenk AG 公司为案例，分析其"学习岛"培训方式的流程。在学习岛中学员学习工作的步骤，分为三个阶段。③

---

① 袁丽，朱旭东，宋萑. 美国学校教室文化建构的解读——基于对一所美国公立学校的观察 [J]. 外国教育研究，2016（6）：29-41.
② 赵昕. 学习岛——工作场所学习的一种新形式 [J]. 世界教育信息，2007（2）：22-25，95.
③ 卢亮. 学习岛：德国企业内部培训的新方式 [J]. 中国人力资源开发，2011（8）：53-56.

第一阶段：①提出主题：每个参训学员写出自己的主题，根据主题把学员分成若干小组，小组人数根据所需要完成的任务量和时间来确定。②解决问题：每个小组根据所选的主题任务在规定时间内提交解决问题的方案，遇到问题可向培训人员请教。③开会讨论：提交方案时，面对其他没有参与该项任务但与之联系的学员以及生产一线工人的质疑，进行解答并记录暂时不能解答的问题以供后续的学习与研究，同时还必须汇报该项工作任务完成的步骤以及取得的效果。④会议结束后，培训人员进行总结。

第二阶段：重复以上的步骤，目的是让学员通过对上次会议提出问题的解答，学会用精确的专业术语来描述方案，并使要点条理化。

第三阶段：如果可能的话，学员对解决问题的方案要做进一步的提炼，提高他们对方案进行视觉清晰化和陈述的能力，但培训者要注意不要让学员们频繁操练以免影响培训效果。

我们可以借鉴德国"学习岛"的学习模式，在实训室建设中，模拟或建设真实的生产环境，在实施教学过程中，以真实的工作任务作为实训内容，由小组合作完成。可以看出，采取"学习岛"的方式建设的实训场室，是基于产教融合的。

下面介绍"理实一体"的"五区"实训室设置。

David Kolb（大卫·科勒）的学习过程周期（Learning Cycle）理论认为：学习过程周期由4个相互联系的环节组成，即具体体验（Concrete Experience，CE）、反思内省（Reflective Ob-servation，RO）、抽象概括（Abstract Conceptualization，AC）和主动实践（Active Experimentation，AE）。①

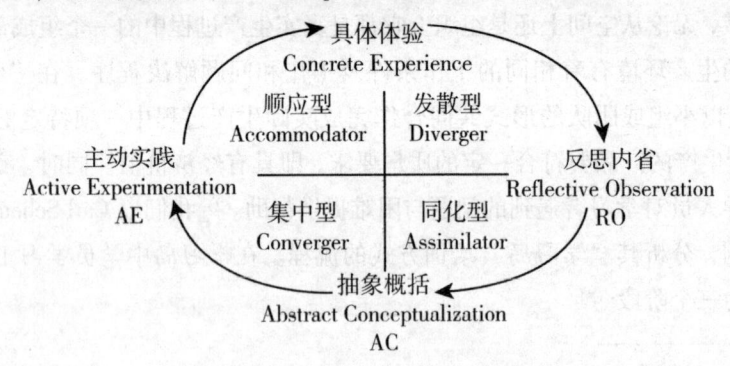

图 1-12 Kolb 学习周期理论

---

① 王清，杨京文. 基于 Kolb 理论的中医儿科学学习风格与教学方法探讨 [J]. 中国中医药现代远程教育，2017，15（15）：36-39.

Kolb 所提出的学习周期理论,"具体体验",即实践和具体做些事情,从获得经验开始学习。"反思内省",即进行经验思考,是从反思阶段开始学习。"抽象概括",即从经验中总结规律、得出结论,将其理论化,是从理论化阶段开始学习。"主动实践",即应用,用理论化的知识指导实践。一名学习者,可根据自己的学习风格,选择从哪个环节开始学习。

Kolb 认为,学习过程周期的四环节可以按照处理信息的步骤分成两个组,即感知信息(具体体验、抽象概括)和加工信息(反思内省、主动实践)。每个组内的两个元素存在互斥性,不同的学习者对学习过程周期的各环节倾向不同,对某一环节的偏好等同于对同组环节的相对厌恶,因而形成了不同的学习风格。Kolb 将学习风格分为四种,即发散型(Diverger)、集中型(Converger)、同化型(Assimilator)和顺应型(Ac-commodator)。一般情况下,发散型学习者思维开阔,想象力丰富,善于独立工作,有创造性;集中型学习者思维严谨,喜欢按照精细的、有序的步骤深入思考,并解决问题;同化型学习者善于接受信息,并对信息进行抽象和主动地加工;顺应型学习者喜欢探索,善于亲自动手检验知识,不迷信教师或课本。各型学习风格和对学习过程周期各环节的偏好对应见图 1-12。[①]

例如:一名"同化型"学习者,因为其学习风格适合于从他人经验或书本理论开始学习,所以该种学习风格者易从"反思内省"或"抽象概括"入手,即所谓先理论后实操。而对于"顺应型"学习者,则恰恰相反,他们喜欢动手,所以该学习风格者,易从"主动实践"或"具体体验"阶段开始学习。

而我们传统的实训室布置是基于掌握理论或经验知识之后,用于验证或训练操作技能的场所。这背离了 Kolb 的学习风格理论,不同学习风格的人应当有权力选择适合他的学习阶段,而没有必要像今天的我们基本上先学理论后实操式的学习。"理实一体"实训室建设是当前大势所趋,在实践中我们提出"理实一体"的"五区"实训室建设,为不同学习风格者提供了可供选择不同学习阶段的权力。"五区"是实操区、学习交流区、资讯区、工具材料区、作品展示区。各区的作用如下:

---

① 王清,杨京文. 基于 Kolb 理论的中医儿科学学习风格与教学方法探讨[J]. 中国中医药现代远程教育, 2017, 15(15):36-39.

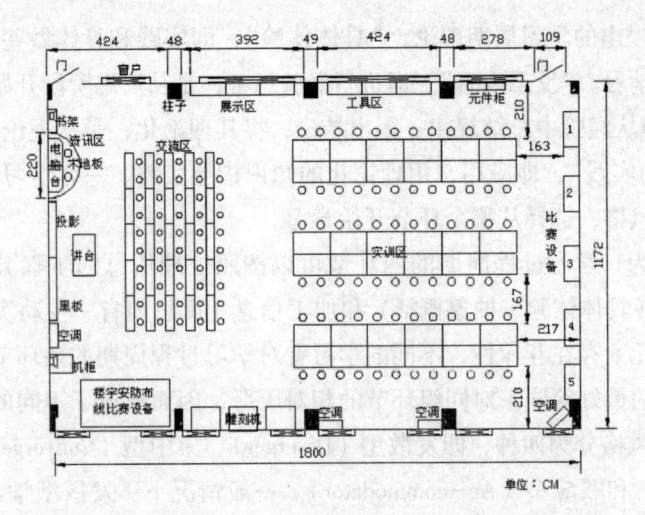

图1-13 某实训室"五区"设置平面规划图/张湘粤提供

实操区：以企业真实或模拟的工作环境，完成某一订单或学习任务。

学习交流区：进行必要的理论或经验学习，并要对即将操作完成的任务进行方案策划、小组研讨等。

资讯区：通过网络、书籍等工具解决学习中遇到的困难。

工具材料区：整齐存放用于实操的工具、耗材等。

作品展示区：用于展示学习者的优秀作品，起到激励与传承的作用。

如某实训室的平面规划图，见图1-13。

2. 生活环境

生活环境包括居住条件、餐饮状况、环境卫生、购物环境、娱乐活动场所、配套服务设施等。

在曼秀雷敦（中国）药业有限公司，员工宿舍内每个楼层均设有免费的洗衣机、阅读间、乒乓球台等。员工餐厅内有免费的调味小吃可供选择，如果你想吃什么菜而餐厅暂未提供，你可将要求写在留言板上，下顿用餐时你可能会有惊喜发现。在厂区内，会发现有一个挂有"设备医院"牌子的车间，在曼秀雷敦看来，设备都有生命的。曼秀雷敦的企业宗旨是："我们全力工作以服务社会，共创更美好的明日世界。"为此，"我们重视'以人为本'的价值，员工是最重要的资产"。"大自然的一草一木，社会上的一人一事，都赋予我们生活的意义，我们承诺关怀付出，并常存感恩的心。"

温馨的生活环境，需要师生共同努力营造。生活环境的改善虽说与投入有关，但管理水平的高低却与投入没有必然联系。学生宿舍干净整洁，虽然条件比较艰苦，但学生自养的花花草草、自贴的墙纸，使宿舍充满温馨。楼道走廊不设垃圾桶，却见不到一点垃圾，学生自觉将宿舍垃圾装入垃圾袋带到楼下垃圾房。这体现出一所学校的治理水平。一所学校管理得好坏，只需看一下公共厕所的卫生情况，便可了解个大概。如果厕所内随处可见烟头，厕所门被乱涂乱画，甚至破损已久无人修理，这样的生活环境投入再多的钱，也不是温馨的生活环境，这样的学校也称不上是管理好的学校。

## 二、物质文化的生命力来源于师生创造

物质文化是显性文化，它所呈现出的物像及教育价值需得到师生的认同，而要做到这一点，比较好的方法是师生参与创造物质文化，使学校的角角落落都能"长"满故事，这样的物质文化才是有生命力的。

我有一次受邀参加一所当地知名学校的发展规划论证会。这是一所百年老校，具有光辉的办学历史，培养出了许多知名校友。学校发展规划的灵魂是学校的精神文化，该校对办学理念、校训、培养目标等精神文化定位不清晰，没有很好地梳理学校百年发展史中关键事件或人物所体现出的、在今天仍需发扬光大的精神，而是舍近求远，从中国传统文化中提炼出一些看似高雅的东西作为学校的精神文化。呈现出的物质文化更是如此，如教学楼走廊上挂的是孔子、李时珍、爱因斯坦等古代、近代的中外名人，我不反对挂这些名人，但学校培养出了那么多优秀人才，为什么不挂一些自己的校友呢？这些知名校友是每一位在校师生都能亲身感受到的，因为他们曾经就在自己身边，就是从这里走向社会的。如果从他们身上提炼出的学校精神文化，更容易得到广大师生的认同与传承。

师生共创物质文化的几点思路：

楼道文化、教室文化是呈现我们提倡什么、反对什么的阵地，师生创造的东西，就是活生生的教材，是最具感染力的。如师生的书画作品、手工作品、专业作品（实物或图片）、典型事迹与人物、每周之星等，应当得到广泛传扬。

专业作品展示。职业院校的教育，注重学生动手能力的培养，学生日常学习产生的实物作品、毕业作品较多。这些都是非常好的展示学校文化的载体，不仅可以在实训室、实验室展示出来，大型作品还可以立于学校空旷之地作为景观雕塑，甚至可以设立毕业作品展示园。其教育意义之大，非社会之企业制作的抽象雕塑所能比的。

关键人物的力量。一个组织负责人的风格会影响整个组织的风格，如稻盛和夫打造的经营哲学，任正非营造的华为"狼性"文化，马云所引领的阿里文化等等。校长在学校文化的形成过程中起着关键性的作用，朱永新认为理想的

校长应当是这个样子:"校长应当是思想者也是行动家,不但有博大的胸襟,还具备钢铁般的意志,既个性十足地追求独特的办学风格,又具备踏踏实实做实事的态度,既有奉献精神与人文关怀,又有长袖善舞的能力……总之,他的魄力、他的人格是一校之'眼',也是一校之'魂'。"校长的见识决定学校的见识,校长的风格决定学校的风格,校长的思想决定学校的思想。曾任中山大学、北京大学等校教授的历史学家傅斯年在担任台湾大学校长时,奠定了该校发展的基石,学校为纪念他,在他去世后,不仅葬于校园内,还在学校内设有希腊式纪念亭傅园及"傅钟","傅钟"已成为台湾大学的象征,每节上下课会钟响二十一声,因傅斯年曾说过:"一天只有二十一小时,剩下三小时是用来沉思的。"这就是由关键人物产生的关键影响,所呈现出的物质文化的典型例子。

关键事件的呈现。在一所学校的发展史中,总有一些大大小小的历史事件为师生所传颂,挖掘其中的精神内涵,使其物化为一种有形的东西,或者保留原有存在的东西,形成学校特有的文化财富。如被毁坏的圆明园,若按原型修复成原来的模样,则中华民族那一段屈辱历史的呈现就少了有力的见证。

一场台风,见证了一种精神。2014年7月18日,41年一遇的超强台风"威马逊",以雷霆万钧之势横扫海口,椰城遭受重创,海南大学灾情尤为严重。台风过后,这座被誉为祖国南端最美大学的校园变成一片"水乡泽国",数以万计的树木倒塌,交通电讯网络电力供水整体瘫痪。在省委省政府、省教育厅和社会各界的共同关心与努力下,海南大学师生发

图1-14 海南大学全力抗击超强台风"威马逊"纪念/赵海吉摄

扬了自强敬业、厚德弘毅的校风,众志成城、同舟共济,争分夺秒打响美丽校园灾后重建攻坚战。为了留校学生的安全,校领导、机关干部、基层员工和师生志愿者冲锋第一线,合力攻坚克难,共渡难关,传递温情,涌现了许多可歌可颂的先进人物。他们携手快速恢复了基础设施、校园环境和秩序,创造了灾后重建的"海大速度",保证了学校教育教学工作的正常开展,也为海大人留下了宝贵的精神财富。"威马逊"走了,却留下了难忘的记忆。台风,是一次破坏,也是一次考验。它向世人展示了面对变幻异常的大自然,海大人充满生机的活力,即使在灾害面前也能奏出激越的旋律。灾后,万众一心的海大人将秉承校训、励精图治、奋勇拼搏,崛起在祖国最南端的宝岛之滨,谱写壮美华章。

"受创枯木，不发一枝；海大精神，薪火相传。"①图1-14为海南大学全力抗击超强台风"威马逊"纪念物。

命名与题字。父母生孩子，怀胎十月，好不容易把孩子生下来，总不能"阿猫""阿狗"随意起个名字，父母总是字斟句酌起个内涵寓意合自己心愿的名字，不仅如此，还要给生下的孩子精心呵护、营养充足，将其培养成为有用之才。建学校就如同生孩子，建筑物有了，总不能A、B、C或一、二、三地按序号起个名字，应将学校的追求与精神融合其中，不仅如此，每一栋楼的一草一木、角角落落、大大小小的设施设备也需精心设计与养育，使之成为真正育人的地方。学校的命名也最好不要用第一、第二、第三某某学校来命名，命名为第一某某学校的高兴，被命名为第二、第三的从一生下来就被贴上老二、老三的标签，怎么能高兴得起来。比较科学合理的命名方式建议是以学校的办学方向为依据来命名：机电、工贸、交通、轻工、旅游等，若属综合性学校可以以地名为学校校名。当然不同类型的学校也可以从学校办学初期的愿景、办学过程中的关键事件或人物来命名学校。名字的题写，除符合学校统一的视觉识别系统外，关键建筑物、景观、校名，最好不要用电脑内的标准字体，尽量让这些关键地方能充满故事，因为故事是学校文化最好的传播方式之一。这些故事的创造，可以是有影响力的名人，也可以是在校的师生。

失去教学功能的设施设备。在学校办学过程中，总会有许许多多曾发挥过重要作用的设施或设备要退出历史舞台，它们虽然失去了教学功能，但育人的功能却不一定完全失去，不能作为废品报废的，尤其是师生因地制宜克服种种困难建造或创造的教学设施、设备等。这些设施设备所呈现出的师生的某些精神永远不会失去，它们是学校的宝贵精神财富，值得长久发扬下去。后人也应"因地制宜"，将其置于合适之地，并叙以何年、何人、何事、何用、何精神之物。

西安技师学院的"机床文化雕塑群"就是如此，其介绍文字如下："机床文化雕塑群选择了我院1954年建校初期及1978年复校时购置的典型教学设备，学院的教师们通过它们为社会培养了一代又一代的技能人才。这些机床见证了学院六十年的风雨历程，是学院历史的写照，是学院发展的功臣！"

有我幸参观过苏州十中，感叹于这所被誉为"最中国的学校"物质文化之美。②

百年老校的一草一木，一石一砖都是历史与文化的沉淀，学校不设校史馆，

---

① 引自海南大学校园石刻"海大人全力抗击超强台风'威马逊'".
② 赵海吉. 回到原点做教育［M］. 北京：光明日报出版社，2014：6.

但校园处处均是校史馆。省级保护文物、几经得失的太湖奇石瑞云峰，被苏州十中提炼为"瑞云精神"；季玉厅、孝通图书馆、行知栏、政道楼、元培楼、王鳌厅是校友精神之化身；来今雨斋、思源石、慈竹春晖、杏园、状元笔、己巳亭皆为校友感恩于母校所立。令人叫绝的是王鳌厅等书法题字均为在校学生所书，在苏州十中所有建筑、人物、书写无一处不与苏州十中学子相关，这种润物细无声的教育，值得我等学习。

学校主体建筑大都为灰色，独一栋楼为红色，命名为"红楼"，据说曹雪芹祖父曹寅曾任苏州织造署织造，曹雪芹儿时经常进出于此，《红楼梦》景观部分取景于校内的西花园，故将此楼定为"红楼"。这就是苏州十中人善于挖掘历史之所在。

苏州十中，校在园中，园在校中。设计者们根本就没有把学校当成学校来规划，而是将学校当成园林来设计。百年老校囿于面积所限，政府计划投入两个亿重建重造苏州十中，柳袁照校长坚决不同意，他三年仅用了六千万元（包括设施、设备），大刀阔斧地就完成了旧校改造工程，外人却半点也看不出古建筑被动过的痕迹。修旧如旧，挖掘校园的文化意义，让校园充分呈现出生命意义，处处让校园体现学校鲜明的办学理念和办学特点，让精品教育渗透在校园的每一个角落。柳校长讲，我们在修复学校时，决不看其他学校，我们专门去参观江南园林，我们就是要把学校建成园林，这就是我们的特色。

## 第四节　学校制度文化

### 一、学校制度文化及其主要内容

学校制度是一所学校在长期的教育教学过程中所制订的起规范保证作用的各项规章制度。[①]学校制度不同于学校制度文化。所谓学校制度文化，是指学校师生在办学过程中通过制度历史地凝结而成的调整校内外各种关系的教育教学方式，它既外在为一套文本性的规章制度，又内在为一种精神性价值标准。只有全校师生把这一套文本性的规章制度内化为"内心的道德法则"，才能从根本上影响全体学校师生的思想和行为，内在生成专属的校本制度文化。[②]冯永刚说

---

① 黄文浩. 试论职业院校制度文化的内在生成[J]. 职教论坛, 2016 (30): 39-42.
② 黄文浩. 试论职业院校制度文化的内在生成[J]. 职教论坛, 2016 (30): 39-42.

得更直接，他认为学校制度文化是指学校师生员工认可并信守的价值观念、态度倾向、文化传统、道德标准、生活守则和行为规范的有机统整，凝结与折射着学校自身的人文特色与文化品位，表征着学校文化建设的发展水平与完善程度。①学校制度文化包含制度与文化两个层面，一个层面外显为各种规章制度的总和，另一层面内隐为内心的"价值观"。车洪波与郑俊田在《中国当代制度文化建设》一书中认为：制度文化是制度积淀于人内心而形成的认知与习惯，支配着人对制度的价值判断与选择，就如同"道"与"器"的关系，制度文化是内在的，隐含在内心的"观念体系"，制度是外在的，是显像的"符号"。具体而言，制度文化是制度设计的价值取向；制度文化是制度执行的内心认同；制度文化是制度创新的意识准备。②

学校制度文化是学校精神文化的产物及其载体，是学校行为文化的保证。其作用在于价值引导、协调关系、凝聚激励、个体规范。

学校制度文化的主要内容。一般而言，制度文化主要由价值观念层面、规则制度层面、运行机制层面以及制度执行层面构成。③从目前学校情况来看，学校制度文化的主要内容包括：学校领导体制、学校组织结构、学校管理制度。

（一）学校领导体制

领导体制包括：领导方式、领导结构、领导制度。我国中小学实行的是校长负责制。在《2003—2007年教育振兴行动计划》第9部分提出："中小学要实行校长负责、党组织发挥政治核心作用、教代会参与管理与监督的制度。……积极推动社区、学生及家长对学校管理的参与和监督。"高等学校实行的是党委领导下的校长负责制。

（二）学校组织结构

学校组织结构是指学校为了有效实现学校目标而筹划建立的内部各组成部分及其关系的形式。这种形式将确立学校各成员之间的沟通方式、工作规范以及学校管理人员的权利及责任范畴。④高校组织结构在横向关系上主要由两个部分组成：一是学科结构，二是管理结构。高等学校组织结构在纵向的管理层次上由战略决策、职能管理、基层运行、制度监督、支持保障、社会服务六个方

---

① 冯永刚. 学校制度文化育人的价值意蕴及其实现 [J]. 教育科学研究，2018 (5)：89-92.
② 车洪波，郑俊田. 中国当代制度文化建设 [M]. 北京：中国商务出版社，2004.
③ 周晶. 制度文化视域下大学治理能力现代化研究 [D]. 长沙：湖南大学，2018.
④ 赵中建. 学校文化 [M]. 上海：华东师范大学，2004：317.

面组成。①

学校组织结构的主要形式：

1. 直线职能制学校结构

该结构集直线制结构与职能制结构于一体，它保持了直线制的集中统一指挥的优点，也吸收了职能制专业管理职能的长处。以学校为例，院长—副院长—系主任就是直线制，而教处处、学生处、科研处、人事处等就是职能制。这种形式的主要缺点在于权力集中于高层管理者，下级缺乏必要的自主权，各职能部门之间横向联系较差，信息传递路线较长，反馈较慢，难以适应环境的迅速变化。秦始皇统一中国后，开创了直线职能制政府组织系统。

2. 学院制结构

这种扁平化的管理结构，被称为事业部制组织结构，最早是由美国通用汽车公司总裁斯隆于1924年提出，故有"斯隆模型"之称。适合于超大型、大型学校或多校区的管理，有的称为"院系两级"管理结构。该结构实行分级管理、分级核算、独立管理。其优点是：学院在专业设置、教师管理、学生管理、财务预算等具有相对独立的权力，更能发挥院级管理部门的积极性，利于组织专业化教育教学工作，也利于各院级部门之间的竞争。校级领导可以摆脱日常事务，集中精力谋划全局问题。

采用这种低重心、扁平化的管理结构，应注意三个问题：②

一是避免条块分割，分崩离析。在学校组织结构中，推行这种扁平化的管理结构，管理层减少了，与之相应的是职权扩大了，部门间的协作增多了，如果处理不好，会造成条块分割，遇事推诿扯皮，相互掣肘。

二是加强能力培养，独当一面。分院领导的管理能力，决定了该学院的工作是否能顺利开展。在直线职能制下，对二级部门的决策能力要求不高，他们大部分时间是在执行校长的命令，而在这种以分院院长负责制的做法下，院长的决策能力非常重要，要能独当一面。

三是任务拆分叠加，工作量大。在直线职能制下，原有一件工作，可由某部门的一个人独自承担，从组织、落实，到检查，一名主要行政可跟踪到底。采用学院制后，一个任务被分解为 N 个任务（N 为学校的学院数），分别下达到 N 个不同的分院，再由 N 个人分别跟踪与落实。这样分院的工作量会在无形之

---

① 程勉中. 高等学校组织结构及其创新路径 [J]. 郑州轻工业学院学报，2009，10（5）：74-77.

② 赵海吉. 回到原点做教育 [M]. 北京：光明日报出版社，2014：6.

中被叠加了许多,这就要求分院院长必须有较强的工作处理能力、分解能力。

3. 矩阵制结构

该结构是把按职能划分的部门的小组结合起来组成一个矩阵,员工既同原职能部门保持组织与业务上的联系,又参加项目小组的工作。职能部门是固定的组织,项目小组是临时性组织,完成任务以后就自动解散,其成员回原部门工作。[①]该结构的优点在于将组织的横向与纵向关系相结合,有利于部门间的交流协调与配合,发挥各自优势,提高项目完成的质量。不足之处在于,参加项目人员临时来自不同部门,隶属关系仍在原部门,对他们的管理比较困难,较难激励与惩罚。

(三)学校管理制度

学校管理制度是学校在教育实践中制定的各种带有强制性的规定和条例。这些制度基本由学校的职能部门制订并执行,如教学管理规定、学生管理规定、人事制度、科研制度、后勤管理制度等。

学校章程是学校的根本大法,被称为学校的"宪法"。结合学校实际实现"一校一章程",这是办学的需要。制定学校章程在依法依规的基础上,要凸显学校特色与师生参与。制定学校章程,要遵循其基本内容。《高等学校章程制定暂行办法》第七条对章程的内容做了十条明确的规定,主要包括学校性质、层次、培养目标、办学方向;专业设置;机构设置、职责、管理体制;经费来源及管理制度;举办者对学校进行管理或考核的方式、标准;校徽、校歌等学校标志物、学校与相关社会组织关系等学校认为必要的事项等方面。

## 二、学校内控制度建设

学校内部控制是指学校为实现办学目标,通过制定制度、实施措施和执行程序,对经济活动的风险进行防范和管控。内部控制的目标主要包括:保证学校经济活动合法合规、资产安全和使用有效、财务信息真实完整,有效防范舞弊和预防腐败,提高资源配置和使用效益。

加强内控制度建设是将权力关进笼子里的重要制度保障,是依法治校的重要组成部分,也是建设高效、师生满意学校的需要。当前,随着反腐力度的进一步深入,加强学校内控制度建设,依法依规开展经济活动,已经成为学校管理者必须考虑与解决的问题。在经济活动中,合法合规比合情合理更重要,如何进行学校内控制度建设?

---

① 王绪君,刘文纲. 管理学基础 [M]. 北京:中央广播电视大学出版社,2008:145.

## （一）美国 COSO 内部控制

美国 COSO 委员会（Committee of Sponsoring Organization of the Treadway Commission），美国反虚假财务报告委员会发起组织。于 1985 年成立，由美国注册会计师协会（AICPA）、内部审计师协会（IIA）、美国会计学会（AAA）、财务经理协会（FEI）、管理会计师学会（IMA）等这五个会计团体组成。COSO 委员会是一个自愿性的私立机构，它通过对商业道德的强化、建立完善有效的法人治理结构和内部控制体系来提高财务报告的质量水平。COSO 委员会于 1992 年发布了《内部控制——整合框架》（Internal Control——Integrated Framework），即 COSO 报告，该报告用于指导公司内部控制的实施，其实用性非常广泛，适用于各类企业组织，无论该企业所处的行业和法律结构如何。①

该组织分别于 2003 年、2004 年发布《企业风险管理整合框架》（Enterprinse Risk Management Integrated Framework，简称 ERM），2013 年 5 月 14 日 COSO 委员会正式发布了更新版本的《内部控制——整合框架》，2017 年 9 月 6 日发布新修订的《企业风险管理——战略和绩效整合》（Enterprise Risk Management—— Integrating with Strategy and Performace，简称 ERM 2017）。COSO 新版 ERM 2017 框架借鉴内部控制整合框架（ERM 2013）更新时的理念与经验，其框架如图 1-15 所示②。

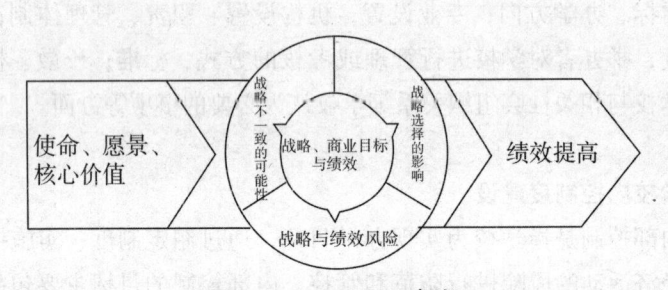

**图 1-15　ERM 2017 框架**

COSO 的五要素如表 1-4 所示。

---

① 史姝玥.COSO 委员会的内部控制整合框架更新及启示［J］.经济师，2019（1）：116-118.
② 舒伟，左锐，陈颖，等.COSO 风险管理框架的新发展及其启示［J］.西安财经学院学报，2018，31（5）：41-47.

表 1-4　COSO 五要素①

| 核心要素 | 具体内容 |
| --- | --- |
| 控制环境 | 1. 诚信原则和道德价值观 |
| | 2. 管理理念和经营风格 |
| | 3. 组织结构和管理层的安排 |
| | 4. 员工的胜任能力和公司的人力资源政策 |
| | 5. 职权与责任的分配 |
| 风险评估 | 6. 确定适当的目标以评估风险 |
| | 7. 风险的确定、分析与管控 |
| | 8. 评估舞弊风险的可能性以及对企业潜在的影响 |
| | 9. 识别、评估对内控体系产生重大的影响的变化 |
| 控制活动 | 10. 通过适当的控制活动，将风险降至可接受的水平 |
| | 11. 选取适当的信息技术实施控制 |
| | 12. 为保证控制活动的有效性而实施的方法策略 |
| 信息系统与沟通 | 13. 取得并使用有效的信息 |
| | 14. 在单位内部沟通交流来保证内控的有效性 |
| | 15. 在单位外部沟通交流来保证内控的有效性 |
| 监控活动 | 16. 企业对内控进行的有效性做出评估 |
| | 17. 指出内部控制体系的缺点，并要求管理层整改 |

（二）学校内部控制制度建设

我国内部控制方法和手段是根据国情结合美国 COSO 框架要求，根据《中华人民共和国会计法》《中华人民共和国预算法》等法律法规和相关规定而制定。我们今天学校内控制度建设主要依据文件是：财政部印发的《行政事业单位内部控制规范（试行）》（财会〔2012〕21 号）、《关于全面推进行政事业单位内部控制建设的指导意见》（财会〔2015〕24 号）、《行政事业单位内部控制报告管理制度（试行）》（财会〔2017〕1 号）。教育部在依据前两文的基础上，制定了比较详细的《教育部直属高校经济活动内部控制指南（试行）》（教财

---

① 史姝玥. COSO 委员会的内部控制整合框架更新及启示［J］. 经济师，2019（1）：116-118.

厅〔2016〕2号），该指南又包括：《内部控制实施指南》《内部控制应用指南》和《内部控制评价指南》三部分。

依据上述文件，学校内部控制实施程序为：组建单位内控实施的组织机构、制订内控实施方案、组织开展宣传培训工作、开展摸底调查访谈和专业分析、管理业务流程梳理或再造、开展风险评估、制定单位内部控制手册、组织开展评价工作。单位内部控制手册的结构一般包括：总则、内控流程、控制矩阵、权限指引、检查评价、附则等。[①]

学校内部控制主要包括：风险评估和控制方法、单位层面内部控制、业务层面内部控制、评价与监督。

1. 风险评估和控制方法

对风险可能性进行分析，一般把风险可能性分为很可能（概率区间为：50%~95%）、可能（概率区间为：5%~50%）、极小可能（概率区间为：0%~5%）三级。对风险影响程度的分析，可将风险影响程序分为重大风险、重要风险、一般风险三级。风险应对策略主要包括风险规避、风险降低、风险分担、风险承担等。

按照《行政事业单位内部控制规范（试行）》，控制方法一般包括不相容岗位相互分离、内部授权审批控制、归口管理、预算控制、财产保护控制、会计控制、单据控制、信息内部公开。

2. 单位层面内部控制

单位层面内部控制，一般可以理解为环境控制，指学校内部控制存在和发展的空间，是实施内部控制的基础，直接影响、制约着内部控制的建立和执行，主要包括发展规划、内部控制组织架构、运行机制、关键岗位与人员、会计及信息系统等方面。按照COSO的控制要素，该部分比较强调学校的价值观、管理理念等。在组织架构的设计上，要体现决策、执行、监督的相互分离。在运行机制上，对"三重一大"事项，要确立规范的决策、执行、监督程序。

3. 业务层面内部控制

业务层面内部控制，"以预算为主线，以资金管控为中心"，主要包括预算业务控制、收支业务控制、政府采购业务控制、资产控制、建设项目控制、合同控制。在高等院校中，科研项目控制可纳入建设项目中进行控制。

---

① 郝建国，陈胜华，王秋红. 行政事业单位内部控制规范实际操作范本 [M]. 北京：中国市场出版社，2015：3.

4. 评价与监督

学校内部控制评价,是由学校自行对自身内部控制建立和执行的有效性进行评价,形成评价结论,并出具评价报告的过程。学校内部控制的监督,可由上级部门或财政、审计、纪检监察、第三方会计师事务所及学校内部审计与监察部门,对学校实施情况进行监督。

### 三、基于 ISO 的职业院校质量管理体系

ISO9000 族标准是国际标准化组织(ISO)提出的概念,其中 ISO9001 是 ISO9000 族标准所包括的一组质量管理体系核心标准之一。该组织于 2015 年发布了 ISO9001:2015 标准成为现代最先进的质量管理思想、模式和方法,适用于各行各业的任何类型和规模的组织。截至 2016 年底已有 170 多个国家超过 100 万个组织通过了 ISO9001 认证,仅我国就有超过 36 万个组织通过了 ISO9001 质量管理体系认证。[①]

ISO9001 标准版 2015 的七项基本原则是:以顾客为关注焦点、领导作用、全员积极参与、过程方法、改进、循证决策、关系管理。

引入 ISO9001 质量管理体系,通过确立治理组织结构,实行质量目标管理,完善管理规章制度,建立有效的质量监控机制,采取评价改进措施等构建基于 ISO 的治理结构模式,这对探索职业院校管理意义重大。

基于 ISO9001 的职业院校管理体系的文件系统自上而下包括:质量管理体系、质量程序文件、质量工作文件、质量记录文件。如某院校制定的质量管理体系文件:院本管理体系手册及程序、党务政务文件、人财处文件、教务处文件、学生处文件、招生就业处文件、总务处文件、工会文件、各系文件。在上述各部门文件中包含工作文件和记录文件。

教务处文件如表 1-5 所示。

---

[①] 朱建芳. 高校 ISO9001—2015 标准质量管理体系的建立与实施——以广州航海学院为例[J]. 教育教学论坛,2018(17):12-14.

表 1-5　某校教务处文件

| 教务处文件 |
|---|
| 作业指导书 |
| 001 程序文件和作业指导书清单.doc<br>JWC-ZY-01 教学管理规定.doc<br>JWC-ZY-02 学分制管理规定.doc<br>JWC-ZY-03 教学督导评价管理规定（试行）.doc<br>JWC-ZY-04 职业技能竞赛管理规定.doc<br>JWC-ZY-05 教师绩效评价管理规定（试行）.doc<br>JWC-ZY-06 专业带头人、骨干教师和双师型一体化教师评价管理规定.doc<br>JWC-ZY-07 名专业、名师评价管理规定（试行）.doc<br>JWC-ZY-08 校企合作办学管理规定（修改稿）.doc<br>JWC-ZY-09 校企合作考核奖励规定（试行）.doc<br>JWC-ZY-10 学生校内实习教学管理规定.doc<br>JWC-ZY-11 学生校外阶段性实习管理规定.doc<br>JWC-ZY-12 学生顶岗实习管理规定.doc<br>JWC-ZY-13 专业建设管理规定.doc<br>JWC-ZY-14 教师业务培训管理规定.doc<br>JWC-ZY-15 教科研管理规定.doc<br>JWC-ZY-16 代课教师管理规定.doc |
| 记录表格 |
| 002 教务处记录清单.doc<br>01-01 校历表.xls<br>01-02 专业教学计划表.xls<br>01-03 实施性教学计划表.xls<br>01-04 教师任课安排表.xls<br>01-05 班级课程安排表.xls<br>01-06 学期实习（实训）安排表.xls |

续表

| 记录表格 |
| --- |
| 01-07 课程总表.xls |
| 01-08 班级分课表.xls |
| 01-09 教师任课表.xls |
| 01-10 专业教学文件更改申请表.doc |
| 01-11 文化理论课学期授课计划.doc |
| 01-12 生产实习课学期训练计划.doc |
| 01-13 文化理论课备课本.doc |
| 01-14 生产实习备课本.doc |
| 01-15 课堂教学日志.doc |
| 01-16 教学工作情况汇总表.doc |
| 01-17 补课申请表.doc |
| 01-18 调（代）课申请单.doc |
| 01-19 班级调课通知单.doc |
| 01-20 教师调（代）课通知单.doc |
| 01-21 教学听课评价表.doc |
| 01-22 一体化课程备课本.doc |
| 02-01 期末考试考务安排.doc |
| 02-02 监考登记表.doc |
| 02-03 试卷格式.doc |
| 02-04 期末考试成绩统计表.xls |
| 02-05 试卷分析表.doc |
| 02-06 学科成绩册（非学分制）.xls |
| 02-07 学生成绩汇总登记表（非学分制）.xls |
| 02-08 学期（毕业）补考统计及成绩汇总表.xls |
| 03-01 作业检查记录表.xls |
| 03-02 教案测评表.xls |
| 03-03 教案测评汇总表.xls |
| 03-04 教师听课统计表.xls |
| 03-05 授课计划执行情况检查表.xls |
| 03-06 教师教学总结.doc |
| 03-07 教师帮带登记表.doc |
| 03-08 教师业务考核登记表.doc |
| 03-09 教师业务档案表.doc |
| 03-10 教师帮带记录.doc |

续表

| 记录表格 |
| --- |
| 04-01 播放音像材料申请、审批表.xls |
| 04-02 电教功能室使用申请表.doc |
| 04-03 阶梯室、培训室使用记录表.doc |
| 04-04 电教功能室使用记录表.doc |
| 04-05 电教设备借用记录表.doc |
| 04-06 电子阅览室使用申请表.doc |
| 04-07 电子阅览室使用情况记录表.doc |
| 04-08 电教设备维护、保养记录表.xls |
| 04-09 电教设备维修登记表.doc |
| 05-01 技能节活动项目申报表.doc |
| 05-02 技能节活动项目成绩呈报表.doc |
| 05-03 技能节竞赛项目结算表.doc |
| 05-04 教师或学生职业技能竞赛项目立项呈报表.doc |
| 06-01 学分制教学计划与大纲.xls |
| 06-02 学科成绩汇总表（教学系用）.xls |
| 06-03 学生学分统计卡（班主任用）.xls |
| 06-04 学科成绩册（科任老师用）.xls |
| 07-01 学生评教签到表.doc |
| 07-02 学生对教学的评议表.xls |
| 07-03 评教情况分析表.doc |
| 07-04 学生对教学质量满意评价汇总表.doc |
| 07-07 学生信息员意见反馈表.xls |
| 07-08 教学情况意见反馈表.doc |
| 07-09 教师（学生）座谈会记录表.doc |
| 07-10 教学巡查情况记录.xls |
| 07-11 教学事故处理单.doc |
| 07-12 教学工作综合考评表.xls |
| 07-13 教学工作简报.doc |
| 07-14 教学质量综合评价表.doc |
| 07-15 教师教学质量综合评价汇总表.doc |
| 07-16 教师绩效自我评价表.doc |
| 07-17 教师绩效综合评价表.doc |
| 07-18 基础类课程学生学业评价量表.doc |
| 07-19 实践类课程学生学业评价量表.doc |

续表

| 记录表格 |
| --- |
| 07-20 课改类课程学生学业评价量表.doc |
| 07-21 教学值班情况登记表.doc |
| 08-01 学生校外实习协议（学校与企业）.doc |
| 08-02 学生实习协议书（实习生与企业）.doc |
| 08-03 顶岗实习协议（学校与企业）.doc |
| 08-04 顶岗实习协议书（学生与企业）.doc |
| 08-07 校企双制办学协议书（全日制班）.doc |
| 08-08 校企双制办学协议书（在职班）.doc |
| 09-01 学生校内实习鉴定表.doc |
| 09-02 学生校外实习鉴定表（企业考核）.doc |
| 09-03 学生进企业实习（外出参观学习）审批表.doc |
| 09-04 毕业班学生顶岗实习登记表（个人）.doc |
| 09-05 学生校外实习巡查记录表.doc |
| 09-06 学生到企业实习家长通知书.doc |
| 09-07 学生顶岗实习手册.doc |
| 09-08 顶岗（阶段性）实习学生信息汇总表.doc |
| 09-09 学生顶岗实习指导教师工作记录表.doc |
| 09-10＿＿实训中心功能室使用手册.doc |
| 09-11 仪器设备维修保养手册.doc |
| 09-12 学生校外实习安全教育记录.doc |
| 09-13 校外跟岗（阶段性）实习审批材料清单.doc |
| 10-01 教师校内培训申请表.doc |
| 10-02 教师进企业培训申请表.doc |
| 10-03 教师进企业培训鉴定表.doc |
| 10-04 教师进企业培训统计表.doc |
| 11-01 教研活动记录本.doc |
| 11-02 教研工作计划.doc |
| 11-03 课题立项研究申请书.doc |
| 11-04 课题研究成果评审表.doc |
| 11-05 校本教材开发申请表.dot |
| 11-06 教材印刷申请表.doc |
| 11-07 教研成果统计表.doc |
| 11-08 教研工作先进个人审批表.doc |
| 11-09 专业开发申请表.doc |

续表

| 记录表格 |
|---|
| 📄 11-10 新专业设置审批表.doc |
| 📄 11-11 新设专业拟聘师资情况表.doc |
| 📄 11-09 专业开发申请表.doc |
| 📄 11-12 新设专业实习（训）场所、实习设备情况表.doc |
| 📄 11-13 新专业拟用教材表.doc |
| 📄 11-14 专业（学科）带头人、骨干教师和双师型一体化教师申报书.doc |
| 📄 11-15 一体化课程申报表.doc |
| 📄 11-16 名专业评审细则.doc |
| 📄 11-17 名师评审细则.doc |
| 📄 11-18 名专业申报审批表.doc |
| 📄 11-19 名专业评分表.doc |
| 📄 11-20 名师申报审批表.doc |
| 📄 11-21 名师评分表.doc |

## 第五节　学校行为文化

**一、学校行为文化及其主要建设内容**

学校行为文化是指学校教职员工在教育实践过程中产生的活动文化，是学校作风、精神面貌、人际关系的动态体现，也是学校精神、学校价值的折射。①

行为文化是物质文化、精神文化和制度文化在行为上的外显，有什么样的物质文化、精神文化和制度文化就会有什么样的行为文化。②在本章第一讲中，我们说：精神文化是核心，物质文化是基础，制度文件是保障，行为文化是外显。看一所职业院校管理的好不好，最直接的是看在校学生是否阳光自信，看学校厕所是否干净卫生。这"两看"，可以作为学校管理成效的试金石，这里面有学校行为文化的因素在里面。

---

① 赵中建. 学校文化 [M]. 上海：华东师范大学出版社，2004：324.
② 刘荣. 新时期高职院校特色行为文化建设路径研究 [J]. 经济师，2012（12）：117-119.

学校行为文化的建设内容，从不同的角度，采用不同的分类方式，所呈现的内容有所不同。睢密太在《论大学行为文化建设的内容途径方法》中，将大学行为文化建设的内容分为：管理行为文化、教学与科研行为文化、大学生学习与日常生活行为文化。①胡树森将高职院校校园行为文化细分为教师行为文化、学生行为文化和学校行为文化三类。②也有学者从参与职业教育办学主体入手，将学校行为文化分为校园日常行为文化与校企融合行为文化两类。

从当前的职业院校实际而言，从人的角色进行细分较为合理，且易于操作，故可将学校行为文化建设的内容大体分为学生行为文化、教师行为文化、管理者行为文化、服务人员行为文化。

**二、学生行为文化塑造**

（一）职业技能行为养成

不同的专业有不同的职业规范要求，如学习食品专业的学生必须养成洁净的卫生习惯，学习软件设计专业的学习必须养成严谨的逻辑思维习惯。职业院校学生在学习专业过程中，这种职业技能行为习惯的养成需要长时间潜移默化的影响或者必要的制度约束。许多职业院校的实验室、实训室内都有6S甚至7S管理的要求，这就是培养学生职业技能行为比较好的形式之一。学生的认识实习、跟岗实习和顶岗实习，在一定程度上是让学生认识自己所从事行业的职业规范与职业道德，培养学生良好的职业技能行为。

（二）典礼与仪式

朱永新说："仪式、节日和庆典是学校文化传统的活标本，也是学校生命中最值得关注的重要时刻。""仪式、节日和庆典往往是这样一种时刻，它通过包孕性强、极富意味的、有象征意义的程序和形式，使有意义的事情或者伟大的事物能够拥有一种伟大的时刻，获得神圣、庄严与尊重。"③苏霍姆林斯基所创立的帕甫雷什中学，设立了各种各样的节日，如"歌节""花节""首次铃声节""新粮面包节"等等。孩子们在各种各样的节日中度过，是培养学生良好的行为习惯与道德育品质的鲜活形式。

职业院校中的毕业典礼、成人礼、开学礼、散学礼、各类颁奖典礼、升旗

---

① 睢密太. 论大学行为文化建设的内容途径方法［J］. 大学教育，2017（3）：4-7.
② 胡树森. 加强高职院校行为文化建设的思考［J］. 河北职业技术学院学报，2008（2）：5-7.
③ 朱永新. 中国新教育［M］. 北京：中国人民大学出版社，2012：160.

礼、校庆、军训、青年节、感恩节等，都是培养或展示学生行为文化的重要载体。有一年我所在的学校举办学生成人礼，当学生与家长两两携手走过成人门时，突然有位男生执意背起自己的妈妈，在众人惊奇与感动的目光中，从容穿过成人门。我想这位男生可能在心里想：妈妈我长大啦，感谢您对我的养育之恩，我有能力承担起家庭的一些重任了。通过这些典礼、仪式与节日，学校的育人理念被一次次地宣扬与强化，形成学生所独有的行为文化。

（三）社团活动

学生都有获得归属感的需要，说得直白一点就是要有"玩伴"。你可以观察一下学生多是三三两两地一起去教室，一起去图书馆，一起去餐厅吃饭，一起回宿舍，一起去运动等，独来独往的同学不多。而且仔细分析你还会发现，选择中途退学的学生，有相当一部分属"形单影只"的那种类型，他们在学校找不到"玩伴"，找不到乐趣，专业知识与技术又学不进去，选择退学是自然而然的事情。

不管是从马斯洛的需要层次理论，还是加德纳的多元智能理论来看，社团的存在无疑满足了学生获得这种归属感与展示自己才能的大好机会。

社团打破了专业、班级的限制，一群志同道合的人聚合在一起，尽情"浪费"掉不少的业余时间，从中得到的东西，大多是书本上学不到的。在参加第44届世界技能大赛中，有位信息网络布线的中国选手，在几十个国家的参赛选手面前，沉着冷静、技术娴熟、力克群雄，获得信息网络布线项目世界金牌。能够在被誉为"技能奥林匹克"的"世界技能大赛"中获得金牌确实不容易，选手们比拼的不仅是技术，还有心理素质、安全素养、职业规范、团队合作、解决问题的能力等等。当有人问这位获得金牌的选手，"你认为培养你几年的母校，对你影响最大的是什么？"出人意料的是，他并没有说母校培养了他过硬的专业技能，而是说在母校他参加了"醒狮社团"，而且担任了社长一职。正是在"醒狮社团"的那几年，培养了他的意志、心性与领导能力，正是拥有了这样的核心素养，才使他最终站在了世界的领奖台上。

专业社团、人文社团等为学生提供了人生出彩的机会，不仅培育了学生的行为文化，而且也展示了独特的学生行为文化。

（四）榜样与故事

榜样教育是以榜样事迹和精神为核心的教育。榜样的育人功能有人将其细分为如下几个方面：真善美的示范功能、平实精神的激励功能、先进价值的引导功能、高尚人格的塑造功能、优秀事迹的感染功能、率先垂范的旗帜功能。①榜样的力量是无穷的,对人的行为文化的塑造起到重要的引领作用。

榜样的产生与传播方式的选择。除社会上的榜样之外,在职业院校中,结合职业教育特点可以评选出每周、每月、每学期、每学年之星,如"学习之星""创业之星""道德之星""贡献之星""服务之星""志愿之星""社团之星"等等。也可以通过活动产生各种"名星",如"感动校园人物""十佳歌手""创业人物""技术能手"等。在传播方式的选择上,除传统方式的"海报""宣传栏"外,应注重学生喜闻乐见的新媒体的使用,增加宣传的广度、厚度与可亲度。

故事是学校文化传播的重要载体,是学校行为文化的重要体现形式,也是学校精神文化、制度文化的"生动"外显。一个国家、一个组织,带给他人的印象往往就是一些让人铭记在心的故事。平时要注意收集、整理学生创造的这些鲜活事例,并且在不同的场合讲好这些"动人"的故事。

(五)日常活动

丰富多彩的日常活动,是实现全员、全程、全面的"三全"育人的重要手段。学生的日常活动,除上面提到的典礼与仪式、社团活动外,还有校园文体类、社会实践类、志愿服务类、专业竞赛类等。比较常见的活动有:运动会、艺术节、科技节等。在活动中培育学生的综合职业素养,能塑造良好的学生行为文化。

学校应主动"找事"给学生做,而不是学生主动"找事"让老师去解决。前一个"找事"是由学校策划或引导学生自主策划的积极向上的各种各样的活动,而后一个"找事"是在学校活动不足的情况下,无所事事的学生给老师添的"麻烦事"。

### 三、教师行为文化塑造

正如雅斯贝尔斯所说,教育就是一棵树摇动另一棵树,一朵云推动另一朵云,一个灵魂唤醒另一个灵魂。学高为师,身正是范。教师的行为直接影响到学生的行为,反映教师行为文化有:教学行为、教育行为、科研行为等。这些行为的核心在于教师的职业道德,所谓教师的职业道德是指教师在教育教学活动中应遵循的行为准则。按照《新时代高校教师职业行为十项准则》的要求,包括:坚定政治方向、自觉爱国守法、传播优秀文化、潜心教书育人、关心爱

---

① 蒙晓旺. 高校榜样教育育人功能发挥研究[D]. 南宁:广西大学, 2016.

护学生、坚持言行雅正、遵守学术规范、秉持公平诚信、坚守廉洁自律、积极奉献社会。

在教育部颁发的《中等职业学校教师专业标准（试行）》中，提出教师的基本理念包括：师德为先、学生为本、能力为重、终身学习；基本内容包括三个维度：专业理念与师德、专业知识、专业能力。这可以作为中等职业学校教师的职业规范，具体内容如表1-6所示。

表1-6 《中等职业学校教师专业标准（试行）》

| 维度 | 领域 | 基本要求 |
| --- | --- | --- |
| 专业理念与师德 | （一）职业理解与认识 | 1. 贯彻党和国家教育方针政策，遵守教育法律法规。<br>2. 理解职业教育工作的意义，把立德树人作为职业教育的根本任务。<br>3. 认同中等职业学校教师的专业性和独特性，注重自身专业发展。<br>4. 注重团队合作，积极开展协作与交流。 |
| | （二）对学生的态度与行为 | 5. 关爱学生，重视学生身心健康发展，保护学生人身与生命安全。<br>6. 尊重学生，维护学生合法权益，平等对待每一个学生，采用正确的方式方法引导和教育学生。<br>7. 信任学生，积极创造条件，促进学生的自主发展。 |
| | （三）教育教学态度与行为 | 8. 树立育人为本、德育为先、能力为重的理念，将学生的知识学习、技能训练与品德养成相结合，重视学生的全面发展。<br>9. 遵循职业教育规律、技术技能人才成长规律和学生身心发展规律，促进学生职业能力的形成。<br>10. 营造勇于探索、积极实践、敢于创新的氛围，培养学生的动手能力、人文素养、规范意识和创新意识。<br>11. 引导学生自主学习、自强自立，养成良好的学习习惯和职业习惯。 |
| | （四）个人修养与行为 | 12. 富有爱心、责任心，具有让每一个学生都能成为有用之才的坚定信念。<br>13. 坚持实践导向，身体力行，做中教、做中学。<br>14. 善于自我调节，保持平和心态。<br>15. 乐观向上、细心耐心，有亲和力。<br>16. 衣着整洁得体，语言规范健康，举止文明礼貌。 |

续表

| 维度 | 领域 | 基本要求 |
|---|---|---|
| 专业知识 | （五）教育知识 | 17. 熟悉技术技能人才成长规律，掌握学生身心发展规律与特点。<br>18. 了解学生思想品德和职业道德形成的过程及其教育方法。<br>19. 了解学生不同教育阶段以及从学校到工作岗位过渡阶段的心理特点和学习特点，并掌握相关的教育方法。<br>20. 了解学生集体活动特点和组织管理方式。 |
| | （六）职业背景知识 | 21. 了解所在区域经济发展情况、相关行业现状趋势与人才需求、世界技术技能前沿水平等基本情况。<br>22. 了解所教专业与相关职业的关系。<br>23. 掌握所教专业涉及的职业资格及其标准。<br>24. 了解学校毕业生对口单位的用人标准、岗位职责等情况。<br>25. 掌握所教专业的知识体系和基本规律。 |
| | （七）课程教学知识 | 26. 熟悉所教课程在专业人才培养中的地位和作用。<br>27. 掌握所教课程的理论体系、实践体系及课程标准。<br>28. 掌握学生专业学习认知特点和技术技能形成的过程及特点。<br>29. 掌握所教课程的教学方法与策略。 |
| | （八）通识性知识 | 30. 具有相应的自然科学和人文社会科学知识。<br>31. 了解中国经济、社会及教育发展的基本情况。<br>32. 具有一定的艺术欣赏与表现知识。<br>33. 具有适应教育现代化的信息技术知识。 |
| 专业能力 | （九）教学设计 | 34. 根据培养目标设计教学目标和教学计划。<br>35. 基于职业岗位工作过程设计教学过程和教学情境。<br>36. 引导和帮助学生设计个性化的学习计划。<br>37. 参与校本课程开发。 |
| | （十）教学实施 | 38. 营造良好的学习环境与氛围，培养学生的职业兴趣、学习兴趣和自信心。<br>39. 运用讲练结合、工学结合等多种理论与实践相结合的方式方法，有效实施教学。<br>40. 指导学生主动学习和技术技能训练，有效调控教学过程。<br>41. 应用现代教育技术手段实施教学。 |
| | （十一）实训实习组织 | 42. 掌握组织学生进行校内外实训实习的方法，安排好实训实习计划，保证实训实习效果。<br>43. 具有与实训实习单位沟通合作的能力，全程参与实训实习。<br>44. 熟悉有关法律和规章制度，保护学生的人身安全，维护学生的合法权益。 |

续表

| | | |
|---|---|---|
| 专业能力 | （十二）班级管理与教育活动 | 45. 结合课程教学并根据学生思想品德和职业道德形成的特点开展育人和德育活动。<br>46. 发挥共青团和各类学生组织自我教育、管理与服务作用，开展有益于学生身心健康的教育活动。<br>47. 为学生提供必要的职业生涯规划、就业创业指导。<br>48. 为学生提供学习和生活方面的心理疏导。<br>49. 妥善应对突发事件。 |
| | （十三）教育教学评价 | 50. 运用多元评价方法，结合技术技能人才培养规律，多视角、全过程评价学生发展。<br>51. 引导学生进行自我评价和相互评价。<br>52. 开展自我评价、相互评价与学生对教师评价，及时调整和改进教育教学工作。 |
| | （十四）沟通与合作 | 53. 了解学生，平等地与学生进行沟通交流，建立良好的师生关系。<br>54. 与同事合作交流，分享经验和资源，共同发展。<br>55. 与家长进行沟通合作，共同促进学生发展。<br>56. 配合和推动学校与企业、社区建立合作互助的关系，促进校企合作，提供社会服务。 |
| | （十五）教学研究与专业发展 | 57. 主动收集分析毕业生就业信息和行业企业用人需求等相关信息，不断反思和改进教育教学工作。<br>58. 针对教育教学工作中的现实需要与问题，进行探索和研究。<br>59. 参加校本教学研究和教学改革。<br>60. 结合行业企业需求和专业发展需要，制定个人专业发展规划，通过参加专业培训和企业实践等多种途径，不断提高自身专业素质。 |

## 四、管理者行为文化塑造

在一所运行正常的学校中，离不开辛勤的教师，更离不开一群卓越的管理者，从班主任、中层管理干部，到学校校长。就当前而言，如果没有他们，一所学校也就没有了凝聚力，没有了学校正常运作的秩序，没有了前进的方向。有人说，有什么样的校长，就会有什么样的教师，有什么样的教师就会有什么样的学生，有什么样的学生就会有什么样的学校。这在当下，有其合理性，从中也可以看出管理者的重要性。在后面章节中，就教师队伍建设、管理者行为会有详细描述，本节不做过多阐述。

（一）校长的管理行为

1. 校长专业标准

校长是一校之"眼"，也是一校之"魂"。校长的行为，会直接影响学校的行为。为引领与规范校长行为，教育部专门针对不同类型的学校出台一系列的校长专业标准。其中对中等职业学校校长，在《中等职业学校校长专业标准》做出了明确指引，可作为职业类院校校长参考。在办学理念上提出：德育为先、育人为本、引领发展、能力为重、终身学习等五个方面的要求。

专业具体要求见表1-7。

表1-7 中等职业学校校长专业标准

| 专业职责 | | 专业要求 |
|---|---|---|
| 一、规划学校发展 | 专业理解与认识 | 1. 明确学校办学定位，以促进就业为导向，适应技术进步和生产方式变革以及社会公共服务的需要。促进职业教育公平，着力保障困难群体平等接受职业教育。<br>2. 注重学校发展的战略规划，凝聚师生智慧，汇集行业企业力量，建立学校发展共同目标，形成学校发展合力。<br>3. 结合区域经济社会发展需要，立足学校办学传统和办学实际，提炼学校办学理念，办出学校特色。 |
| | 专业知识与方法 | 4. 熟悉国家相关的法律法规、教育方针政策、劳动人事制度和学校管理的规章制度。<br>5. 了解国内外职业学校改革和发展的基本趋势，熟悉区域经济和行业企业发展对人才需求的新动态。<br>6. 掌握学校发展规划制定、实施与测评的理论、方法与技术。 |
| | 专业能力与行为 | 7. 诊断学校发展现状，及时发现和研究分析学校发展面临的主要问题。<br>8. 组织多方参与制订学校发展规划，与社会需求紧密对接，确立学校中长期发展目标。<br>9. 分解和落实学校发展规划，制订学年、学期工作计划，指导教职工制定具体行动方案，并提供人、财、物等条件支持。<br>10. 监测学校发展规划的实施，根据实施情况修正学校发展规划，调整工作计划，完善行动方案。 |

续表

| 专业职责 | | 专业要求 |
|---|---|---|
| 二、营造育人文化 | 专业理解与认识 | 11. 把立德树人作为中等职业学校教育的根本任务，把德育工作摆在素质教育的首要位置，全面加强学校德育体系建设。<br>12. 将学校文化建设作为学校德育工作的重要方面，注重农业、工业和服务业等不同产业领域文化育人的差异，把文化育人作为办学治校的重要内容与途径。<br>13. 积极培育和践行社会主义核心价值观，热爱与传承中华优秀传统文化，充分发挥中华优秀传统文化的时代意义与教育价值，重视地域优秀文化和优秀企业文化的重要价值。 |
| | 专业知识与方法 | 14. 广泛涉猎自然科学与人文社会科学知识，掌握必要的艺术基础知识，具有良好的艺术修养和艺术欣赏能力。<br>15. 了解学校文化建设的基本理论，掌握促进产业文化、企业文化、职业文化融入学校教育的方法和途径。<br>16. 掌握学生思想品德、职业道德形成以及健康心理发展的特点、规律及其教育方法。 |
| | 专业能力与行为 | 17. 加强校园自然环境和人文环境建设，以体现职业教育理念和学校办学特色的校训、校歌、校徽、校标等为重要载体，树立优良的校风、教风、学风。<br>18. 精心设计和组织丰富多彩、积极向上的文艺体育活动、技能展示活动和社会实践活动，积极组织开展创业创新、职业生涯规划、礼仪规范等主题教育活动，形成爱学习、爱劳动、爱祖国活动的有效形式和长效机制。<br>19. 建设绿色健康的校园信息网络，向师生推荐优秀的精神文化作品和劳动模范、创业典型、技术能手的先进事迹，努力防范不良的流行文化、网络文化和学校周边环境对学生的负面影响。<br>20. 凝聚学校文化建设力量，推进优秀企业文化进校园，发挥教师、学生及社团的主体作用，发挥各级各类公共文化设施、专业实践活动基地和实训基地的德育功能，为共青团、学生社团、班集体活动开展提供必要条件，保证活动时间。 |
| 三、领导课程教学 | 专业理解与认识 | 21. 坚持产教融合、校企合作、工学结合、知行合一，面向全体学生，因材施教，在保障学生技术技能培养质量的基础上，加强文化基础教育。<br>22. 遵循职业教育教学规律和技术技能人才成长规律，着力培养学生的职业道德、职业精神、职业技能和就业创业能力。<br>23. 尊重教师的教学经验和智慧，注重行业企业专业技术人员的参与，积极推进职业教育教学改革与创新。 |
| | 专业知识与方法 | 24. 掌握学校开设专业的培养目标和教学标准，了解国内外职业教育课程与教学改革经验。<br>25. 熟悉职业教育专业建设、课程开发、教材建设、教学实施与评价的相关政策和知识。<br>26. 掌握信息技术在教育领域应用的一般原理与方法。 |

续表

| 专业职责 | | 专业要求 |
|---|---|---|
| 三、领导课程教学 | 专业能力与行为 | 27. 根据区域经济社会发展的需要，对接职业和岗位需求，在政府、行业、企业等方面指导下开展专业建设。<br>28. 认真落实国家颁布的中等职业学校专业教学标准，合理设置公共基础课和专业技能课，加强法治教育，关注学生心理健康和青春期教育，推动校本课程的开发与实施。落实综合实训、顶岗实习等实践教学的有关要求。<br>29. 建立听课与评课制度，深入课堂听课并对课堂教学进行指导，每学期听评课不低于地方教育行政部门规定的课时数量。<br>30. 积极组织开展教研活动和教学改革，推行项目教学、案例教学、工作过程导向教学等教学模式，推进信息技术与教育教学深度融合，建立健全教育教学评价制度。 |
| 四、引领教师成长 | 专业理解与认识 | 31. 教师是学校改革发展和教育教学质量提高的主体，关心、尊重、信任、团结和赏识每一位教师。<br>32. 遵循职教教师成长发展规律，激发教师发展的内在动力。<br>33. 校长是教师专业发展的引领者和第一责任人，将学校与合作企业作为教师实现专业发展的主阵地。 |
| | 专业知识与方法 | 34. 掌握中等职业学校教师专业标准，把职业学校教师文化素养和职业素养要求，掌握"双师型"教师队伍建设的途径和方法。<br>35. 掌握职业学校教师专业发展的理论以及指导教师开展教育教学实践与研究的方法。<br>36. 掌握学习型组织建设的方法、教师继续教育的主要途径和激励教师主动发展的策略。 |
| | 专业能力与行为 | 37. 建立健全教师专业发展的制度，落实五年一周期的教师全员培训制度和教师企业实践制度，推行校本教研，完善教研训一体的机制。<br>38. 关注每一位教师的发展，指导教师根据自身发展特点制定专业发展计划，加强专业带头人和青年教师培养，为兼职教师创造良好的工作环境。<br>39. 落实中等职业学校教师职业道德规范要求和违反职业道德行为处理办法，扎实开展师德师风教育，建立健全教育、宣传、考核、监督与奖惩相结合的师德建设工作机制，引导支持教师坚定理想信念、提高道德情操、掌握扎实学识、秉持仁爱之心，不断提升教师的精神境界。<br>40. 维护和保障教师合法权益和待遇，关心教师身心健康，建立优教优酬的激励机制。 |

续表

| 专业职责 | | 专业要求 |
|---|---|---|
| 五 优化内部管理 | 专业理解与认识 | 41. 坚持依法治校，自觉接受师生员工、合作企业、合作机构以及社会的监督。<br>42. 崇尚以德立校，处事公正、严以律己、廉洁奉献。<br>43. 实行民主管理和科学管理，突出职业教育特色，坚持教书育人、管理育人、服务育人。 |
| | 专业知识与方法 | 44. 把握国家相关政策对中等职业学校校长的职责定位和工作要求。<br>45. 掌握学校管理的基本理论与方法，了解现代企业管理的基本理论与方法，了解国内外中等职业学校管理的变化趋势。<br>46. 熟悉学校人事财务、资产后勤、校园网络、安全保卫、卫生健康、实习实训等管理实务。 |
| | 专业能力与行为 | 47. 形成学校领导班子的凝聚力，充分听取党组织对学校重大决策的意见，发挥党组织的政治核心作用。<br>48. 尊重和支持教职工代表大会参与学校管理的民主权利，推行校务公开，定期向教职工代表大会报告工作，实行校务会议等管理制度。<br>49. 依法制定学校章程，建立健全学校人事、财务、资产管理、校企合作等规章制度，认真执行国家规范管理相关要求，提高学校管理规范化、信息化水平，不得违反国家规定收取费用，不得利用学校招生、学生顶岗实习、企业招工等谋取利益。<br>50. 努力打造平安校园，建立和完善学校各种应急管理机制，定期实施安全演练，正确应对和妥善处置学校突发事件。 |
| 六 调适外部环境 | 专业理解与认识 | 51. 坚持把服务经济社会发展作为学校的重要功能，勇于承担社会责任。<br>52. 坚持把合作共赢作为学校对外关系准则，积极开展校企合作等校内外合作与交流。<br>53. 坚信学校与行业企业、家庭、社会（社区）的良性互动是提高办学水平的重要途径。 |

续表

| 专业职责 | | 专业要求 |
|---|---|---|
| 六 调适外部环境 | 专业知识与方法 | 54. 掌握学校公共关系及校企合作的理论与方法。<br>55. 了解区域经济社会、产业和教育发展的基本情况，了解学生家庭、合作企业、合作机构和所在社区的基本情况，积极获取与学生成才、就业创业和学校发展相关的信息。<br>56. 熟悉各级各类社会公共服务机构的教育功能。 |
| | 专业能力与行为 | 57. 努力争取地方政府、行业企业和社会力量对学校教育的支持，营造良好外部育人环境。<br>58. 建立学校、行业、企业、社区等共同参与的学校理事会或董事会。引导行业企业、社区和相关专业人员参与学校管理和监督，接受改进学校工作的合理建议。<br>59. 建立健全产教融合、校企合作育人机制，通过与行业企业共建实训实习基地、引企入校等形式，实现资源共建共享。<br>60. 积极发挥学校服务区域经济发展和促进就业的作用，鼓励并组织学校师生参与服务社会（社区）的有益活动。 |

2. 追求独特办学风格

千校一面，万众趋同，是我们时下办学的大致现状。众多的学校，办学特色为什么不鲜明？原因无非两类，一类是外部的原因，一类是内部的原因。我们重点从内部原因看如何培育办学特色，笔者结合工作实践提供四条参考策略。

一是校长要有个性。

在当前的管理机制下，校长的个性直接决定学校的品性。校长的办学思想，决定学校是否有思想；校长的管理风格，决定团队是否有品格；校长的人格魅力，决定教师是否有凝聚力；校长的前瞻能力，决定学校是否有谋划能力。

朱永新曾这样说："我心中的理想校长，应该是一个不断追求自己人生理想和办学理念，具有独特办学风格的校长。"[1]也有人说："一个没有办学灵魂的校长，就是一所没有灵魂的学校。""一个学校的办学特色，实际是校长办学思想个性化的表现，校长要有正确的教育思想，利用学校的优势，发展自己的独特见解。形成自己的教育信念，只有这样才能形成办学特色。"强调个性，并不否

---

[1] 朱永新. 我的教育理想[M]. 桂林：漓江出版社，2014：125.

定共性。大凡办学特色突出的学校，校长一般具有以下三个基本特征：一是有人生理想，二是有办学思想，三是会领导。

二是办学定位要准。

定位决定地位，思路决定出路，没有定位就没有地位。

上海有三条路比较出名。一条是南京路，南京路的东面靠近外滩，定位为步行休闲旅游街，主要经营上海土特产、旅游纪念品等。另一条是完全不同的淮海路，淮海路定位为一条高端购物街。还有一条是靠近外滩的四川路，主要卖具有上海特色的毛纺针织品，价格比较实惠，商家这样定位四川路："看看走走其他路，买卖请到四川路。"

三条路，有三种不同的定位，表现出了鲜明的特色。学校亦是如此。如何给学校准确定位？这需要回答两个问题："我是谁？""我要干什么？"要回答"我是谁？"，就必须认真梳理学校历史，凝练学校特点，还要进行类似SWOT的分析方式，理清自己现在的优势在哪里，不足在哪里。而要回答"我要干什么？"，就必须明确近期与中长期办学目标分别是什么。只有这两个问题想清楚了，学校的定位才能找到落脚点、支撑点、结合点与生长点。

三是过程要实。

教育是慢的艺术，办学特色的形成更需要一段时期的沉淀与积累。在追求办学特色的同时，应当少些浮躁与功利思想，少些肤浅、片面、局部的特色，多些求真务实、以人为本的踏实行动。

就时下而言，诸多校长在追求办学特色的征途中，存在许多误区。比较明显的是没有准确把握办学特色的内涵。笔者认为：办学特色就是在长期的办学过程中，所形成的面向全体学生健康发展的独特、稳定的人才培养风格。它具有全局性、全面性、稳定性、优质性等特性。不能将少数学生的"特长培养""特长项目"与办学特色画等号，办学特色必须是面向每一位学生，渗透在学校的整体工作当中，根植于大多数教师的思想当中的。如陶行知以"生活即教育""社会即学校""教学做合一"的办学思想创办晓庄师范等。

陈玉琨认为，培育办学特色需要创新培养模式，没有培养模式这一载体，办学特色永远只能成为空洞的口号。他认为反映学校办学特色的培养模式包括：学校独特的课程与各种教育活动的体系，富有个性的教育教学方法体系，以及与众不同的教育评价体系等。

只有将特色培育融入学校课程、教育教学方法以及多元的评价体系当中，才能真正培育办学特色。也只有这样，才能使学校文化的血管里流淌着独有的血液，而非表面的浅层次的"浓妆艳抹"。

四是学校特色需要认同。

任何违背办学规律的所谓"特色",是不能称之为"特色"的,任何没有得到广泛认同的所谓"特色",是没有生命力的,也是无法长久存在的。办学特色要得到师生、家长、社会的共同认可,一是"特色"要符合教育规律,二是需要各方面的民主参与,三是要加强宣传。许多品牌学校借鉴企业识别系统 CIS（Corporate Identity System）,从理念识别、行为识别、视觉识别三个方面成功进行学校的形象策划,展示学校的办学特色,这不失为一种比较有效的宣传方式。

（二）中层干部的管理行为

校长的管理行为主要在于引领,中层管理人员重在协调与落实。校长出理念与思路,中层干部就要学会画表格,将理念落地。有人说赢在中层,中层的执行力决定事情的成败。

在现实中,许多中层干部经常抱怨:人难管、事太杂、不配合、问题多、工资低、要求高、最辛苦、不讨好。究其原因,主要在于大部分中层管理干部来源于一线骨干教师,从一名"技术技能型人才",转变为"管理型人才",两者的工作特点有很大同。"技术技能型人才"与"管理型人才"的工作特点见表1-8。

表1-8 "技术技能型人才"与"管理型人才"工作特点区别

| "技术技能型人才"工作特点 | "管理型人才"工作特点 |
| --- | --- |
| 重视管"物" | 重视管"人" |
| 追求专业的"深度" | 追求专业的"广度" |
| 专才 | 通才 |
| 重视"过程" | 重视"结果" |
| 自己干 | 团队干 |

也正是由于工作特点不同,两者的关注点存在很大差异,而学校的中层管理干部多是专业技术出身,没有多少人是管理专业毕业的,没有受过系统的管理理论教育或培训,产生一些工作困惑在所难免。

一名管理者必备的技能可以概括为:专业技能、人际技能、概念技能。随着职务的不断提升,对"专业技能"的要求会越来越低,"人际技能"基本保持不变,而对"概括技能"的要求却越来越高。这里所谓的"概念技能"指管理者对事物的洞察、分析、判断、抽象和概括的能力。①关系如图1-16所示。

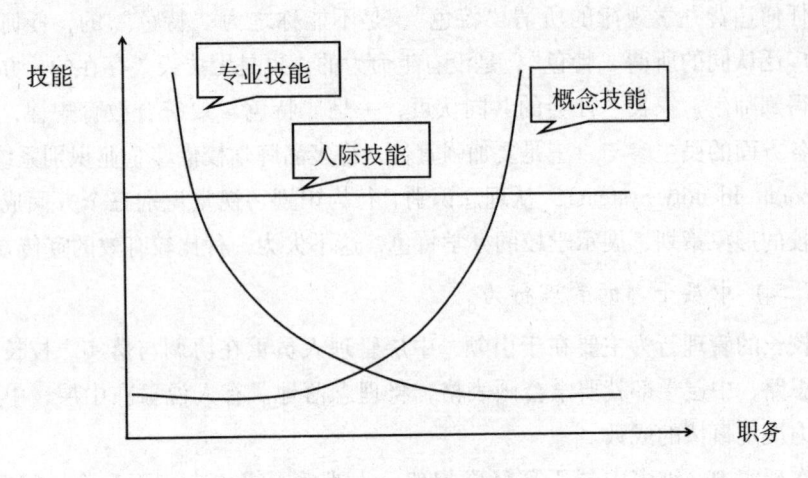

图1-16 职务与技能要求关系图

走上管理岗位的教师，不要与一线教师比业务，要比眼界，比管理水平。

中层干部要成为卓有成效管理者的几条法则：②

法则之一：支持你的上级。

是人总有优点和缺点，而且优点越突出，则缺点也会越明显。你的上级领导也同样如此，可许多下属偏偏看不到这一点，特别是比较年轻的下属更是如此。如果下属总是强调上级领导的短处，就如同上级领导强调下属的短处一样，其结果将是双方一事无成。在现实当中，往往上级领导因为成绩平平，没有升迁的机会，下属一般也没有多少发展的空间。如果有一天上级领导因为成绩不佳被调职了，新的上级一般不会从本单位中选拔，而多是由"空降"的新人来掌管这个单位，而且新上级上任后，一般也会带来自己的亲信。因此，不支持你的上级，是一种不明智的选择。卓有成效的管理者并不是设法改变上级的缺点，而是要设法用自己的长处弥补上级的不足，并且要了解上级的长处，并协助他使其长处尽可能发挥出来，这是双赢的做法。

法则之二：近严远宽。

对待你的直接下属要严，而对待基层群众则要宽。纵观历代身居要职的领导人，无不如此，与自己的下属经常"横眉冷对"，按原则办事，而一旦深入群众当中，则嘘寒问暖，极少摆架子。为什么？因为经常与自己接触的下属，容

---

① 王绪君，刘文纲．管理学基础 [M]．北京：中央广播电视大学出版社，2008：11．
② 赵海吉．管理者应遵循的三条法则 [J]．中小学校长，2008（6）：56．

易与自己建立感情,而不容易建立权威。对于较少与自己接触的基层群众,则容易建立权威,不易建立感情。就是在基层发现员工出现违规现象,也不易直接对员工"大动肝火",而是回到自己的办公室,对相关部门的主要负责人进行批评,由部门负责人解决问题。这也叫不越位。

法则之三:建议的有效表达。

好的建议不一定会被采纳,要让上级领导接纳你的建议,要讲究方式方法,要把握时机和场合,注意表达的有效性。彼得·德鲁克认为人大致可为"读者型"和"听者型"两种类型。面对"读者型"的上司,你在表达建议时侃侃而谈,那基本是白费口舌的事,因为他希望在看到厚厚的报告或是大串的数字之后,才能"听"得进去。同样,对于"听者型"的上司,你递上一份厚厚的报告给他,那基本也是白费笔墨,因为他只有在"听"了之后才看得进去。要想建议表达有效,就要因人而异。

开会是表达建议的重要场合,但也要注意一定的策略,可分三步走:一是要设势,即把问题的重要性、严重性摆出来;二是要观色,即要沉稳,不急于表态,要先看大家对抛出来的问题反应如何,解决办法如何,不同的人所站的立场不同,所涉及的利益不同,兴许问题并非自己认为的那么重要与严重,或是别人有更好的解决办法;三是最后抛出你的建议,只有在大家没有讨论出好的对策时,才适时和盘托出你"深思熟虑"的建议。虽然这样的表达方式不够"直爽",但要让建议有效,并不是"直爽"能解决问题的。

法则之四:不可越级汇报。

汇报工作是与上级沟通的重要方式,一个运作良好的集体是权力、责任分明的生态系统,不可越级汇报工作。一名卓有成效的领导可以越级检查工作,了解基层情况,但切不可让下属越级直接向自己汇报工作。下属越级汇报工作是对直接上级的无视,易激发不必要的矛盾。汇报工作宜简明扼要,有条理,有思路,要少说问题,多讲办法。

王蒙曾说过这样的话:"人际关系永远是双向的,学人者人恒学之,助人者人恒助之,敬人者人恒敬之,爱人者人恒爱之。同时,说人者人恒说之,整人者人恒整之,害人者人恒害之,耍人者人恒耍之,虚伪应付人者人恒虚伪应付之。"一名卓有成效的管理者要有平衡艺术的把握能力,但归根结底,心术是本质,治术仅是工具而已。

# 第二章

# 产教融合下的职业教育改进

## 第一节 产教融合的发展及现状

### 一、产教融合的提出与历史演进

#### (一) 产教融合的提出

2013年1月,在教育部《关于2013年深化教育领域综合改革的意见》(教改〔2013〕1号)中首次提出"产教融合"这一说法。在改革办学体制部分,该意见指出:"完善职业教育产教融合制度。研究制定职业教育校企合作促进办法。出台职业教育集团化办学的指导意见。提升行业指导职业教育的能力。建立健全行业企业参与办学的体制机制。建立职业学校与行业企业联动开发课程机制。"而将"产教融合"上升为国家战略是2013年11月在《中共中央关于全面深化改革若干重大问题的决定》中明确提出的,该决定要求:"加快现代职业教育体系建设,深化产教融合、校企合作,培养高素质劳动者和技能型人才。"

此后在多个文件中,"产教融合"作为职业教育发展的重大举措被反复提到。2014年,国务院颁发的《关于加快发展现代职业教育的决定》(国发〔2014〕19号)中将"产教融合、特色办学"作为加快发展现代职业教育的基本原则之一,文件指出:"产教融合、特色办学。同步规划职业教育与经济社会发展,协调推进人力资源开发与技术进步,推动教育教学改革与产业转型升级衔接配套。突出职业院校办学特色,强化校企协同育人。"同年,由六部门颁发的《现代职业教育体系建设规划(2014—2020年)》中,"产教深度融合"作为总目标之一列入规划中:"总目标是:牢固确立职业教育在国家人才培养体系中的重要位置,到2020年,形成适应发展需求、产教深度融合、中职高职衔接、职业教育与普通教育相互沟通,体现终身教育理念,具有中国特色、世界水平的现代职业教育体系,建立人才培养立交桥,形成合理教育结构,推动现代教育体系基本建立、教育现代化基本实现。"

特别是 2017 年 12 月国务院办公厅颁发《关于深化产教融合的若干意见》(国办发〔2017〕95 号),对深化"产教融合"的"总体要求、构建教育和产业统筹融合发展格局、强化企业重要主体作用、推进产教融合人才培养改革、促进产教供需双向对接、完善政策支持体系、组织实施",共 7 项 30 条具体措施,推进"产教融合"的 26 个重点任务,第一次全面具体地做出了详细阐述。2019 年 2 月,国务院颁发的《国家职业教育改革实施方案》中,将"促进产教融合校企'双元'育人"作为重要内容,从"坚持知行合一、工学结合,推动校企全面加强深度合作,打造一批高水平实训基地,多措并举打造'双师型'教师队伍"四个方面进行改革。2019 年 3 月,国家发展改革委与教育部印发《建设产教融合型企业实施办法(试行)》。产教融合型企业是指深度参与产教融合、校企合作,在职业院校、高等学校办学和深化改革中发挥重要主体作用,行为规范、成效显著,创造较大社会价值,对提升技术技能人才培养质量,增强吸引力和竞争力,具有较强带动引领示范效应的企业。通过对"产教融合型企业"的认定与建设,打造支撑高质量发展的"学习工厂"。

(二)产教融合的历史演进

在商、周时期,随着农耕文明的发展,手工业和商业的繁荣,出现了"百工",到春秋战国时期,"百工"成为各种手工业者的总称。据《周礼·考工记》记载,这一时期已有攻木之工、攻金之工、攻皮之工、设色之工、刮摩之工、抟埴之工等工种,每个工种之下又有细致的分工,总计达三十多种。[①]"百工"的技艺教育包括绘画、塑像、铸造、制瓷、织染等各个方面。传授方式,主要采用"艺徒制",即学徒边从事劳动边接受师傅关于操作技艺教育的一种教育形式。艺徒制以"言传身教""心传"为特色,注重现场学习,以亲密的师徒关系维系。[②]这种随当时的社会发展产生的技艺(百工)教育,将生产与教育结合在一起,具有了产教结合的思想。

近代洋务运动的兴起,出现了具有真正意义上的产教融合教育。1866 年左宗棠奏请清政府设立"福州船政局",1867 年将以学习西方技术为主要目的的

---

① 米靖. 中国职业教育史研究 [M]. 上海:上海教育出版社,2009.
② 孙立家. 中国古代职业教育的主要教育形式——艺徒制 [J]. 职业技术教育,2007(7):72-75.

"求实堂艺局"迁入船政局内,称"福州船政学堂",分制造学堂和驾驶学堂,学制五年,采用理论与实践相结合的教学方式。制造学堂的学生半天在学堂学习文化知识,半天到工厂学习机械和船舶制造。驾驶学堂的学生在堂课修毕后则上练船,在实习中巩固提高,培养实际操作能力。"福州船政学堂"可以视为中国第一所实行产学合作教学的学校。①这种产学合作的实业学堂办学方式,被同时期后来设立的上海江南制造局附设机器学堂、李鸿章设立的天津电报学堂、张之洞在湖北设立的农务学堂等学堂借鉴。

1917年黄炎培先生联合社会知名人士蔡元培、梁启超、张謇、宋汉章等48人在上海创立中华职业教育社。1918年在上海创办中华职业学校,以"敬业乐群"为校训,提出"劳工神圣""双手万能""手脑并用"的实用教育思想。在教学中,采取半工半读、工读结合的方式,既注重学生专业知识的学习,又强调学生动手能力培养与优良职业道德的养成。这种"工读教育",追求"做学合一",把教育、生产和生活联系起来。陶行知提出"生活即教育""社会即学校""教学做合一"等教育思想,对当时的教育产生较大影响。1918年,他在《教育与职业》上发表《生利主义之职业教育》,提出:"职业学校之课程,应以一事之始终为一课。例如种豆,则种豆始终一切应行之手续为一课。每课有学理,有实习,二者联络无间,然后完一课即成一事。成一事再学一事,是谓升课。自易至难,从简入繁,所定诸课,皆以次学毕,是谓毕课。定课程者必使每课为一生利单位,俾学生毕一课,即生一利;毕百课则生百利,然后方无愧于职业之课程。"陶行知的"教学做合一",将职业教育中的"教"和"产"的关系分析得如此清楚浅显。

新中国成立之初,百废待兴,为解决就业问题特别是经济建设急缺技术工人问题,1952年,《政务院关于整顿和发展中等技术教育的指示》明确指出:"加快中等技术教育发展,支持地方政府、教育管理机构和各农场、企业以及主要厂矿机构合作共办。"②1955年4月,在全国技术学校校长第一届大会上发布了《关于提高教学工作质量的决议》,明确指出"要坚持教学和生产劳动相结合,开展生产实习教学……明确提出生产实习教学是技工教育的重要构成"。③1958年颁布了《中共中央、国务院关于教育工作的指示》,明确提出了"支持

---

① 汪泓. 中国产学合作教育的崛起 [M]. 北京:清华大学出版社,2013:40.
② 政务院. 中央人民政府政务院关于整顿和发展中等技术教育的指示 [J]. 人民教育,1952(5):56.
③ 第一次全国工人技术学技校长会议关于提高教学工作质量的决议 [J]. 劳动,1955(10):1.

农业合作社、大型厂矿以及企业参与办学……确立校办农场或工厂的产教结合新形式"①。就技工学校来说，该时期中央各部委、地方产业主管部门、地方劳动部门纷纷举办技工学校，特别是各大中型厂矿企业，基本都创办了技工学校，形成了"一厂一校"的技术工人培养格局。"一五"（1953—1957 年）期间，《技工学校暂行办法》《技工学校标准章程》《关于提高技工学校教学质量的决议》等文件相继出台。这期间，技工学校的数量有了较大增长，由 1953 年的 35 所增至 1956 年的 212 所，在校生人数也由 2.4 万人增至 11.1 万人。②技工学校产生于企业，是真正意义上的"产教深度融合"，学生半工半读，工学结合。这种办学方式，比现在德国的"双元制"更加融合，在企业中设学校，学生即学徒，教师即师傅，入校即入厂。比较遗憾的是这种"产教深度融合"的办学形式，随着就业分配制度的取消，主管部门的合并调整，技工学校也在国有企业改革深入推进中，逐渐与企业分离，独立办学。

改革开放后，经济社会快速发展，教育与产业结合是工业生产的需求，是解放生产力的需要。在1978年全国教育工作会议上，邓小平提出"为了培养社会主义建设需要的合格人才，我们必须研究在新的条件下，如何更好地贯彻教育与生产劳动相结合的方针"，"更重要的是整个教育事业必须同国民经济发展的要求相适应"，"要使教育事业的计划成为国民经济计划的一个重要组成部分"。③

1985 年，中国的高校引进国外的"产学合作教育"（Cooperative education）进行试点，提出了适合我国国情的"一年三学期、工学交替"的产学合作教育模式。这里的"产学合作教育"，我国高等教育学的奠基人潘懋元认为是一种运用学校和社会两种不同的教育环境和资源，以课堂教学和顶岗工作相结合，培养学生的综合素质、理论知识和实践能力的教育模式。④

1991 年颁布的《国务院关于大力发展职业技术教育的决定》中明确提出"在发展职业技术教育过程中提倡产教结合、工学结合"。此文件的出台，标志着我国产教结合正式进入一个新的改革探索期。

1996 年 9 月，《中华人民共和国职业教育法》正式实施。该法第二十三条明确规定："职业学校、职业培训机构实施职业教育应当实行产教结合，为本地区经济建设服务，与企业密切联系，培养实用人才和熟练劳动者。职业学校、

---

① 中共中央、国务院关于教育工作的指示[J].江苏教育，1958（18）：5.
② 孙宝树．在中国职协六届三次理事会会议上的讲话[J]．中国培训，2018（11）：4-10.
③ 汪泓．中国产学合作教育的崛起[M]．北京：清华大学出版社，2013：50.
④ 汪泓．中国产学合作教育的崛起[M]．北京：清华大学出版社，2013：50.

职业培训机构可以举办与职业教育有关的企业或者实习场所。"这部法律的颁布实施标志着产教融合从政策提倡阶段步入法律规范阶段，产教融合真正拥有了法律依据。

2002年颁布的《国务院关于大力推进职业教育改革与发展的决定》明确提出了"推进管理体制和办学体制改革，促进职业教育与经济建设、社会发展紧密结合"，"企业要和职业学校加强合作，实行多种形式联合办学，开展'订单'培训，并积极为职业学校提供兼职教师、实习场所和设备，也可在职业学校建立研究开发机构和实验中心。有条件的大型企业可以单独举办或与高等学校联合举办职业技术学院。中小企业应依托职业学校和职业培训机构进行职工培训和后备职工培养"。

时隔三年，2005年国务院再次颁布《国务院关于大力发展职业教育的决定》，首次从国家层面提出"以服务为宗旨、以就业为导向"的职业教育办学方针，同时提出要"大力推行工学结合、校企合作的职业技术人才培养模式"。

此后的几年时间里，"工学结合、校企合作"作为中国职业教育的特色，在职业类院校得到极大推广与落实。直至2013年，在广泛实践的基础上，从国家从层面进一步提出"产教融合"这一概念。

### 二、产教融合的内涵

（一）产教融合的含义

产教融合是使产业与教育深度融合，促进人才培养和产业需求全方位对接，培养大批高素质人才，推动经济与社会发展的一种形式。产教融合不仅适应于职业教育，也适应于普通教育。本章探讨的产教融合主要是职业教育领域。

产教融合的"产"，可以从两个层面的理解，一种是指"产业"，另一种是指"生产"；产教融合的"教"，也有两种理解，一种是指"教育"，另一种是指"教学"。两个层面的理解，产生两种不同的叫法，一种是"产业"与"教育"融合，称为"产教融合"，这是从宏观层面的理解；另一种是"生产"与"教学"融合，称为"产学合作"或"工学结合"，是从微观层面的理解。"产学合作"包含在"产教融合"之中，是实现产教融合的具体做法。在宏观与微观层之间的中观层面是"校企合作"。

在笔者看来，"产教融合""校企合作""工学结合"三者的关系是，"产教融合"是树干，"校企合作"是树枝，"工学结合"是树叶。从教育的角度来看，树根为"知行合一"思想。

## (二) 产教融合的形态

产教融合的主要主体有政府、企业、学校、行业等。四者之间学校与任何另外三个主体中的一个或多个合作就会形成产教融合的不同形态。如："校、政、企、行"合作，"校、政"合作，"校、企"合作，"校、企、行"合作等。产教融合强调产业与教育的深度融合，近几年出现的"校园对接产业园"合作方式，是非常好的全面融合的形态。

## (三) 产教融合的对接内容

### 1. 专业设置与产业需求对接

职业教育具有教育与经济双重属性，"以服务为宗旨、以就业为导向"是职业教育的办学方针。职业教育必须与产业发展相向而行，专业设置必须服务于产业实际和经济社会发展，尤其是本区域的经济社会发展。

以北京市为例，北京市的第一、二产业占地区生产总值的比重逐年下降，而第三产业呈现逐年上升的态势，如表2-1所示。

表 2-1　2011—2013 年北京市生产总值与三产总值（单位：亿元）[①]

| 指标＼年份 | 2011年 | 2012年 | 2013年 |
|---|---|---|---|
| 产生总值 | 16251.93 | 17879.40 | 19500.60 |
| 第一产业 | 136.27 | 150.20 | 161.80 |
| 第二产业 | 3752.48 | 4059.27 | 4352.30 |
| 第三产业 | 12363.18 | 13669.93 | 14986.50 |

可以看出，2013 年第三产业所占比例达到 76.85%，第二产业达 22.32%，第一产业达 0.83%。以计算机软件、金融、信息服务、旅游、商务服务等为代表的现代服务业的增加值基本达到全市地区生产总值的半数。

再看 2013 年北京市高职院校分学科招生情况，第三产业学科类招生人数占比达 80.88%，第二产业学科类招生人数达 17.46%，第三产业学科类招生人数仅占 1.66%。基本与产业生产值所占比例相吻合。从招生人数来看，北京市排在前三位的是财经类、电子信息类和制造类，与当年占地区生产总值半数的行

---

① 陈工孟. 中国职业教育年鉴（2015）[M]. 北京：经济管理出版社，2015（5）：60.

业交集较多。[①]

2. 课程内容与职业标准对接

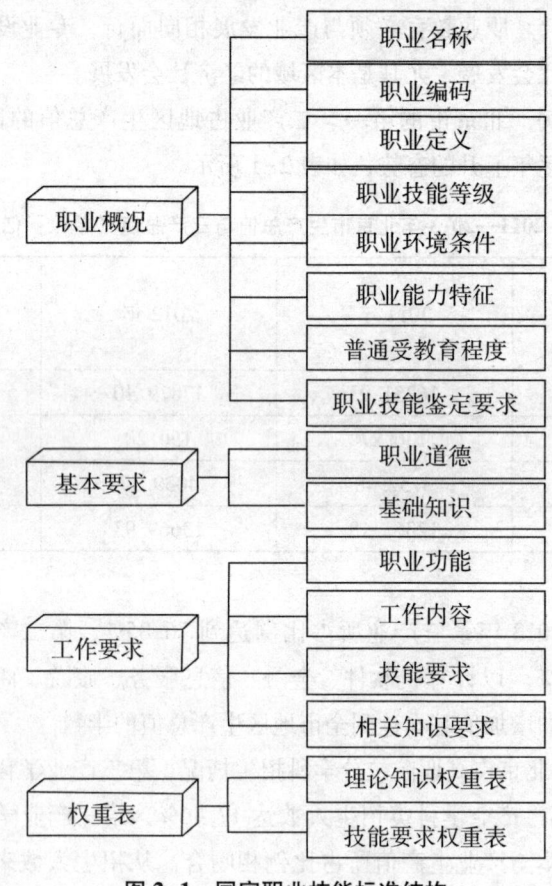

这里的职业标准,是指国家职业技能标准。国家职业技能标准是在职业分类的基础上,根据职业活动内容,对从业人员的理论知识和技能要求提出的综合性水平规定。它是开展职业教育培训和人才技能鉴定评价的基本依据。国家职业技能标准结构如图2-1所示。

对照国家职业技能标准,课程内容重点对接本职业的职业道德、基础知识等通识类内容的基本要求,还有对本职业的工作内容、技能要求、相关知识等工作要求。

```
职业概况 ─┬─ 职业名称
         ├─ 职业编码
         ├─ 职业定义
         ├─ 职业技能等级
         ├─ 职业环境条件
         ├─ 职业能力特征
         ├─ 普通受教育程度
         └─ 职业技能鉴定要求

基本要求 ─┬─ 职业道德
         └─ 基础知识

工作要求 ─┬─ 职业功能
         ├─ 工作内容
         ├─ 技能要求
         └─ 相关知识要求

权重表 ──┬─ 理论知识权重表
         └─ 技能要求权重表
```

图2-1 国家职业技能标准结构

---

① 陈工孟. 中国职业教育年鉴(2015)[M]. 北京:经济管理出版社,2015(5):66-67.

课程标准应对接职业技能标准。职业院校的课程标准包括教学目标、教学内容、教学过程组织、教材编写要求及教学实施要求等要素的描述和规定。将课程标准与国家职业技能标准两者有效对接的方式，就是基于工作过程系统化的课程开发。

3. 教学过程与生产过程对接

这里有两层含义：一是基于校内的教学过程与实际生产过程对接，办学主体仅为学校；二是基于校内外的产学合作教育，办学主体为学校与企业的双主体。

办学主体仅为学校的产教对接。就当前而言，在参与职业教育中企业的重要主体作用还远没有发挥出来，还没有形成校企主导的合作机制，因此这一层面的对接方式尤其重要。在对接内容上可从如下几个方面入手：人才培养方案的制定要对接企业需求，专业课程内容要来源于生产过程的实际任务或项目，教学方式以行动导向的教学观为主，学业考核要以能力为本位，实训场室要尽可能模拟企业生产环境。

办学主体为校企双主体的产教对接。认识实习、跟岗实习和顶岗实习，这三种根据学生不同学习阶段所采用不同校企对接形式，将教学内容放在企业"学校"中进行，很好地实现了教学过程与生产过程的对接。另外，现代学徒制、企业新型学徒制等都是非常好的对接方式。随着《职业学校校企合作促进办法》的大力推行，相信校企双主体的产教对接会越来越深入。

当前，在教学过程与生产过程对接中存在一些误区，许多人认为学生通过学校学习，就能到企业直接上岗，即所谓的"无缝对接"或"零距离"。这实际上是一种较难达到的理想状态。职业教育的目的，不仅仅在于为经济社会发展服务，还要促进人的全面发展。学校不是企业，企业也不是学校，两者的社会定位存在差异。当然将两者有机融合，并不是不可能，但就目前而言，并不现实。受限于学校设施设备的更新速度、师资队伍的企业经验、学校管理的非企业化等因素，学校应重点专注于自己专长的相对稳定的知识、技术技能与人的综合职业能力培养，甚至适度超前暂时"脱节"于现实，不能让"无缝对接""零距离"误导职业教育的办学方向。实际上，受制于不同企业文化的影响，许多东西是在校内无法完成的，需要在不同企业不同岗位上通过企业岗前培训完成，学校无须也无法事先解决学生进入企业所面临的所有问题。

4. 毕业证书与职业资格证书对接

职业资格制度是按照国家制定的职业技能标准或任职资格条件，通过政府认定的考核鉴定机构，对劳动者的技能水平或职业资格进行客观公正、科学规范的评价和鉴定,对合格者授予相应的国家职业资格证书的制度。[1]职业资格证书是反映劳动者具备某种职业所需要的专门知识和技能的证明。《中华人民共和国职业教育法》第八条规定:"实施职业教育应当根据实际需要,同国家制定的职业分类和职业等级标准相适应,实行学历证书、培训证书和职业资格证书制度。国家实行劳动者在就业前或者上岗前接受必要的职业教育的制度。"

  职业教育是以就业为导向的教育,按理说课程内容是对接相关行业职业技能标准的,学生在获取毕业证书过程中,所学习的知识与技能自然而然对接由相关行业职业技能标准所开发的职业资格考核内容。但由于课程内容还不能很好地对接职业技能标准,以及"证"出多门,考核内容落后实际岗位需求等因素,造成毕业证书与职业资格证书对接困难。特别是近几年,国务院下决心改革职业资格制度,先后分七批取消职业资格许可和认定事项共 434 项,削减比例占总数的 70% 以上。[2]仅保留了涵盖经济、教育、卫生、司法等国家重要的行业领域的 40 项准入类、99 项水平类职业资格证书。[3]在这样的环境之下,造成许多专业无证可考,原来推行的"双证书"毕业已经不现实,更谈不上双证对接问题。

  国务院颁布的《国家职业教育改革实施方案》中提出启动 1+X 证书制度工作,"1"为夯实学生可持续发展基础的学历证书,"X"指拓展就业创业本领的多类职业技能等级证书。此处的职业技能等级证书不同于以往的职业资格证书,教育部等四部门联合下发的《关于在院校实施"学历证书+若干职业技能等级证书"制度试点方案》中提出,职业技能等级证书是以社会需求、企业岗位(群)需求和职业技能等级标准为依据,对学习者职业技能进行综合评价,如实反映学习者职业技术能力,证书分为初级、中级、高级。如何实现双证对接?该方案中指出:"试点院校要根据职业技能等级标准和专业教学标准要求,将证书培训内容有机融入专业人才培养方案,优化课程设置和教学内容,统筹教学组织与实施,深化教学方式方法改革,提高人才培养的灵活性、适应性、针对性。试点院校可以通过培训、评价使学生获得职业技能等级证书,也可探索将相关专业课程考试与职业技能等级考核统筹安排,同步考试(评价),获得学历证书相应学分和职业技能等级证书。"如果该方案得到真正有效落实,将比较好

---

[1] 周明星. 职业教育基本理论纲要 [M]. 北京:人民教育出版社,2010:242.
[2] 吴立波,吴回生. 职业资格制度改革与职业教育的关系研究 [J]. 职业教育研究,2018(9):59-62.
[3] 李寿冰. 高职院校开展 1+X 证书制度试点工作的思考 [J]. 中国职业技术教育,2019(10):25-28.

地实现学历证书与职业技能等级证书的对接。

同时，随着"学分银行"的推行，可以实现学历证书和职业技能等级证书所体现的学习成果的认定、积累和转换，这将为技术技能人才持续成长拓宽通道。

按照国务院颁布的《国家职业教育改革实施方案》的要求，可以预见在未来一个时期内，"职业资格证书"与"职业技能等级证书"将长期共存，虽然在实施方案中也明确提出"各类职业技能等级证书具有同等效力，持有证书人员享受同等待遇"，但孰优孰劣，有待市场的选择与政策的引导。

5. 职业教育与终身学习对接

终身学习是指社会成员为了适应社会发展和自我发展的需要，所进行的贯穿一生的、持续的学习过程。①人的一生的学习大体可以分为四部分：职前学习、在职学习、转岗与再就业学习、退休后的继续学习。而职业教育不仅包括职前的学校教育，还包括在职员工的各种培训与进修，以及转岗与再就业培训等，因此，职业教育是终身学习的重要支撑，是打造学习型社区，承担社区学院功能的理想选择。

有人提出"终身职业教育"的概念，国内学者关于"终身职业教育"的研究，其观点主要有以下五种：其一，称为"终身职业教育"；其二，称为"职业终身教育"；其三，称为"职业教育终身化"；其四，提出构建终身职业教育体系，代表性观点出现在石伟平《比较职业技术教育》一书中；其五，职业教育应转向"终身造就"。"终身职业教育"的提出，意在促进并实现人的终身发展。强调终身职业教育，具有现实针对性和必要性，是职业教育"人本回归"的需要，是职业教育"全程服务"的需要，是职业教育"能力可持续发展本位"的需要。"终身职业教育"的实现，要与现代终身职业教育体系、现代劳动力市场职业体系、现代终身职业教育保障体系同步构建。②

### 三、产教融合的理论基础

支撑产教融合的理论，从不同角度可找到不同的理论依据，如"三螺旋理论""产业集群理论""人力资本理论""战略协同理论""全人教育理论"等。本书重点讨论"利益相关者理论"和"知行合一"思想。

---

① 祝士明，吴文婕. 五个对接：现代职业教育内涵发展的路径选择 [J]. 职教论坛，2014（27）：10-13.
② 周永平，石伟平. 论"终身职业教育" [J]. 中国职业技术教育，2017（5）：57-61.

## (一) 利益相关者理论

### 1. 利益相关者理论的提出

利益相关者理论的缘起与发展是基于对股东中心理论的质疑。"谁是企业的所有者,谁就拥有企业的所有权",在20世纪80年代中期以前,答案是唯一的,股东天生拥有企业的所有权,即"股东中心理论",但是到20世纪80年代中期以后,答案出现了分歧。学者认为企业应是利益相关者的企业,包括股东在内的所有利益相关者都对企业的生存和发展注入了一定的专用性投资,同时也分担了企业的一定经营风险,或是为企业的经营活动付出了代价,因而都应该拥有企业的所有权(Freeman,1984;Blair,1995,1998),这便是"利益相关者理论(stakeholder theory)"。[①]这就是国内企业界讨论比较多的企业社会责任,有的称作企业的"社会关爱"。一家建在居民区附近的化工企业,它必须考虑对周围居民的安全、空气质量等方面的影响,虽然周围居民并不是该化工企业的股东。

### 2. 利益相关者的定义

明确的利益相关者定义,是在1963年由斯坦福大学研究所提出的:"利益相关者是这样一些团体,没有其支持,组织就不可能生存。"随后,瑞安曼(Eric Rhenman)提出了比较全面的定义:"利益相关者依靠企业来实现其个人目标,而企业也依靠他们来维持生存。"此后,以弗里曼(Freeman)的观点最具代表性,他在《战略管理:一种利益相关者的方法》一书中提出:"利益相关者是能够影响一个组织目标的实现,或者受到一个组织实现其目标过程影响的所有个体和群体。"[②]

### 3. 利益相关者分类的划分

只有对利益相关者做出科学的分类,才能按类进行科学的管理,这也是诸多学者不断探讨对其进行科学划分的原因。目前比较普遍的划分方式有两种:一种是多维细分法,另一种是米切尔(Mitchell)评分法。

多维细分法,主要包括:Freeman、Frederick、Charkham、Clarkson、Wheeler等人的分类方法。[③][④]

Freeman (1984) 认为,利益相关者由于所拥有的资源不同,对企业产生不

---

[①] 付俊文,赵红. 利益相关者理论综述 [J]. 首都经济贸易大学学报,2006 (2):16-21.
[②] 孙晓. 利益相关者理论综述 [J]. 经济研究导刊,2009 (2):10-11.
[③] 孙晓. 利益相关者理论综述 [J]. 经济研究导刊,2009 (2):10-11.
[④] 付俊文,赵红. 利益相关者理论综述 [J]. 首都经济贸易大学学报,2006 (2):16-21.

同影响。他从三个方面对利益相关者进行了细分：一是持有公司股票的一类人，如董事会成员、经理人员等，称为所有权利益相关者；二是与公司有经济往来的相关群体，如员工、债权人、内部服务机构、雇员、消费者、供应商、竞争者、地方社区、管理结构等，称为经济依赖性利益相关者；三是与公司在社会利益上有关系的利益相关者，如政府机关、媒体以及特殊群体，称为社会利益相关者。

Frederick（1988）从利益相关者对企业产生影响的方式来划分，将其分为直接的利益相关者和间接的利益相关者。直接的利益相关者就是直接与企业发生市场交易关系的利益相关者，主要包括股东、企业员工、债权人、供应商、零售商、消费商、竞争者等；间接的利益相关者是与企业发生非市场关系的利益相关者，如中央政府、地方政府、外国政府、社会活动团体、媒体、一般公众等。

Charkham（1992）按照相关群体是否与企业存在合同关系，将利益相关者分为契约型和公众型利益相关者两种。

Clarkson（1994）认为可以根据相关群体在企业经营活动中承担的风险的种类，将利益相关者分为自愿的和非自愿的，区分的标准是主体是否自愿向企业提供物质资本和非物质资本投资。还可以根据相关群体与企业的紧密性分为首要的和次要的利益相关者。

Wheeler（1998）从相关群体是否具备社会性以及与企业的关系是否直接由真实的人来建立两个角度，比较全面地将利益相关者分为四类：一是主要的社会性利益相关者，他们具备社会性和直接参与性两个特征；二是次要的社会利益相关者，他们通过社会性的活动与企业形成间接关系，如政府、社会团体、竞争对手等；三是主要的非社会利益相关者，他们对企业有直接的影响，但却不作用于具体的人，如自然环境等；四是次要的非社会利益相关者，他们不与企业有直接的联系，也不作用于具体的人，如环境压力集团、动物利益集团，等等。

米切尔（Mitchell）评分法。米切尔评分法是由美国学者 Mitchell 和 Wood 于 1997 年提出来的，它将利益相关者的界定与分类结合起来。首先认为，企业所有的利益相关者必须具备以下三个属性中至少一种：合法性（即某一群体是否被赋予法律上的、道义上的或者特定的对于企业的索取权）、权力性（即某一群体是否拥有影响企业决策的地位、能力和相应的手段）、紧迫性（即某一群体的要求能否立即引起企业管理层的关注）。依据这三个方面对利益相关者进行评分，根据分值来将企业的利益相关者分为三种类型：一是"确定型利益相关者"，同时拥有合法性、权力性和紧迫性。他是企业首要关注和密切联系的对象，包括股东、雇员和顾客。二是"预期型利益相关者"，有三种属性中任意两种。同时拥有合法性和权力性,如投资者、雇员和政府部门等;有合法性和紧迫性的群体,如媒体、社会组织等;同时拥有紧迫性和权力性的,却没有合法性的群体,比如,一些政治和宗教的极端主义者、激进的社会分子,他们往往会通过一些比较暴力的手段来达到目的。三是"潜在型利益相关者",他们只具备三种属性中的其中一种。①

4. 产教融合与利益相关者理论

利益相关者理论产生于企业,发展于企业,企业是一个单独的组织。而产教融合并非一个组织,它是教育与产业的融合,是教学与生产的融合,是学校与企业的融合。不仅如此,它的参与主体多元,要使这种不同主体之间形成长效稳定的融合机制,背后维系它们的是利益相关者理论。

产教融合的利益相关者。伦敦大学教育研究所的赵显通博士运用 Mendelow 的利益相关者分析图(权力/利益矩阵),以权力和利益两个维度对中国职业教育的利益相关者进行分析,绘制出各利益相关者,如图 2-2 所示。

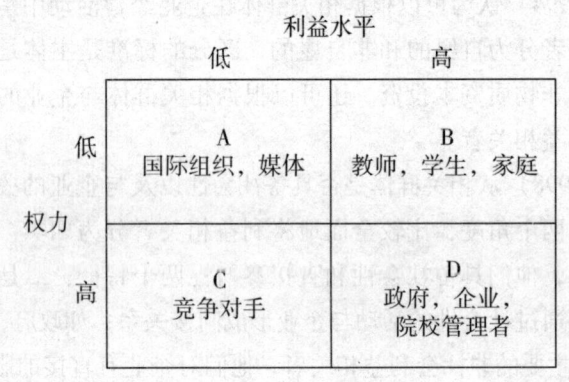

|  | 利益水平 低 | 利益水平 高 |
|---|---|---|
| 权力 低 | A 国际组织,媒体 | B 教师,学生,家庭 |
| 权力 高 | C 竞争对手 | D 政府,企业,院校管理者 |

**图 2-2 中国职业教育利益相关者分析图(权力/利益矩阵)②**

该权力/利益矩阵是一个非常实用的分析工具,它为分析产教融合的利益相关者提供了很好的分析模型。

依据该分析工具,产教融合的利益相关者主要有政府、企业、学校、行业组织、家长、社区、媒体等。政府包括服务和管理企业、学校的各级政府部门。企业包括股东、管理者、员工、债权人等。学校包括管理者、教职员工、学生。行业组织包括协会、商会、工商联合会、学会、各级各类行业或专业委员会等,

---

① 孙晓. 利益相关者理论综述 [J]. 经济研究导刊, 2009 (2): 10-11.
② 赵显通. 职业教育系统解析:利益相关者的视角 [J]. 职业技术教育, 2012 (34): 5-9.

就目前情况来看，协会、商会多以企业为主，是以增进共同利益为目的而组织起来的联合体；学会多以学校为主组成的联合体。

按照利益相关者分类的划分方式，产教融合的利益相关者可有多种划分方式，如借鉴 Freeman 的分类法、米切尔评分法等。笔者认为，产教融合作为一种合作形式，划分不宜过细，过细不利于主要问题的分析，有人将学校、教师、学生作为三个利益相关者来看，实际上学校应当包含教师和学生，是学生和教师利益的代表。Frederick 的划分方法比较适合产教融合利益相关者的划分，Frederick 从利益相关者对企业产生影响的方式来划分，将其分为直接的和间接的利益相关者。对产教融合而言，直接利益相关者主要有政府、企业、学校，间接利益相关者主要有家长、行业组织、社区。产教融合利益相关者诉求与职责如表 2-2 所示。

表 2-2　产教融合利益相关者诉求与职责

| 类型 | 利益主体 | 利益诉求 | 职责 |
| --- | --- | --- | --- |
| 直接利益相关者 | 政府 | 推进人力资源供给侧结构性改革，全面提高教育质量、扩大就业创业、推进经济转型升级、培育经济发展新动能。 | 规划战略、制定政策法规、依法依规监管。 |
| | 企业 | 通过接收实习学生和优先选择毕业生，降低劳动力成本，减少社会招聘和培训费用；依托职业院校对职工进行在岗培训和在职教育，提升职工的素质和技能；借助职业院校的技术和服务能力，提升企业核心竞争力；通过与学校合作得到政府财税用地等优惠政策支持；宣传企业品牌价值和企业文化，提高社会知名度和美誉度。 | 参与职业院校人才培养；创造就业机会；推动经济发展与转型升级。 |
| | 学校 | 依据产业与企业需求优化专业设置，确立人才培养目标；通过与企业合作得到政府政策、经费等支持；借助企业资源完成实践性教学，提高人才培养质量；共享或引进企业先进的软硬件资源，共建实训基地；向企业输送技术技能型人才，解决学生就业问题；向企业输出科研成果和管理文化。 | 为企业输送人才、技术、服务；推动就业创业；推动经济发展与转型升级。 |

| 类型 | 利益主体 | 利益诉求 | 职责 |
|---|---|---|---|
| 间接利益相关者 | 家长 | 通过产教融合让自己的孩子得到良好的教育,为孩子成长和未来就业创业打好基础;使教育投入得到最大回报。 | 为孩子购买教育服务;家校协同育人。 |
| | 行业组织 | 谋求行业权益;对政府政策制定施加行业影响;开展教育教学指导、职业技能培训与鉴定等服务。 | 承担部分原政府职能,开展行业内活动,为行业提供服务;提供行业发展及人才需求预测情况报告;搭建平台,发挥协调评价指导功能。 |
| | 社区 | 对社区生活环境的影响;为终身教育提供软硬件条件;共建和谐社区。 | 为学校、企业提供良好的外部环境。 |

产教融合的各利益相关者,在获得利益诉求的同时,应尽到各自的职责,这样的利益共同体才能维系在一起。基于利益相关者理论对产教融合进行分析,有利于建立长期稳固的合作机制。

5. "知行合一"思想

(1) 王阳明的"知行合一"

王阳明是我国杰出的思想家,他提出的"心即理""知行合一"与"致良知"等思想,被称为王学或阳明学。对"知行合一"的理解,大致有如下几层含义:

知行合一的"知"主要是指良知,以及有道德价值或关涉伦理道德的知识[1];"行"是对伦理道德规范的实行,即所谓的"致良知"。这也是当前知行合一的主流诠释。知行合一是指知行本来合一,良知和善行是一体的,良知一定能指导行为并使之成为善行;另外,知行应该合一,在良知被私欲阻隔的情况下,应当去掉私欲,恢复知行本体。在王阳明的《传习录》上有一段徐爱与王阳明的对话:"爱曰:'如今人尽有知父当孝,兄当弟者,却不能孝,不能弟,便是知与行分明是两件。'先生曰:'此已被私欲隔断,不是知行本体了。未有

---

[1] 王剑. 王阳明知行合一思想重释 [J]. 中华文化论坛, 2016 (8): 77.

知而不行者，知而不行只是未知，圣贤教人知行，正是要人复那个本体，不是着你只恁的便罢……"① 从对话中可以看出，王阳明的知行为一体，并非分离的，知而不行只是未知。

知行合一的另外一层含义是指：知情意合一。"知"不是"良知"，而是"见闻之知"，"行"不是"行为"，而是人的情感和意向。王阳明在《传习录》中这样说："知之明觉深察处即是知，知之真切笃实处即是行，知行功夫本不可离。"这里的"知之真切笃实处"的"行"，实际指人的情感和意向。"故《大学》指个真知行与人看，说'如好好色，如恶恶臭'。见好色属知，好好色属行，只见那好色时已自好了，不是见了后又立个心去好；闻恶臭属知，恶恶臭属行，只见那恶臭时已自恶了，并不是见了后别立个心去恶。"（《传习录》）这里的"行"没有客观行为的意思，只是好好色这种情感的符号。②

王阳明知行合一还有另外一层含义，"知"，指一般知识。如王阳明说"食味之美恶待入口而后知"，"路岐之险夷必待身亲履历而后知"，"食味之美恶"与"路岐之险夷"的知，并非伦理道德，而是一般知识。阳明云："学问思辨行，皆所以为学。未有学而不行者也。如言学孝，则必服劳奉养，躬行孝道，然后谓之学。岂徒悬空口耳讲说，而遂可以谓之学孝乎？学射，则必张弓挟矢，引满中的。学书，则必伸纸执笔，操觚染翰。尽天下之学，无有不行而可以言学者。则学之始，固已即是行矣。"（《传习录》）对于伦理道德活动（如孝道）而言，应当是知行合一，知而必行，如无躬行则不可谓之真知；对于其他功利、艺术以及科研活动而言，认知、学习已经是实践的开端，知行也不可打作两截。③

也有学者认为："心即理""知行合一""致良知"，分别构成阳明心学的理论、行动和目的。心即理：随心而动，随意而行，用本心去感受世界。知行合一："知是行的主意，行是知的工夫，知是行之始，行是知之成，若会得时，只说一个知，已自有行在；只说一个行，已自有知在。"（《传习录》）知而不行，与不知何异？行而不知，与莽夫何异？将内心的善意付诸实践。致良知："静处体悟"和"事上磨炼"是其基本途径，由此成为圣人。

---

① 柳忠林. 王阳明知行合一说新解 [J]. 山东大学学报, 1988 (4): 46-50.
② 柳忠林. 王阳明知行合一说新解 [J]. 山东大学学报, 1988 (4): 46-50.
③ 王剑. 王阳明知行合一思想重释 [J]. 中华文化论坛, 2016 (8): 82.

(2) 陶行知的"知行合一"

陶行知原名陶文濬,1891年10月18日生于安徽省歙县西乡黄潭源村。1905年14岁时,开始接受西方新学。18岁考入南京金陵大学,在校期间,他开始研究王阳明的《传习录》,信奉"知行合一",还将自己的笔名取为"陶知行"。辛亥革命爆发,20岁的陶行知思想发生变化,信仰孙中山,主张民主共和、读书要与国家大事结合。他在大学毕业论文《共和精义》中写道:"人民贫,非教育莫与富之;人民愚,非教育莫与智之;党见,非教育不除;精忠,非教育不出。"[1]这也奠定了陶行知教育救国的信念。1914年秋,陶行知先生赴美留学,入伊利诺大学攻读市政,一年后获该校政治学硕士学位。后转入哥伦比亚大学师范学校专攻教育行政,修研领域有教育行政、比较教育、教育哲学、教育史、教育社会学等。指导教授有孟禄、斯特雷耶、克伯屈、杜威、斯列订、康德尔等著名教授,为其以后的教育事业打下了坚实的基础,对其今后的教育思想产生重大影响。[2]

尤其是杜威的实用主义,杜威提出的"教育即生活""学校即社会""从做中学"及"儿童中心论"(新教育)等思想,深深地影响了陶行知。

1917年,陶行知回国之后,积极投身到教育救国中。在长期的教育实践中,结合中国实际,陶行知创立了"生活即教育""社会即学校""教学做合一"的生活教育理论。陶行知的生活教育理论,是对杜威实用主义和王阳明"知行合一"思想的继承与发展。

"生活教育"是民国七年陶行知在南京高等师范演讲时第一次提出,陶行知在《生活教育的创立与成长》一文中说:"教育不通过生活是没有用的,需要生活的教育,用生活来教育,为生活而教育。为生活需要而办教育,教育与生活是分不开的。""民国十六年三月十五日在南京一角,才出现生活教育的具体机构——晓庄师范,也就是生活教育从理论到实践开始的一天。"[3]什么是生活教育?陶行知在《教学做合一下之教科书》中这样定义:"生活教育是以生活为中心的教育。"他解释说:"生活与教育是一个东西,不是两个东西。在生活教育的观点看来,它们是一个现象的两个名称,好比一个人的小名与学名。""生活即教育,是生活便是教育,不是生活便不是教育。"过什么生活便是受什么教

---

[1] 游青明."知行合一"与陶行知的生活教育理论[J].改革与开放,2012(12):196,198.

[2] 方华明.万世师表 知行合———伟大的人民教育家陶行知[J].职业与教育,2006(10):110-113.

[3] 方明.陶行知名篇精选[M].北京:教育科学出版社,2006:167.

育，好生活是好教育，坏生活是坏教育，高尚的生活是高尚的教育，下流的生活是下流的教育。他举例说："平日过的是少爷小姐的生活，便念尽了汗牛充栋的劳动书，也不算是劳动教育；平日过的是奴隶牛马的生活，便把《民权初步》念得透熟，熟得倒过来背，也算不了民权教育。"

"生活即教育"是对杜威的"教育即生活"（Education of life）的继承与发展，"社会即学校"，也是把杜威的"学校即社会"翻了半个筋斗。陶行知在《生活即教育》一文中解释为什么要将它们"翻半个筋斗"，他说："学校即社会，就好像把一只活泼泼的小鸟从天空里捉来关在笼里一样。它要以一个小的学校去把社会上所有的一切东西都吸收进来，所以容易弄假。社会即学校则不然，它是把笼中的小鸟放到天空中，使他能任意翱翔，是要把学校的一切伸张到大自然里去。要先能做到'社会即学校'，然后才能讲'学校即社会'；要先能做到'生活即教育'，然后才能讲到'教育即生活'。要这样的学校才是学校，这样的教育才是教育。"①

要实现生活即教育，陶行知认为可以分作三个时期：第一个时期，生活是生活，教育是教育，两者是分离没有关系的。第二个时期，是教育即生活，两者沟通了，而学校社会化的议论也产生了。第三个时期，是生活即教育，就是社会即学校了。

陶行知所倡导的"教学做合一"，是对王阳明的"知行合一"、杜威的"从做中学"的吸收与转化而来。

什么是"教学做合一"？陶行知在《教学做合一下之教科书》中这样解释它的内涵："教的方法根据学的方法；学的方法根据做的方法。事怎样做便怎样学，怎样学便怎样教。教与学都以做为中心。在做上教的是先生，在做上学的是学生。"他特别强调教学做只是一种生活之三方面，而不是三个各不相谋的过程。教学做合一是生活法，也就是教育法。他在《教学做合一》中说："教学做是一件事，不是三件事。我们要在做上教，在做上学。"他以种稻举例说："我们不能说种稻是做，看书是学，讲解是教。为种稻而讲解，讲解也是做，为种稻而看书，看书也是做。这是种稻的教学做合一。"

可以看出，陶行知的"教学做合一"是对杜威"从做中学"的完善与中国化。陶行知如此强调"以做为中心"，也得益于王阳明的"知行合一"思想。但陶行知对王阳明的"知是行的主意，行是知的工夫；知是行之始，行是知之成"提出了不同的看法。他在《行是知之始》一文中，这样说："阳明先生说：

---

① 方明. 陶行知名篇精选[M]. 北京：教育科学出版社，2006：176.

'知是行之始,行是知这成。'我以为不对。应该是'行是知之始,知是行之成。'我们先从小孩子说起,他起初必定是烫了手才知道火是热的,冰了手才知道雪是冷的,吃过糖才知道是甜的,碰过石头才知道石头是硬的……凡此种种,我们都看得清楚'行是知之始,知是行之成'。"这与孙中山所提出的"以行而求知,因知以进行",有异曲同工之妙。

陶行知吐故纳新,继承并发展了王阳明的知行观。陶行知的"知行合一",其中"知"的含义较为宽泛,重点指感性或理性的认知,也包括对伦理道德的认知,而王阳明的"知"主要指道德价值或关涉伦理道德的知识。陶行知对墨辩(指《墨子》中的《经》上下和《经说》上下四篇)提出的三种知识:亲知、闻知、说知,也阐明了三者的关系。他说:"亲知是亲身得来的,就是从'行'中得来的。闻知是从旁人那里得来的,或由师友口传,或由书本传达,都可以归为这一类。说知是推想出来的知识。现在一般学校里所注重的知识,只是闻知,几乎以闻知概括一切知识,亲知是几乎完全被挥于门外。说知也被忽略,最多也不过是些从闻知里推想出来的罢了。我们拿'行是知之始'来说明知识之来源,并不是否认闻知和说知,乃是承认亲知为一切知识之根本。闻知与说知必须安根于亲知里面方能发生效力。"[1]

陶行知主张"行是知之始,知是行之成",把"行"或"做"或"实践"放在第一位,强调从"行"或"做"或"实践"中学习,他身体力行,先后创办了师范学校、民众茶园、自然学园、通讯学校、空中学校、工学团、业余学校、社会大学等。1934年7月16日陶行知正式将自己的"知行"改名为"行知"。

可以说"知行合一"是陶行知教育思想的灵魂,他所提出的"生活即教育""社会即学校""教学做合一"皆是这一思想的具体实践。

(3) 产教融合与"知行合一"思想

从中国传统文化的视角来看,产教融合的理论依据来源于"知行合一"思想。陶行知是集阳明学与杜威实用主义之大成者,他的"生活即教育""社会即学校""教学做合一"理论,闪烁着独特的"知行合一"思想。正是这样一种思想,成为产教深度融合发展的理论支撑。

产教融合是产业与教育深度融合,从融合的形态来看,校、政、企、行四者之间,学校与其余三者之间的各类合作形式,这些就是"社会即学校"的最好体现。从产教融合的对接内容来看,专业设置与产业需求对接、课程内容与

---

[1] 方明. 陶行知名篇精选 [M]. 北京:教育科学出版社,2006:60-61.

职业标准对接、教学过程与生产过程对接、毕业证书与职业资格证书对接、职业教育与终身学习对接,非常好地践行了"生活即教育""教学做合一"的思想。

不管是"招生即招工,入校即入企"的现代学徒制,还是"招工即招生,入企即入校"的企业新型学徒制,其背后的理论体系就是"知行合一"。

**四、国外产教融合发展比较研究**

(一)英国的产教融合

1. 英国的"三明治教育"模式

"三明治教育"(Sandwich courses)是指采用半工半读、学工交替式课程设置的教育模式。"三明治教育"在英国发展已有一百多年,是英国发展最早、影响最为深远的产学研合作教育模式,已经成为英国高等教育不可或缺的重要组成部分。

"三明治教育"有两种模式:一种称为"厚三明治"模式,学生在进入大学前先在工厂企业工作一年,具有一定的实践知识,并在后三年课程的安排上着重有关实践性的课程,总的时间为四年。另一种称为"薄三明治"模式,采用工、读交替安排的教学计划,一般第一学年在校学习,第二、第三学年安排一定时间去有关工厂企业实习,第四学年再回到学校学习,总的时间也是四年。①厚薄两种模式的三明治课程,英国高校提供多种方式供学生选择,按照入学和教学类型可分为四种:一是学生接受职业技术教育和工作训练的时间各为半年,交替进行;二是接受四年制课程的学生,两年接受正式学校教育,两年接受工业训练;三是在四年制课程中,安排学生第二年或者第三年到企业单位实习;四是在每年的教学计划中安排9个月的学校正式教育和3个月的实习,或是先进行一年的工业训练,接着实施两年的正式教育,再配合一年的工业实习。②

在三明治教育的推行上,英国政府通过立法,政府资助等形式给予了大力支持,同时充分发挥由社会各界先后成立的"三明治教育大学委员会"(The University Committee on Integrated Courses)、"三明治教育多科技术学院委员会"(PCSC)、"三明治教育与培训教育协会"(ASET)作用,强化高等教育与政府

---

① 英国高等学校"三明治"教育模式 [N]. 中国教育报,1990-07-31.
② 刘娟,张炼. 英国三明治教育发展历程及其政策举措分析 [J]. 现代教育科学,2012(1):35-39.

和企业间的合作。

2. 教学公司模式

为促进产教融合，使产业界的技术创新需求与高等院校的科学研究相结合，1975年，由英国政府的科学和工程研究委员会（SERC）、贸易和工业局、经济和社会研究委员会以及北爱尔兰经济发展局联合资助研究基金设立了全国性的教学公司（Teaching company），也称"教学公司计划"。

教学公司由政府、企业、学校三者为参与主体，以科研项目为载体，共同开展活动。教学公司名义上是一家公司，实际上却是一个非营利性的半民间半行政机构。教学公司设有管理委员会和理事会，重大决策由教学公司管委会决定，日常工作由理事会负责。

教学公司项目的产生。主要来源于两种途径，一是企业根据自身的发展需要启动项目后，就要与当地的教学公司协调机构沟通和咨询，以确认哪些大学（也称知识库单位）具有其所需要的专家和技术成果，然后企业与最终所选中的大学进行咨询和协商，对企业启动的共同开发项目的必要性、可行性进行论证，对项目的目标以及实施的一些细节达成协议。达成协议后，双方共同形成项目资助申请书，提交贸工部的教学公司办公室批准。另一种途径是高校主动寻找特定的企业，将所研发的成果应用于生产实践。[1]教学公司项目必须是由高校和企业一起申请才能立项，而且这些项目必须来源于实际生产中需要解决的问题，项目一旦被确认立项，就可以得到教学公司基金的资助，一般可以得到项目所需费用50%—70%的资助。

教学公司项目的管理。每个教学公司项目（TCS）通常由企业、高校和项目助理三方组成。项目助理通常由高校负责选聘优秀大学毕业生来担任，在项目工作期间，他们的人事关系既不属于学校也不属于企业，其工资由合作的企业支付，并享受与所在公司相应的职工同等的福利待遇。一般情况下，每一位教学公司项目助理在项目的工作期限为两年；期满后，可以被项目所在的公司录用作为正式职工而继续工作，也可以去学校进一步攻读高一级的学位或者受聘于其他企业。根据项目的大小，有的项目同时有3—4名项目助理参加，有的却只有1名项目助理。有的项目在不足两年的时间就完成了，有的项目则持续了六年时间。[2]

---

[1] 李炳安. 产学研合作的英国教学公司模式及其借鉴 [J]. 高等工程教育研究，2012 (1)：58-63.

[2] 姚襄祥. 英国教学公司在促进产学结合中的作用 [J]. 比较教育研究，1996 (1)：31-32.

教学公司人才的培养。在项目开始前，教学公司会对新上任的项目助理进行必要的上岗前培训，帮助他们熟悉项目运作，掌握一些必要的知识和技能。项目开始后，项目助理须配备两名顾问作为导师，一个是高校的资深教授作为学术顾问，另一个是合作企业的高级技术人员作为技术顾问，类似于我们的"双导师制"。通过真实的项目，作为项目助理的这些优秀毕业生将所学专业知识与工作实践结合起来，解决实际工作问题，从而达到培养高质量应用型人才的目的。

2003年，"教学公司计划"和"院校与企业界的合作伙伴计划"（College-business Partner-ships Scheme，简称 CBP）合并成为"知识转移合作伙伴计划"（Knowledge Transfer Partnerships Scheme，简称 KTP），到2008年底，大约900家各种规模的公司参加 KTP，为1000多名毕业生提供培训，涉及几乎英国所有的大学。①

（二）日本的"产学官"合作模式

1981年日本文部省在《下一代产业基础技术研究开发制度》中正式使用"产学官合作"这一叫法，之前，有"产学合作""官学民合作""学官产合作"之称。叫法的变更以及合作主体之间顺序的调整，可以看出合作主体之中，占主导地位者的变化。2006年，日本政府在新《教育基本法》修订中，将"产学官合作"定位于仅次于"学生教育"的第二大使命。②

产学官合作（industry-academy cooperation），也称为"産学官連携"，在日语中"連携"是一个动词，指连接、协作、合作，包含着一种相互支持和共同发展的含义。③日本"产官学合作"是通过大学等教育研究机构和产业界的合作，政府及地方公共团体提供制度及预算财政支持，达到研究开发新技术及创出新产业的目的。"产"即产业界，通常指企业。"学"指学术界，通常指大学等各类院校。"官"是指国家、公共团体以及公共研究机构。三者的关系图如图2-3所示。

---

① 李炳安. 产学研合作的英国教学公司模式及其借鉴 [J]. 高等工程教育研究，2012（1）：58-63.
② 李博. 基于"产学官合作"的日本实践型高职教育模式 [J]. 教育与职业，2017（13）：104-109.
③ 尹晓玉. 日本高等教育产学官合作研究——以冈山大学为例 [D]. 长春：东北师范大学，2014.

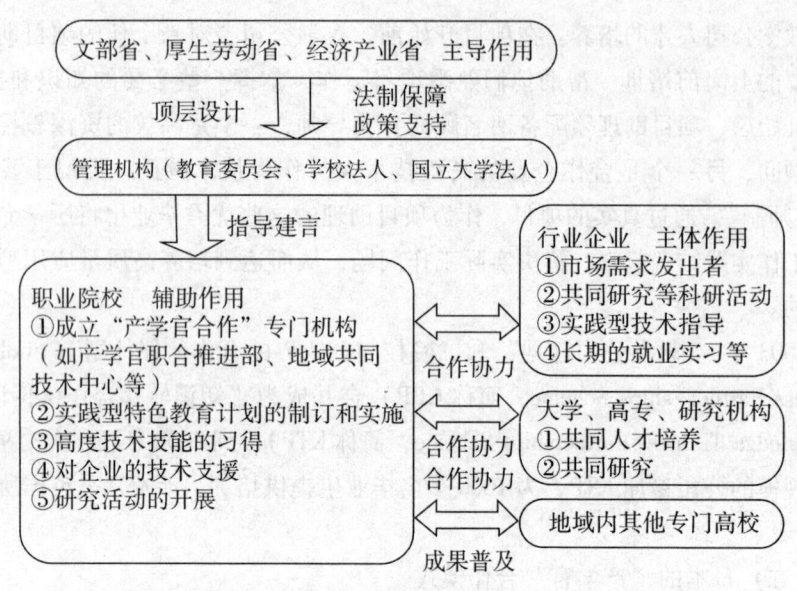

```
           ┌─────────────────────────────────────┐
           │ 文部省、厚生劳动省、经济产业省 主导作用 │
           └─────────────────────────────────────┘
              顶层设计 │  │ 法制保障
                      ↓  ↓ 政策支持
           ┌─────────────────────────────────────┐
           │ 管理机构（教育委员会、学校法人、国立大学法人）│
           └─────────────────────────────────────┘
                      │ 指导建言
                      ↓
┌──────────────────────┐              ┌──────────────────────┐
│ 职业院校   辅助作用    │              │ 行业企业   主体作用    │
│ ①成立"产学官合作"专门  │              │ ①市场需求发出者        │
│  机构（如产学官职合推  │   合作协力   │ ②共同研究等科研活动    │
│  进部、地域共同技术    │ ⇔           │ ③实践型技术指导        │
│  中心等）             │              │ ④长期的就业实习等      │
│ ②实践型特色教育计划的  │              └──────────────────────┘
│  制订和实施           │              ┌──────────────────────┐
│ ③高度技术技能的习得    │   合作协力   │ 大学、高专、研究机构   │
│ ④对企业的技术支援      │ ⇔           │ ①共同人才培养          │
│ ⑤研究活动的开展        │   合作协力   │ ②共同研究              │
│                      │ ⇔           ├──────────────────────┤
│                      │              │ 地域内其他专门高校     │
└──────────────────────┘   成果普及   └──────────────────────┘
```

图 2-3　日本"产学官合作"主体关系[①]

日本"产学官"合作模式的推行机制。

1. 政府的主导作用

政府从组织机构设置、法律、政策、经费等方面，主导"产学官"合作的推行。

日本于 1997 年成立以文部省、厚生劳动省、经济产业省为主体，劳动雇佣部门、产业界共同参与的"产学官合作"推进委员会。

1998 年出台《大学技术转移促进法》（TLO 法），该法律第一条就明文规定："本法制定了促进大学、高等专门学校、大学共同利用机关以及国家的实验研究机关等的技术研究成果向民间事业者的转移的措施，致力于开拓新的事业领域和提高产业技术，以发展大学、高等专门学校、大学共同利用机关、国家实验研究机构等的研究成果活性化的事业，以我国产业结构的转换和调整，国民经济的健康发展以及学术的进步发展为目的。"TLO 法的主要贡献在于将大学技术转移机构制度化。1999 年颁布了《产业活力再生特别措施法》主要对大学等的研究成果归属进行了调整，制定了专利费用减免相关制度。2000 年颁布《产业技术力强化法》，规定大学教员经过审批可以在企业兼职，增强了研究者

---

[①] 李博. 基于"产学官合作"的日本实践型高职教育模式 [J]. 教育与职业，2017（13）：104-109.

的流动性。2001年出台《产业集群计划》，从技术研发到产业化的全过程实施产学官合作。2006年《教育基本法》改订时将社会贡献（"产学官合作"等）作为大学主要功能明文化。

政策支持从1995年至2010年，政府共推出可以看作是四期的科学技术基本计划，制定了一系列法律与政策文件，如图2-4所示。

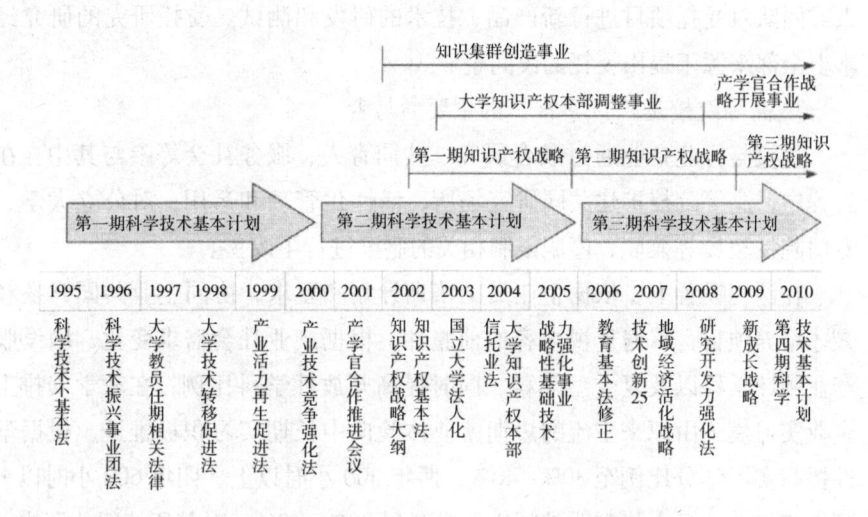

图2-4 政府主导的"产学官"合作模式政策支持①

在资金支持上，文部省以"长期实习项目开发""手作技术者育成""服务业创新人才育成""产学官合作战略展开事业""大学产学官合作独立化促进"等项目为依托，向高校提供用于产学合作的研发费、共同人才培养费、高风险技术转让金等财政扶持。②

2. 行业企业的主体作用

一方面为学校提供实习机会，在日本的《职业能力开发促进法》中，规定企业经厚生劳动省批准，可根据自身需要制订招工和职业技能培训计划，以试用工的形式招收中等或高等教育在校生，其在企业的实习时间至少要占课时20%以上，并可获得一定的财政支持。

另一方面与高等院校的技术合作，其方式基本有两种，即共同研究和受托

---

① 曹勇，秦玉萍. 日本政府主导型产学官合作模式的形成过程、推进机制与实施效果[J]. 自然辩证法通讯，2011（5）：91-98，127-128.
② 李博. 基于"产学官合作"的日本实践型高职教育模式[J]. 教育与职业，2017（13）：104-109.

研究。共同研究是指院校和企业等民间机构双方共同进行技术创新和产品研发活动，通过高专院校组织，教师、研究员个人或团队与企业等机构合作，进行人才、技术的交流，共同提高研发技术，研制出符合社会需求的新产品。研究经费主要来源于日本政府的财政支持和企业等机构的投资。受托研究是指高职院校单方面受民间企业等机构的委托，由高等专门院校组织，教师、研究员个人或团队对受托项目进行新产品、技术的研发和测试。受托研究的研究经费基本上全部来源于提出委托的民间企业。①

3. 高等院校是"产学官"的主要参与者

院校与行业企业通过联合研究、共同育人、服务社会等参与其中。在合作过程中，高等院校扩建共同研究场所，活性化管理和运用；对公立大学、高等专门院校教员等兼职、停职限制相关的制度进行了改善。

在课程设置上，依据企业员工培训计划和要求，协同企业共同开发和实施人才培养项目，普遍重视内容的前瞻性，根据产业社会需求变化，增设服务新产业领域学科以及复合型学科，同时提高开放性学科比例；在教学安排上，将企业实习模式由原来主流的短期就业体验向中长期实习积极推进，根据学科特性提高实习学分比例至30%~40%，两年300小时以上、四年600小时以上；在师资建设上，日本将实践教师比例提高到30%~40%，对其所持职业资格、实践技能业绩、企业在岗以及脱岗年限都有严格规定，并且要求实践教师中要有半数以上具有一定的研发能力。②

（三）美国的"合作教育"模式

合作教育（Cooperative Education）最初是由美国辛辛那提大学于1906年推出的一种校企合作人才培养模式。合作教育经过100多年的发展呈现出强大的生命力，成为美国1000多所高校的立身之本，正在世界范围内迅速发展。目前，全美参与合作教育的跨国公司、小型企业、政府机构和非营利组织超过5万家，其中全球100强企业中有80多家参与了合作教育计划，学生在企业实习工作人均收入约4万美元。

美国国家合作教育委员会（National Commission for Cooperative Education, NCCE）认为，合作教育是一种将学生的课堂学习与其职业目标相关领域的有益

---

① 余沫汐. 日本职业教育"产学官"联合办学模式研究与借鉴——以日本高等专门院校为例 [D]. 南昌：江西科技师范大学，2014.
② 李博. 基于"产学官合作"的日本实践型高职教育模式 [J]. 教育与职业, 2017 (13)：104-109.

工作经验结合起来的结构式教育策略。美国工程教育协会的合作教育部（Co-operative Education Division，CED）认为，合作教育是一种通过将学术训练和在工业、商业和政府服务部门中的实践工作经验结合起来，为学生的职业生涯做准备的教育项目。美国合作教育大会把合作教育解释为一种将理论知识的学习、职业技能的训练和实际工作的经历三者结合在一起，使学生在复杂且不断变化的世界中更好地生存和发展的教育方法。

美国高校对"合作教育"的管理有三种方式：集中管理模式、分散管理模式和混合管理模式。集中管理模式即学校设立专门机构对合作教育的相关工作进行集中管理和指导；分散管理模式将管理权下放到系一级单位，由各系自己负责本部门的合作教育工作；混合管理模式则是将集中管理与分散管理两种模式相结合。这三种模式均要设立专门的机构来管理合作教育。

合作教育的运行大多采用工作与学习交替进行的模式，有"学期交替制""月交替制""周交替制""半天交替制"等。如最为普遍的"学期交替制"，即一个学期在校学习，另一个学期则选择在公司从事全职工作。在美国合作教育实践项目中，参与学生明确界定为雇员身份，这为控制安全风险提供了保障。同时参与实践雇主必须支付相应标准的工资，这为学生提供了经济上的保障。在实行过程中采用"双导师制"，即校内指导教师和企业指导师傅。

企业和学生互选式的聘任制度是美国合作教育的一大特色。合作教育学生在入学第一年经过理论知识的学习后，第二年将交替进入企业实践。学生在参与实践前的准备阶段，须向专业指导教师汇报自己的就业意向，专业实践部门对学生进行相关的入职培训。学生在专业实践部指定网站上发布简历，明确求职意向。雇主在网站上创建账户，并根据需要筛选自己心仪的学生，学生再进行确认或者取消。如果匹配不成功，将进行下一轮的筛选和匹配；当确认匹配成功后，学生参加面试，如果双方达成一致，意味着学生和企业正式确立契约关系。在合作教育实践项目中，企业和学生互选式聘任制度给了企业和学生较大的空间，企业可以在这一过程中找到想要的雇员，学生也可以找到适合自己的岗位，实现双赢。①

（四）德国的"双元制"模式

在世界产教融合教育模式中，比较有代表性的除了英国的"三明治"与"教学公司"模式、日本的"产学官"模式、美国的"合作教育"模式外，还

---

① 张敏. 美国合作教育实践项目保障制度：现状、特点及启示 [J]. 重庆高教研究，2016 (6)：108-113.

有德国的"双元制"模式。由于目前介绍德国"双元制"的研究较多,本书不再赘述。

## 第二节 产教融合下的职业教育改进

### 一、"三进三出"产教融合模式①

从世界成功的产教融合模式来看,"政府主导、校企主体"是其共同特征。近期从政府层面频频出台相关意见和实施方案,将校企"双元"育人提到了新的高度。

在《关于深化产教融合的若干意见》中,从"拓宽企业参与途径""深化'引企入教'改革""开展生产性实习实训""以企业为主体推进协同创新和成果转化""强化企业职工在岗教育培训""发挥骨干企业引领作用"等六个方面强化企业参与产教融合的重要主体作用。在《国家职业教育改革实施方案》中,对推动校企全面加强深度合作,文件中指出:"职业院校应当根据自身特点和人才培养需要,主动与具备条件的企业在人才培养、技术创新、就业创业、社会服务、文化传承等方面开展合作。学校积极为企业提供所需的课程、师资等资源,企业应当依法履行实施职业教育的义务,利用资本、技术、知识、设施、设备和管理等要素参与校企合作,促进人力资源开发。校企合作中,学校可从中获得智力、专利、教育、劳务等报酬,具体分配由学校按规定自行处理。在开展国家产教融合建设试点基础上,建立产教融合型企业认证制度,对进入目录的产教融合型企业给予'金融+财政+土地+信用'的组合式激励,并按规定落实相关税收政策。试点企业兴办职业教育的投资符合条件的,可按投资额一定比例抵免该企业当年应缴教育费附加和地方教育附加。厚植企业承担职业教育责任的社会环境,推动职业院校和行业企业形成命运共同体。"

伴随着近几年产业的转型与不断升级,特别是各地不断出现的"用工荒",使企业在员工需求及人才质量提升上感受到了前所未有的压力。主动走出去积极与职业院校建立人才培养的合作关系,成为众多企业的选择。职业院校也由原来几乎"不加选择"地校企合作,转变成有条件地"选"企合作。就在这样

---

① 广东省人力资源和社会保障厅 2012 年省级教学研究课题"技工院校'校园对接产业园'模式研究"成果,课题编号:2012022,课题主持人:赵海吉。

的大背景下,我们不能不看到:形式多样的校企合作还仅限于较低层次的员工输出与浅层次的合作上,在人才培养、师资引进、课程开发上,职业院校也存在盲目崇拜企业等思想,普遍存在"重引进""轻输出"现象。这些不利于校企合作的良性发展,更不利于人才的合理培养。"三进三出"产教融合模式,对于职业院校从企业引进什么,向企业输出什么进行了阐述,对指导当前的产教融合落地有一定的积极意义。

(一)"三进三出"产教融合模式的内涵①

职业院校开展校企合作的核心是培养人才。这里的人才包含了学生与教师。围绕这一点,我们提出的"三进三出"产教融合模式主要包含内容如下:

"三进"是指:引进企业、引进人才、引进项目。

"三出"是指:输出人才、输出技术、输出文化。

其模式如图 2-5 所示。

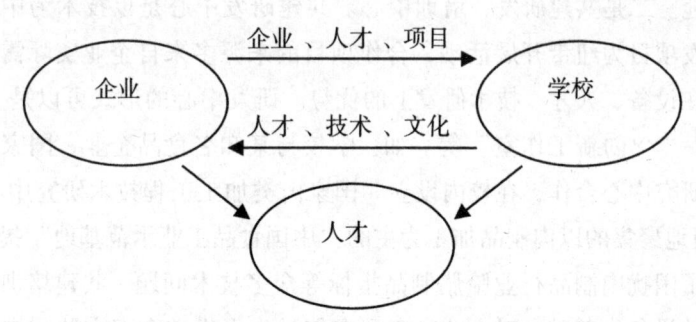

**图 2-5 "三进三出"产教融合模式**

其特点是,"三进三出"产教融合模式不仅强调了从企业汲取营养,也强调了学校对企业的输出。引进企业进学校,是学校与企业、行业在校内或校外共建产、学、研、培基地,企业文化入校园,共同培养人才等形式的体现。职业院校向企业输出分为三个层次,即:最基本的人才输出,再高一层次就是对企业的技术输出,较高层次是对企业的文化输出。对于学校而言,后两个层次虽然较第一个层次的人才输出要高,但最终的目标还是回归到成就人、发展人这个核心上来。因为在学校为企业输出技术与文化的同时,关键在于培养了一批学生,成就了一批教师。如果偏离了这一点,学校将失去学校应有的功能。

---

① 赵海吉."三进三出"校企合作[J].职业技术教育,2011(7):58-59.

(二)"三进三出"产教融合模式实践

1. 引进优质企业资源,培养高技能人才

(1) 引进企业,共建"产、学、研、培"基地

这里的企业主要指优质企业或知名企业,也可以是产业园区、行业组织等。这些企业在技术、人才、管理、设施、设备、产品、文化等方面有优势,学校引进这些企业,可以从几个方面进行合作:一是共建实训基地。由学校提供场地,企业单独或校企共同投入设备,学校为企业培养准员工,同时为企业在岗员工提供培训。有的院校通过"招商引资"的形式,将一家或多家完整的优质企业引进,丰富和优化学校的实训环境,为教学提供真实环境。员工和学生"真刀实枪"地进行动手操作与训练,能更加熟悉企业生产、经营和管理的工作规范和流程,从而夯实了专业基础,强化了专业技能。另一种方式是在企业建立教学实训基地,为工学结合提供生产和教学环境,该基地主要承担生产任务的实训基地。二是共建研发、培训中心。共建研发中心是以技术为中心,以具体合作研发项目为纽带开展活动,合作项目的来源多来自企业实际需要,充分整合双方在设备、人才、技术研发上的优势。研发中心的形式可以是"××技术研发中心""××创新工作室"等。如:学校与某知名食品企业、国家肉类加工工程技术研究中心合作,在校内设立"国家肉类加工工程技术研究中心××分中心",为当地聚集的以肉制品加工为主的"中国食品工业示范基地"提供技术服务,解决了困扰肉制品行业腌腊制品指标等众多技术问题。共建培训中心,以企业提供的设备为基础,对企业员工和在校学生提供校企双方共同制定的人才培养方案。

在引进企业的同时,应当注意专业对接产业,专业群对接产业群,将专业建设服务整个产业和地方经济发展。这种合作不限于单纯引入一两家企业,而是通过产业园区管理机构、行业协会、相关政府部门作为桥梁,学校与产业群在"对接人才需求""对接生产实训""对接技术合作""对接培养标准""对接师资建设"等方面开展深入合作。

(2) 引进企业优秀人才,优化"双师结构"

基于职业院校主要培养"高素质的技术技能性人才"这一要求,在引进师资时,应将是否具有企业工作经验,作为优先考虑因素之一。《国家职业教育改革实施方案》中明确提出:"从2019年起,职业院校、应用型本科高校相关专业教师原则上从具有3年以上企业工作经历并具有高职以上学历的人员中公开招聘,特殊高技能人才(含具有高级工以上职业资格人员)可适当放宽学历要

求，2020年起基本不再从应届毕业生中招聘。"2022年修订的《中华人民共和国职业教育法》中规定："职业学校的专业课教师（含实习指导教师）应当具有一定年限的相应工作经历或者实践经验，达到相应的技术技能水平。具备条件的企业、事业单位经营管理和专业技术人员，以及其他有专业知识或者特殊技能的人员，经教育教学能力培训合格的，可以担任职业学校的专职或者兼职专业课教师；取得教师资格的，可以根据其技术职称聘任为相应的教师职务。取得职业学校专业课教师资格可以视情况降低学历要求。"

学校引进企业优秀人才的途径主要有三种：一是直接从企业引进优秀人才担任专职或兼职教师；二是设立"工作室"的方式，采用现代学徒制等形式运作；三是以行业组织为载体，成立由校内骨干教师、企业骨干人员组成的"专业指导委员会"，定期开展专业建设研讨活动，将企业所需人才规格与学校培养人才标准有机结合，在市场调研、典型工作任务描述、真实工作项目的设计、课程开发等方面充分发挥专业指导委员会的作用。

某职业院校两年期间引进教师人数变化情况，如表2-3所示：

表2-3 学校从2012年6月至2014年6月教师人数变化表

| 时间（年/月） | 2012/6 | 2012/12 | 2013/6 | 2013/12 | 2014/6 |
|---|---|---|---|---|---|
| 专任教师数（人） | 394 | 423 | 441 | 450 | 462 |
| 从企业引进人数（人） | 217 | 241 | 255 | 261 | 271 |
| 从高校引进人数（人） | 177 | 182 | 186 | 189 | 191 |
| 企业兼职教师人数（人） | 59 | 63 | 75 | 75 | 95 |
| 能工巧匠课时数（节） | 510 | 618 | 750 | 800 | 1020 |

从表2-3中可以看出，至2012年6月学校从企业引进优秀人员总量占专任教师的55.1%，到2014年6月，这一比例达到58.7%，由217人增至271人。企业兼职教师人数也由2012年的59人，增加至95人。从行业、企业引进的能工巧匠担任的课时数由原来的510学时，达到1020学时，是原来的2倍。该校教师结构的变化，反映了当前职业教育非常需要高素质的技术技能人才担任教师。

引进企业优秀人才所面临的问题主要有两个。一是能力与学历问题。企业用人机制较为灵活，企业比较关注人的能力及为企业所带来的贡献价值，可以称之为"能力导向型"，在这样一种导向下，许多优秀的企业人才并不太注重职称的评审及学历提升，往往职称与学历平平者却是企业的优秀人才，也是学校真正想引进的人。作为事业单位的学校，引进人才的门槛恰恰是职称与学历，可以称之为"职称与学历导向型"，并非学校不注重能力，学校也提出"不唯学历凭能力"这样的口号，但在具体引进人才的时候却面临种种尴尬。对于操作性较强的专业，这种现象尤其明显，如餐饮类专业、汽车修理类专业、美容美发类专业、木工家具类专业等，学校要引进这类专业的高技能人才并不那么容易。这就是两种不同的用人导向所带来的问题，要突破学校引进教师机制的制约，在当前依法依规办事的大环境下，并非易事，需国家政策的支持。新的职教法中针对该问题，提出了相应的规定，相信这一困扰职业院校师资引进的问题能够得到解决。二是待遇的问题。对企业优秀人才来说，企业给出待遇的诱惑力一般会大于学校开出的条件，这对学校引进真正的企业优秀人才是个挑战。在企业的"能力导向型"用人机制下，贡献越多，一般待遇也越高。而在学校，虽然也倡导多劳多得，但这种"劳"不像企业那么容易衡量，育人毕竟是个慢的功夫，在现实中，往往精神鼓励大于物质激励。所以学校以优厚的待遇来吸引大量企业优秀人才不现实。这些年，学校从企业引进的人员，多是临近退休的人员，或是高职称、高学历人员。

（3）引进企业项目，使教学过程真实化

将企业的真实项目，作为课堂的教学内容，使学生所学内容与真实工作情境尽量吻合，营造"学习即工作""上学如上班"的学习氛围。在我们考察德国职业教育课程内容时，深刻感受到我们的课程内容与企业真实工作任务脱节，教学、考核内容陈旧等问题，还没有真正将企业所需要的岗位技术技能通过贴合实际的教学内容进行培养。这需要我们加大企业优质项目的引进，在实施真实项目的过程中，培养学生的职业能力，同时为企业带来经济利益。

2. 输出学校资源，服务行业企业及社会需求

职业院校引进企业资源并不是最终目的，最终目的是成就人、发展人，向社会输出资源，满足社会需求。产教融合、校企合作是双赢机制，在具体实施过程中，职业院校自觉不自觉地"以校为中心"，希望企业将更多的资源投入学校中，而不太重视对企业的回报与输出，企业并不是慈善机构，基于利益相关者理论，这种合作是不会深入和长久的。职业院校只有充分照顾到企业利益，在服务企业发展中育人，才是真正的双赢。职业院校要将在服务企业发展的各类行为活动，开发为培育教师、学生成长的真实教学内容，输出学校资源，服务企业发展，这样的合作才能深入与持久。

(1) 输出人才，服务社会

根据 2020 年中国职业教育质量年度报告的数据，职业院校为社会输送了大批技术技能人才，中等职业学校毕业生用人单位的满意度较往年有所提高，高职院校近 60% 的毕业生服务于当地经济和社会发展，有 66% 的毕业生在中小微企业工作。2019 年全国共有全日制中等职业学校毕业生 352.35 万人。高职毕业生半年就业率在 90% 左右，就业满意率较好，始终保持在 93% 以上。

从人才培养方式上来看，中国特色学徒制、订单式培养均是比较受企业欢迎的培养方式。从现实操作情况来看，中国特色学徒制在落实"双导师"制方面有待加强，一是企业导师应当有明晰的培养计划，以及企业自身缺少对企业导师的激励和考核机制。二是学校导师的作用发挥不明显，一方面受制于日常教学科研较大的工作量，并没有太多精力为学生开展个性化的一对一辅导；另一方面企业导师与学校导师之间缺少必要的联动，在校内培养阶段，学校导师教授的内容与企业导师指导的内容脱节。

关于订单式培养，比较好的合作方式是职业院校已完成基本课程的教学任务，用一年、半年或几个月的时间，围绕企业需求，采取学生、企业双向选择，成立"订单班"，为企业专门培养和输出人才。这样的合作培养优点在于，学生就业岗位稳固率较高，企业用人目标也比较明确，培养效果明显。

在笔者参加的多次校企交流活动中发现，企业实际上存在着希望职业院校能培养"万金油"式的人才，即在某个行业内能够自由变换岗位而且均能胜任或者具有适用多个岗位的能力。这实际上是不现实的，一名具有多年企业工作经验的老员工，在变换岗位时都需要进行必要的岗前培训和一段时间的训练方能胜任，对于刚毕业学生来说很难做到。而职业院校为迎合企业需求，提出教学内容与岗位要求的"零距离"，这完全是一种教育谬误。先不说同一行业即使同一个岗位，由于企业文化的差异，其岗位职责和要求均会存在明显不同，要实现"零距离"都不是件容易的事。学校由于受师资、设备、环境的影响，所擅长教授的是相对固定的反映学生专业通用能力的内容，而对于岗位特定能力的培养是很难在学校完成的，需要从事企业实际岗位前通过岗前培训或在岗上磨炼而获得。从这个意义上来讲，职业院校在培养学生专业能力的同时，需要加大力度培养学生的方法能力和社会能力，以增加学生岗位适用和再就业能力。

职业院校在向企业输出学生时，另外需要关注的是不要将学生变为企业廉价劳动力的来源。同一专业同一班级的学生，在学习的不同阶段应当适应同一行业不同层次岗位需要，不可以在简单的重复性的需要较少技术技能的岗位上反复学习。

(2) 输出技术，提升企业创新能力

能为企业输送技术，解决实际生产中的问题，体现一所职业院校的技术水平。在这个过程中，科研项目来自生产一线，专业教师带领一批学生参与其中，最终产生经济效益，使企业受益，学生成才，教师成长，学校发展。

校企合作的黏合度，不仅体现在为企业输出高素质的技术技能型人才上，更重要的是为企业输出技术。在这一点上，许多教师是缺少信心的，原因在于一方面教师缺少企业工作经验，并不熟悉企业运作流程；另一方面迷信企业，认为企业具有较高的研发和创新能力。

职业院校应当大力支持教师、学生对企业的技术输出。有的院校以二级学院或教研室为单位，成立公司，派驻人员到行业企业洽谈合作、成果转化，服务当地企业技术创新。如：某校电气应用专业与某自动化厨具有限公司签订《产品开发协议》，为该企业开发出一款炒菜机电路模块，使企业获得丰厚的经济效益。食品生物专业针对当地传统肉制品、西式肉制品加工和发酵肉制品三类肉制品，进行新技术、新工艺、新产品的开发和技术推广工作，推动了当地肉制品加工产业的升级。

在技术输出方式上，可以鼓励教师申请技术专利，参与企业技术改造。据珠江三角洲某中等职业学校统计，仅2013—2014年两年间，教师技术成果成功申请国家专利共14项。教师积极参与企业技术改造和更新，先后为多家企业进行产品研发和技术改造，产生经济效益3232万元。3项国家专利转化为生产力，产生直接经济效益82.02万元，对外技术服务到款721.05万元。另外，职业院校在参与国家职业资格鉴定标准和职业技能等级标准方面，均大有可为。

当前职业院校囿于绩效工资管理的有关规定，在为企业技术输出和校企深度融合上存在种种顾虑，还没有真正激发学校教职员工的积极性，特别是大部分划入公益二类的中等职业类学校、技工类院校，这种情况更加明显。新修订的职教法中已明确规定："职业学校、职业培训机构开展校企合作、提供社会服务或者以实习实训为目的举办企业、开展经营活动取得的收入用于改善办学条件；收入的一定比例可以用于支付教师、企业专家、外聘人员和受教育者的劳动报酬，也可以作为绩效工资来源，符合国家规定的可以不受绩效工资总量限制。"相信各地会有相关配套措施落地，会进一步激活职业类院校技术输出的活力。

(3) 输出文化，实现企业文化再造

在走访企业的调研中，我们发现许多中小企业还限于"人盯人式"的低层次管理方式，或是将员工视作"经济人"的缺少人文关爱的惩罚式管理。企业的物质文化、制度文化、精神文化缺乏。为此，我们开发了相应的培训包，针对企业管理人员开设企业管理、企业文化策划、人力资源开发、员工关系改善、个人与团队管理等课程，在为企业培训管理人员的同时，积极输出文化，实现企业文化再造。我们组建团队，为多家企业优化组织结构、管理制度，重塑企业形象。

当前，企业员工流失是普遍存在的问题，在充分调研的基础上，我们与企业联手推出"三级岗位、动态转换"机制，三级岗位指针对同一岗位或工种划分为三级，一级最高，三级最低，每级工资薪酬不同。每一级的认定分为知识与技能考核、业绩考核两部分，知识与技能考核由第三方（学校）完成，业绩考核由企业完成。每年考核一次，确定员工相应等级。这样做为什么会促进员工的稳定性？原来企业基本是按岗位确定工资薪酬标准，同一岗位薪酬基本一致，不利于调动员工积极性。通过采用"三级岗位、动态转换"机制，增强了员工的危机意识和进取精神，使企业活力得到激发，员工更加稳定。职业院校在该改进当中，充分发挥了职业资格认定的优势，协助企业进行管理文化再造。

（三）"三进三出"校企合作模式中政府的作用

政府可以推动校企合作的深入开展。要做到这一点，首先要找准切入点，要让政府愿意参与其中。在推进"三进三出"校企合作模式过程中，我们始终把握一条原则：我们能帮政府干什么。多年来，由于我们一直基于这样的原则，结果是许多政府职能部门主动找我们合作。与地方产业紧密对接，为地方输送技术人才，直接带动当地的 GDP 增长，政府满意，学校发展。在与地方政府或部门合作中，我们以"校镇合作协议"作为合作的框架。主要内容如下（甲方指镇区，乙方指学校）：

1. 甲方对各种不同层次技能人才，尤其是高技能人才的需求进行调研，指导企业向乙方提出需求信息，或直接组织人员由乙方进行培养。乙方可根据企业需求，进行必要的专业调整，以满足本地人才需求，针对企业在职员工可采取"弹性学制""订单式培养""短期集中培训"等多种形式进行培养。

2. 甲乙双方结合甲方产业结构的具体情况，共建实训基地、产学研合作基地、教师挂职实践工作站等。充分发挥政府的资源优势与学院的师资、技术、设备优势，采用"厂中校""校中厂"等形式，在高技能人才培养、企业技术创新等方面进行合作。

3. 甲方应根据企业需求，为乙方针对企业开展的企业管理培训、企业文化策划、人力资源开发、工业基础研究和创意设计等专项培训和策划提供必要的帮助，以提高企业科学经营水平。

4. 乙方可以将现有的工业实训室、实验室有限度地向甲方的中小学生开放，共同建立"中小学生素质教育基地"，丰富中小学素质教育内容。

"三进三出"校企合作模式对于目前校企合作过程中"重引进""轻输出"的状况，做了一点尝试性的工作。特别是职业院校对企业如何输出、输出什么，进行了必要的探索。在践行"三进三出"校企合作模式过程中，我们感觉到应当针对不同的企业类型有所侧重。对知名企业，应当重在如何引进先进管理理念、技术、人才、企业文化，以及如何为企业输出所需技能人才等；对人才与技术力量相对薄弱的中小企业，我们的着眼点应当放在如何从技术、文化等方面进行输出与扶持，而非如何引进。特别是对于后者，市场很大，职业院校可为的空间非常广阔。

（四）"三进三出"校企合作模式案例

## 构建"双核驱动、双链条对接"校企合作运行机制[①]

一、实施背景

某校家用电器系所在地，是珠三角乃至全国重要的家电及配套产业基地，拥有格兰仕、TCL、长虹等200多家上规模的家电及配套企业。从家用电器的生产设备、原材料、五金配件到核心部件，该地已形成一整条规模大、种类齐的家电产业链。

近年来，家用电器及配套产业规模呈倍级递增，相关专业的技能型人才缺口日益加大。基于此良好机遇，家用电器系发挥学校周边产业规模优势，紧抓产业人才紧缺机遇，探索建立校企合作新机制，与格兰仕、TCL、长虹等500强家电企业强强联合，共建"双核"——校内实训基地和校企培训中心，对接"双链"——学校专业链和企业产业链，充分结合学校和企业的优势，共同培养"双才"——学校学生和企业员工，为本地经济建设作出卓越贡献。

二、建设目标

以"双核驱动、双链条对接"为指导原则，构建校企合作运行机制，实现"校内实训基地与企业培训基地合一、学习与工作合一、学生与员工合一、学校教师与企业导师合一、学校考试与企业考核合一"校企合作新模式。

三、实施过程

1. 校内实训基地与企业培训基地合一

家用电器系构建"双核驱动、双链条对接、五合一"校企合作新模式。于

---

① 该案例由张湘粤提供，有删减。

示范校建设期内先后与格兰仕、TCL、长虹、爱科等企业签订了校企合作协议，共建格兰仕校企合作实训中心、TCL校企合作实训中心、长虹校企合作培训中心、爱科专业一体化实训室，结合原有的家用电冰箱实训室、家用空调器实训室、商用空调器实训室、VRV系统实训室、焊接工艺实训室，既作为学校学生的实训基地，又作为企业员工的培训基地。通过与企业深度合作，将学校实训室建设成集"学生技能实训、职业技能鉴定、教师与企业员工培训、产业研发与服务"四位一体的实训培训一体化基地。

2. 学习与工作合一

校企双方按照课程教学贴近实际工作岗位的要求，将企业标准、企业文化引入校内实训基地，按照企业岗位布置实训设备，进行区域功能划分，营造真实的职业环境。授课内容模拟企业的生产加工环节，让学员在生产线上通过轮岗的方式，基本掌握各岗位的操作技能。将企业文化精髓和专业课程与实践环节深度融合，从实物、制度、精神三个层面营造优化学员素养提升的软环境，实现学习与工作合一。

3. 学生与员工合一

通过引企入校，共建企业订单冠名班和企业员工培训班，根据企业的用人标准进行培养，校企双方共同制定人才培养方案，共同组织实施教学，共同开展教学评价，打造专业生产性实训平台。如此一来，学校学生学习的同时相当于在企业作为员工实习，企业员工培训的同时相当于在学校作为学生学习，实现学生与员工合一。企业需要什么样的人才，学校就努力为企业培养什么样的人才，既可以为企业订单式培养学生，也可以为企业提供技术服务和员工的再培训，实现了深度校企融合。

4. 学校教师与企业导师合一

家用电器系聘用企业里有经验的技术、管理人员为校外专家或专业兼职教师，为专业建设出谋献策，指导学校进行教学改革，参加学校的人才培养方案、教学计划的制订及专业课程的业务问题探讨，提供最新技术动态和人才需求动向，并通过授课等方式直接参与学校日常教学。学校教师下企业顶岗工作及与企业员工一起参加校内培训基地的培训，为产业企业提供技术支持，共同开展项目研发、技术创新，提供生产、咨询、技术服务。实现学校教师与企业导师合一。

5. 学校考试与企业考核合一

建立以职业能力为核心的学生评价模式，改变传统评价模式，增加学员自评、互评尤其是社会评价、企业评价等主体，注重过程性评价和实践能力的评价。

通过示范校建设期间的探索，建立了由课业评价、双证评价、顶岗实习评价三个模块组成的评价体系，其中课业评价以项目考核为主线，过程性评价与终结性评价相结合，企业参与综合项目考核，将双证评价作为学生毕业的前提，并借鉴企业用工考核制度，设计顶岗实习评价方案，提高学生综合职业能力，缩短岗位适应期，实现学校考试与企业考核合一。

四、校企合作长效运行机制建设

家电系不断健全校企合作组织架构，制定了一系列相关制度，并以行之有效的措施细化落实，精心实施。

1. 校企合作组织机构建设

结合专业特点，成立由系领导、专业老师、企业行业专家组成的校企合作管理小组，做好校企合作规划与资源优化，统一协调解决合作过程中遇到的问题。

2. 校企合作制度建设

结合本专业特点，建立具体的合作目标体系及实施细则，进行有效的过程监控和绩效评估，如《校企共建实训基地协议》《校企共同开展应用研究与技术开发管理办法》等。通过制度建设使校企合作更规范化、合理性实现校企合作利益最大化，达到双赢目的。

3. 校企合作开展的活动

通过每年定期召开会议，了解行业、企业发展动态，企业对人才的需求，及时评估，做好人才培养方向的准确定位和教学内容的适当的调整，以利于师生能了解前沿的需求，使学生能学以致用，符合产业化的发展态势。充分发挥学校作为技能人才培养的有利条件，在企业单位展开顶岗实习和"订单式"培养等方面合作项目，同时为专业建设提供人才需求信息，技术创新信息以及专业建设指导，为今后专业群及学校其他专业的建设发展提供经验借鉴。

4. 充分展开"订单式"人才培养模式并完善相关制度建设。

与企业共同制订《制冷设备制造安装与维修专业"订单式"人才培养方案》，制定并落实《制冷设备制造安装与维修专业"订单式"人才培养管理制度》，完善制冷专业"订单式"人才培养模式实施情况。

5. 顶岗实习制度建设与管理

创设顶岗实习的管理机构，建立与完善《顶岗实习管理制度》《顶岗实习协议书》《顶岗实习安全管理规定》《顶岗实习致家长的一封信》落实顶岗实习的学生守则、带队教师守则、实训鉴定成绩和质量考核监控办法，保证顶岗实习的教学质量。

**五、实施成果**

1. 瞄准产业调整专业，优化专业促进产业

专业人才培养必须与区域产业集群双向互动、深度合作，在与行业、企业紧密合作的过程中形成自己的专业特色，因此，家用电器系结合区域产业集群优势，通过"校内实训基地与企业培训基地合一、学习与工作合一、学生与员工合一、学校教师与企业导师合一、学校考试与企业考核合一"校企合作新模式，建立以"工学结合、理实一体化"为特色的人才培养模式——"1211"工程："1"年核心能力课程；"2"年专业一体化课程；"1"年综合项目课程；"1"年企业实践课程。以"瞄准产业调整专业，优化专业促进产业"为出发点，适时调整专业设置、培养目标等，以适应周边产业集群发展对人才需求的变化。瞄准产业调整专业的举措大大提升了专业建设水平，结出丰硕成果：不仅毕业生专业对口率大幅提升，受到用人单位的好评，还培养了2名专业带头人，4名骨干教师，11名双师型教师，教师团队在国家、省级期刊发表论文29篇；出版教材1本；获得国家、省级教科研成果奖20项；代表广东省参加第八届全国优秀自制教具比赛获得全国自制教具能手奖1人；申请国家实用新型专利2项；与企业合作研发教学设备2项共13台。

2. 创新"五区"模式，引领一体化现代实训场地建设

家用电器系依托良好的产业集群，根据校企共享、双赢的原则，建立了以"专业技能课程为核心，以职业发展能力为目标，以任务驱动、以典型案例为载体，工作过程为导向"的一体化实训教学体系。在校内建立了格兰仕校企合作中心、TCL校企合作实训中心、长虹校企合作培训中心等三大中心，与爱科共建了基于"五区"的专业一体化实训室：家用电冰箱实训室、家用空调器实训室、商用空调器实训室、VRV系统实训室。形成了兼备"工学结合、理实一体、素养与技能"特色的新型"五区"模式，包括：①实训区；②交流区；③资讯区；④工具区；⑤展示区。通过创新实训场所的布局与学习方式，真正体现了专业技能培养和职业素养培养一体化、理论教学和实训教学一体化、教学环境和工作环境一体化、教学内容和工作内容一体化、教学设备和工作设备一体化。基于"五区"的专业一体化实训室集学生技能实训、职业技能鉴定、教师与企业员工培训、产业研发与服务于一身，充分体现了校内实训基地与企业培训基地合一、学习与工作合一、学生与员工合一、学校教师与企业导师合一、学校考试与企业考核合一的理念。

### 3. 专业辐射企业，校企共同培育高技能人才

学校于2012和2013年承接了格兰仕向日葵工程培训、TCL雏鹰工程培训，两期共计1000余人，承接了TCL的班组长技能培训项目，同时还与TCL、长虹共同开办了校企合作订单式高技能培养班，培养学员60人。充分利用国家示范校重点建设专业和省级高技能人才公共实训基地的优势，以优势互补、互利共赢为目标，通过制定校企合作的企业技术人才培养方案，建立企业人才培养保障机制。

### 六、体会与思考

1. 完善校内实训中心的有关功能，开发高技能人才特殊工作岗位有关的培训内容、课程和实训项目，以适应企业对高技能特殊人才的需求。

2. 增强校内实训基地对行业，产业，特别是对中小企业的服务辐射能力，发挥学院在人才培养方面的优势，更好为地方经济腾飞做出应有的贡献。

3. 利用已建立好的（数字化）教学资源共享平台，以信息教学的手段，以提高培养高技能人才数量，质量和效益。

4. 利用校企合作平台，为家电系优秀毕业生提供在岗、在职继续学习深造的机会，培养企业行业技术骨干精英！

## 二、"校企双制"下"六个共同"人才培养模式

### （一）"校企双制"的提出及其内涵

#### 1. "校企双制"的提出

"校企双制"的提法源于广东，2010年前后，广州市工贸技师学院等院校较早提出。2012年8月广东省人力资源社会保障厅印发了《广东省技工院校"校企双制"办学指导意见》，明确了其内涵，并要求在全省技工院校推行。①2012年6月《国务院办公厅转发人力资源社会保障部、财政部、国资委〈关于加强企业技能人才队伍建设意见〉的通知》指出："采取企校双制、工学一体的模式，通过企校合作培养与企业以师带徒相结合的方式，对拟录用或新录用的员工开展学徒培训。"这是"校企双制"以"企校双制"被正式写入全国性文件，"企校"两字的颠倒，反映出对参与培养人才的主导单位存在不同的认识。2017年12月国务院办公厅颁发《关于深化产教融合的若干意见》（国办发〔2017〕95号）提出"大力发展校企双制、工学一体的技工教育"，在推进产教

---

① 王飞，崔秋立. 从"校企一体"到"校企双制"——技工教育校企合作源流及发展路径 [J]. 中国培训，2022（3）：10-12.

融合人才培养改革中,将"校企双制、工学一体"作为技工院校育人特色加以肯定。

"校企双制"的提出,源于技工教育"校企一体"这个基因,虽然技工教育可以追溯到1868年清政府设立的福建船政学堂,但真正以"技工学校"命名学校则是在民国时期。1920年的"华商纱厂联合会"所举办的"纺织技工学校"即是依托江浙沪的纺织企业办学。抗战期间兵工署所属近40所技工学校,均由兵工企业办学,厂长兼任校长,工程技术人员兼任学校教师,"校企一体"管理。①如:兵工署第二十一兵工厂技工学校(今重庆工贸技师学院),是1940年李承干创办的。由郭沫若作词、贺绿汀作曲的校歌今天依然铿锵有力:"工以建国,技以利工,我们奋斗是为自力更生……劳我筋骨,提我精神,求学习技是在能知能行。沉着毅勇,自强日新,我们是工业的劲军……"新中国成立后,技工学校由新中国成立初期的20多所,发展到50年代末的700多所,各技工学校多数依托重点企业,实行校企一体办学。到20世纪90年代末,技工学校继续延续了以企业行业办学为主的"校企一体"体制,其中行业企业办学占到80%以上。在教育方式上采取"工学结合""产训结合"培养技术工人。

从"校企一体"到"校企双制",一脉相承。

2. "校企双制"的内涵

"校企双制"是指依据技能人才培养和使用的规律,依托院校和企业双方优势资源,通过政府出政策、企业出岗位、院校出学位,校企联合招工招生、送岗送学、双制培养,充分发挥院校育人机制和企业用人机制的耦合作用,建立院校和企业共同培养技能人才的新的办学制度。这是2012年8月《广东省技工院校"校企双制"办学指导意见》中对"校企双制"的最初解释。

之后,人力资源和社会保障部中国就业培训技术指导中心对"校企双制"明确定义为:"是指技工院校和企业以共同培育技能人才为目标,双方通过有效的合作机制,将教育、就业制度与企业生产、用人制度有机结合,学校学习过程与企业工作过程相互融合,形成校中有企、企中有校、校企共育、工学一体的办学制度和培养模式。"②

两种解释,其基本内涵包括如下四个方面:一是校企双方以共同培育技能人才作为合作目标;二是参与主体为学校、企业、政府三方;三是合作机制,

---

① 王飞,崔秋立. 从"校企一体"到"校企双制"——技工教育校企合作源流及发展路径[J]. 中国培训,2022(3):10-12.

② 人力资源和社会保障部职业能力建设司,中国就业培训技术指导中心. 校企双制 工学一体——校企合作工作指南[M]. 北京:中国劳动社会保障出版社,2018:1.

通过政府出政策、企业出岗位、院校出学位，将教育、就业制度与企业生产、用人制度有机结合，学校学习过程与企业工作过程相互融合；四是"校企双制"中的"企"不一定指一家企业，可以是同行业的一类企业、一个产业园、一个行业协会等。

"校企双制"主要有两种形式：一是招生即招工的全日制双制班，主要面向初高中毕业生开展以综合职业能力为培养目标的中高等技能教育，学员身份主要是全日制学生；二是招工即招生的在职双制班，主要面向企业在岗职工开展弹性学制技工教育和职业技能提升培训，培养中高等技能人才，学员身份主要是企业员工。

### （二）"校企双制"下"六个共同"的基本内容

《广东省技工院校"校企双制"办学指导意见》中提出"校企双制"下"八个共同"：校企共同制订招工招生计划、校企共同制订培养计划、校企共同参与专业建设、校企共同开发课程体系、校企共同组建教师队伍、校企共同实施教育教学、校企共同搭建管理队伍、校企共同开展考核评价。

《校企双制 工学一体——校企合工作指南》中认为"校企双制"下"八个共同"为：共创培养模式、共同招生招工、共商专业规划、共议课程开发、共组师资队伍、共建实习基地、共评培养质量。

两种说法略有差异，一个讲"校企共同实施教育教学""校企共同搭建管理队伍"，另一个讲"共建实习基地""共搭管理平台"，其实际做法大同小异。也有一线工作者，将"校企双制"的主要内容又增加了几个共同，总结为"九个共同""十个共同""十一个共同"。

校企对接当然共同点越多越好，而在实际操作中，却不那么容易实现。笔者结合工作实际，将以上几个共同在表述中接近或类似的进行合并，并作适当的补充，总结提炼为如下"六个共同"：

1. 校企共同制订人才培养方案

校企双方在确定采用"校企双制"人才培养后，双方应签订《"校企双制"培养协议书》，明确校企双方对人才培养的目标和要求、权利与义务等事项。校企双方依据培养协议书界定的职责，共同制定人才培养方案，明确培养目标、学制、专业课程设置及授课计划、师资配备、教学组织、实训方式、考核评价、组织保障等。

2. 校企共同制订招工招生计划

对于学员身份是全日制学生，以学校为主导的全日制双制班，院校要主动协调企业，依据企业的用人标准，共同制定招生条件，确定招生规模，联合开展招生。对于学员身份主要是企业员工，以企业为主导的非全日制双制班，企业应按学校要求，在现有职工中采取自愿报名方式，或在招聘新员工时以"非全日制双制班"为附加福利条件，吸引新员工的加入，实现招工即招生。

3. 校企共同组建教师队伍实施教育教学

由校企共同组建授课教师、管理人员队伍。学校安排专门教师担任班主任工作，负责日常的班级管理工作，并按教学计划安排相应的文化基础课和专业课教师。企业应选派经验丰富的人员，负责专业实训、实践课教学和少部分的专业理论教学任务，并指派专门人员对接学员管理。在企业学习期间，以企业为主体，在院校学习期间，以院校为主体，真正体现"校企双制"、工学一体。

校企双方共同制定相应的学员管理规定，在校学习期间的管理以学校的管理规定为主，在企业学习期间以企业的管理规定为主。对于奖励、处罚学员，要按不同的管理制度执行。

4. 校企共同开发课程

校企双方分析对应职业的典型工作任务，根据共同制定的人才培养方案设置课程，制订教学计划和教学大纲，以企业实际工作任务开发教学项目，编写课程和教材，结合岗位需求将新技术、新工艺、新知识融合其中，将教学与生产、技术推广和开发、社会服务、学历与知识技能提升等结合起来。

对于非全日制双制班，由于受企业生产任务的限制，可以开发相应的数字化教学资源，采取线上课程与线下课程相结合的方式实施教学。

5. 校企共同建设或提供实训场地

对于共同建设实训场地，学校可以出场地，企业出设备，设备归企业所有，建立产权清晰、共同使用管理的"校中厂"，满足专业实训教学内容的需要。

在不用额外投入的情况下，学校发挥原有实训场的基础性作用，完成基本的实训内容教学任务。企业发挥设备、场地优势，在企业内部设立"厂中校"，完成专业核心内容的实训任务。

6. 校企共同开展考核评价

对学员的学习评价可由三个主体完成，学校、企业、第三方机构。学校和企业可以从过程性评价和终结性评价两个方面进行，过程性评价主要包括：考勤、作业、上课表现（含理论和实训）、平时违纪情况等，终结性评价主要包括期中期末考试，第三方机构的国家职业资格或职业技能等级考试等。

对于毕业学员的评价指标包括就业率、专业对口率、工资水平、用人单位满意度等。

（三）对于"招工即招生的在职双制班"实施过程当中应当注意的几个问题

1. 上课的时间问题

当企业的生产任务与在职学员的上课时间有冲突时，有时企业为了赶任务，要求安排学员加班，而学员为了工作只好放弃上课。上课时间得不到保证，会直接影响教学进度和教学效果。如果过多地利用晚上或周末时间上课，在职学员也接受不了。这需要学校与企业之间进行有效的沟通与合作，见缝插针，企业生产任务较少时可以多安排课程。

2. 学员的稳定性问题

企业的员工有一定的流失，这也影响了在职班学员的稳定性。因为各种原因，企业的员工的正常流失率在10%左右，这就不可避免地造成在职班学员的流失，有的在职班学员的流失率高达50%以上。为解决这个问题，我们与企业共同设计了减少在职学员流失的培养方案，企业为在职学员提供相应的教育补贴，辞去工作的在职学员将失去学生身份。这样做反而在一定程度上减少了企业员工的流失率。这种做法在校企共同制定培养方案时就应当有所考虑。

3. 企业的积极性问题

虽然企业主要负责人支持校企双制班的开设，但在具体落实层面，有的中层企业管理人员或办事员对"校企双制"的开设认识不够、积极性不高，他们一方面担心联合培养会影响生产任务，另一方面担心员工经过几年的培养后，翅膀硬了会要求企业增加待遇，若不被满足会提出辞职。这些都需要在实施过程中，逐步形成共识予以解决。

（四）"校企双制"人才培养案例

"校企双制"××电子班的案例及分析①

一、背景描述

××电子工业公司是港资的民营企业，在占地100亩的厂区有近2000名员工从事着音响电子产品的研发、制造、营销工作。每年超100万台的产量和数亿元的销售额使它成为全球最大迷你音响制造基地之一。它的产品包括了CD播放器、Hi-Fi（高保真）音响系统、iPod/iPhone专用播放器、各类喇叭、功放等。与飞利浦、山水、韩国LG、日本安侨等国际品牌的战略合作关系，使这家公司的产品远销欧美、中东及东南亚等60多个国家和地区，并且连续多年荣获"先

---

① 该案例由梁海珍提供，有删减。

进民营企业""民营企业纳税大户""质量振兴奖"等各种奖励。公司的总经理曾不无自豪地说:"如果我们两个星期不出货,那么国美、苏宁、家乐福、沃尔玛这些超市的家电卖场上都会音响缺货。"

学院与企业地域上的相邻、专业上的互补性,从 2001 年就开始了校企合作。学生到企业实习(企业设置了专门的实习生产线)、企业组织员工培训、教师到企业实践、企业人员参加学院的课程开发……频繁的校企间往来,丰富的合作内容不断地加深公司和学校的融合度。经济大环境的变化,企业技术升级,人口结构的变化,使企业人力资源的压力越来越大。如何招到人、留住人、提升员工的技能,成了许多企业人事部的待求解的难题。

与此同时,技工教育的改革也向纵深发展,灵活学制、非全日制办学形式、学分制、校企双制等指导性的文件给了技工教育实践者更广阔的空间。"以校企双制的形式,开办在职员工的技工教育学历班,为员工创造一个提升技能、提升学历的平台,留住人才,留住技术"这一思路成了公司和学校共同的决定。

二、项目实施

1. 策划

对于一个专注于生产、品质管理、成本控制的"劳动+技术密集型"的企业来说,教育培训并不是公司的首要业务。企业的管理人员、生产人员每天更多地思考的是物料供应、设备维护、提高产能、缩短交货期、控制不良品等与生产直接相关问题。

而学院也有自己的"主营业务":一万多人的在校生,以及每年一万多人的社会培训任务是所有工作的重心。如果仅仅是为了完成"校企双制"的工作任务,其实学校有许多更简易的解决方法,比如说冠名班。

但十余年的合作经验使双方都期待这个项目能成功开展。在协商过程中,一些关键点被提出来反复商讨,主要是:

(1)学时问题。由于学员都是企业在岗的员工,在无法完全脱岗学习的情况下,教学计划的制订必须考虑企业的生产安排。

(2)学费问题。由于生产员工收入都不太高,要他们自费读书是比较困难的,而企业为了留住员工,愿意支付学员的学费,但也必须考虑成本的问题。而学校一方也同样有收费标准,要考虑办学成本。

幸好,广东省《关于规范我省技工院校学分制收费管理的通知》(粤价〔2010〕247号)给了双方比较大的协商空间,双方终于就这个合作项目达成了一致的意见:××电子工业公司与学院联合开办电子技术专业非全日制班,分别是"××电子中级工班"和"××电子高级工班",学校对该班实施学分制管理,学员在 2—5 年内修满规定的学分可获得相应级别的毕业证书。学院提供公共课程、专业基础课程和专业课程的教学，企业指定一名师傅作为实操指导教师。

2. 联合招生

2012 年 4 月，××电子工业公司首先通过内部沟通渠道发布了招生信息。然后，学院制作了"招生简章"，分发到各车间、食堂、通道等地，并于 4 月 21 日组织有意报读的员工到学院参观。很快，人力资源部收到了 300 多个报名的申请。经过严格的审查，首批 52 个学员被确定为公司出资的培养对象。

2012 年 5 月 30 日，学院在公司举行了开班仪式，相关领导出席了仪式，多家媒体分别进行了采访报道。在仪式上，总经理表示，公司将设立 60 万元的员工学费的基金，准备资助更多的员工学习。

3. 共同管理

学院电子教研组的两位老师分别担任这两个"校企双制班"的班主任。他们负责学员的学籍注册、成绩管理、教材收费、考证资料收集等，还成立班委，组织活动，直到他们修完规定的学分毕业。

为了更好地完成这个项目，公司也指定了两个人力资源部的员工，作为企业里的"班主任"，负责学员在企业期间的管理、考核。校企双方共同制定了《××学院、××电子工业有限公司校企双制班教学计划表》《校企双制班管理规定》《校企双制班学员考核评价办法》等管理文件，并在张贴在他们课室的墙上，营造学习氛围。

4. 教学实施

该班的开办意味着每学期在制定《实施性教学计划》时必须额外考虑这两个班：编制课程计划、预定教材、安排任课老师、组织考试、审核成绩等。但仅有这些是不够的，由于授课学时的短缺，学员的技能提高很大程度上要在工作中积累。因此，与企业共同考核学员的学业成绩是教学工作的一个环节，学员每年的工作业绩，企业的评价意见都是对学员学业评价的重要参考。在《校企双制班学员考核评价办法》中，学校和企业就学生的学习和工作业绩，分别提出五项关键指标（KPI），对学生的综合职业能力进行考核。

学校指标：（1）思想修养；（2）出勤与纪律；（3）学科成绩；（4）技能鉴定成绩；（5）综合能力（文字、语言、策划、组织等能力）。

企业指标（所有岗位适用）：（1）安全；（2）5S 管理；（3）出勤；（4）工作配合度；（5）产品质量控制。

学员只要按这两类关键业绩指标考核达标，即视为学业合格。

**5. 文化建设**

一直以来，公司在完成生产任务之余，非常重视员工的文化生活。总经理租下公司旁边的一栋三层楼的建筑，把它装修成"××文化中心"，内有阅览室、乒乓球室、卡拉OK厅、培训室等，两个"校企双制班"的课室就在这里。公司每年都会组织各种活动：球类比赛、运动会、文艺晚会等。"校企双制班"成立之后，在班主任、学员的共同努力下，每个学期都组织登山、烧烤、户外运动等，增强班集体的凝聚力，坚定学员完成学业的信心。

而对学院来说，这些校企双制班的学员也是自己的学生，除了班主任、任课老师经常与学员接触外，系主任、教学副主任、招生就业处的主任甚至副院长都会亲自参加校企双制班的班会、班级活动。他们要把学院的"明德、精技、健体、立业"的校训，以及"一技傍身天下行"的豪情，传递给每一个学院的学子。

**三、活动效果展示**

四个学期，22门课，600多个学时，学员最后要参加"家用电子产品维修工"中级工或高级工的技能鉴定。半工半读真的不容易坚持，但有26名学员坚持下来了，大家付出了努力，也收获了成果。

**1. 学员——职业生涯的新起点**

巫××，这个从清远到中山打工的"90后"小伙子，毕业于广州市广钢技校，2010年10月来到××电子工业公司。在当了几个月的仓管之后，他被调到了喇叭生产车间。由于原先学的是机械类专业，现在从事电子行业，巫××感到了前所未有的压力。他满怀热情地工作，利用业余时间学习，但仍觉得提高得很慢——电子技术抽象的理论犹如一片雾，笼罩着他的工作。转折点就在2012年：巫××报读了"校企双制"电子高技工班，系统地学习了"电工基础""电子技术基础""无线电技术""家电原理与维修"等课程……虽然每门课都只有短短的4-6天的授课时间，但在岗位上边做边学、边学边悟、学以致用，他感觉豁然开朗，进步得很快，许多原来"知其然不知其所以然"的问题，现在都能找到答案了。"收获很大！"这是巫××衷心的感受。

质检部的梁××经理（高技班学员）更是夸张地说："我们都学上瘾了！"

同样的评价也来自"校企双制"电子中技工班的学员：他们大部分都只有初中学历，在生产一线当工人，"校企双制"班的开设给了他们提升学历和技能的机会。黄××就是中技班的一名女同学。出生于1980年的她，只有初中学历，现在已是孩子的妈妈。以前她会羡慕她小学、初中的同学，读完高中、大学后，找到了"好"的工作，经常都在学习、培训……现在，自己也有机会进修了。

无论是"计算机应用"还是"电子技术""家电原理与维修"这些课程,她都学得非常认真,重新体验着学习的快乐,期待着拿到毕业证,使自己的职业生涯踏上一个新起点。

还有一些外省、外市学员,计划着"积分入户"或者小孩"积分入学"的,也在努力学习。他们知道,自己在"校企双制"班的每一分付出,都将为自己的人生增值。

现在,这两个班的学员,平时是"工友",周末是"同学",已经成了企业中一个积极向上的群体:在工作中精益求精,学习上持之以恒,他们是公司品质格言"细心、精心、用心"的实践者。

2. 学校——人才培养模式的创新

对于学校来说,将技工教育"移植"到了企业中,与企业联合招生,共同培养,共同评价,在圆了学员的"读书梦"的同时,探索了"非全日制技工教育"的办学方法,是一种技能人才培养模式的创新。因为仅仅靠学校全日制培养,往往难以满足企业对人才的需求。而对于投身在"中国制造"中的产业大军来说,继续教育并不是靠自己、靠企业就能完成的,必须有学校、政府的主动参加和推动。"校企双制班"正是探索了这种"双轨运行"的培养机制。

在职人员时间有限,授课时间不足怎么办?这个案例中合理的解决方法就是:既然学员来自电子企业、报读的是电子技术专业,那么他们在企业中的工作业绩就应当可以认定为学业成绩。"量身定做"的教学计划,学业成绩+技能鉴定+企业考核的评价模式,完全可以培养出合格的技能型人才。

在该"校企双制"班之后,学校参照这个模式,又陆续与企业开办了多个以企业命名的"校企双制"非全日制班,其中一个还是与跨国企业合办的。

3. 学校——教师的成长

和每一个校企合作项目的最终成果一样,"校企双制班"的开办,不仅仅培养了学员,也培养了学院的老师。给公司学员授课的老师们,有了较充分的时间了解这个合作了十多年的企业的文化、管理、技术,以及员工的思想。2012年暑假,电气应用系有3名老师到公司实习;2013年暑假,又有4名老师去实习。他们的目的、愿望都非常明确:教学相长,我们需要了解企业的真实状况,需要知道企业里的新技术、新工艺,才能给学生、给学员更好地讲授理论,才能真正改出"工学一体化"的课程来……

四、案例分析

"校企双制班"的开设,是技工教育办学模式上的又一次成功实践:既满足了员工提升学历技能的需求,也为企业"招到、培养、留住"人才提供了解决办法，更为学院的社会效益增加了"进账"，为学院的发展增添了动力。

总结这个案例，我们认为有以下几点成功的收获：

1. 完善了电子专业在职人员的中技、高技学历班非全日制培养方案，也为其他专业的"校企双制"班探索了一种模式。

2. 建立"校企双制班"基于 KPI（关键业绩指标）的学业评价模式。

3. 把"校企双制"班的成果应用到全日制的课程改革中来，使全日制电子专业的"工学结合一体化课程"改革（典型工作任务提取、学习领域的描述、课程的转化、工作页的编制等）取得了巨大的进展。

五、问题延伸思考

问题永远都会伴随实践与创新而存在。在这个案例中，至少有这些问题是值得思考和改进的：

1. 学员流失

尽管入学前做了筛选，学院和企业也尽了极大的努力来留住学员，但仍有一半的学员中途放弃了。而据了解，其他地区的非全日制班也有类似的现象。这当中的原因，最主要的就是学员的学习动力不足——高技班的学员坚持得比较好，因为他们本身已具备高中阶段教育的学历，本身有进步的愿望。而中技班的学员，他们只完成了（甚至没有完成）初中学业就出来打工，"家庭困难读不起书"只是少数，多数是"成绩本来就不好，没考上好的学校就出来打工了"，或者是"早就不想读书了，想早点出来打工"。他们自己，或者家人对他们的期望值、要求都比较低。

因此，在最初报名的热情过去后，在边工作、边读书的情况下（特别是生产旺季，每周工作七天，每天工作十小时），要坚持下来是比较困难的。很小的一点因素，比如说另一个厂收入更高，或者是有老乡叫他别在这里打工了，都会成为他们放弃学业的理由。

解决这个问题也需要多层次的努力。比如说，政府有更严格的规定，要求多少岁以下的员工（或者高中以下学历的员工）都必须在职接受教育（类似于德国的双元制职业教育）；而学院应该开发更有效的课程，探索更加吸引人的培训模式，让他们感受到学习的乐趣；同时企业要有更好的激励措施，并给予学习时间的保障。

2. 学分问题

对非全日制教育，按照有关规定，"学生分阶段修满完成的总学分不低于110学分，不同培训层次的总学分参照全日制相应学制的总学分要求执行"，这是一个非常高的要求。因为根据学分计算的原则，每 16～20 的理论学时计算为

1学分，或每1周的实习实践计算为1学分，那么110学分至少相当于1760学时，或者110周。这是非常多的，员工没有那么多的时间，也不可能支付太高的学费。学校要付出更多的人力物力，成本也是难以承受的。

我们的解决办法就是把学员上班的时间作为实操课并计算学分，也就是和企业共同考核的部分，但这还是很牵强（何况还有课程结构的学分比例的约束）。相比在职研究生教育，三年只需要修满32个学分，完成毕业论文就可以毕业，而在职技工教育2年要修满110个以上学分，实在是太多了。我们希望我们的工作能等到政策文件的支持。

尽管遇到了许多困难与问题，校企仍将继续携手，探索"校企双制"技工教育的新模式，共建在职员工成长的新通道。

### 三、"企业技能人才服务站"

**（一）"企业技能人才服务站"的提出及理论依据**

学校为企业培训员工的方式主要有两种：一是学校到企业开展培训；二是组织企业员工到学校培训。学校在对企业进行员工培训时，企业普工占了绝大多数，人员流动快，尤其是中小企业，企业要引进、培养和留住技能人才存在不少的困难，无法长久解决技能人才缺乏的难题。另外企业在将员工交给学校进行知识与技能提升时，也存在诸多疑虑。基于以上原因，学校除了为企业提供精准的人才输送外，还将重点帮助企业建立技能人才培训培养体系，在企业内部形成员工积极参与继续教育和技能提升的良好氛围，让企业具有技能人才自我"造血"的内生动力，构建稳定的技能人才梯队。

基于这样的考虑，我们于2014年提出帮助企业建立"企业技能人才服务站"的设想，2015年1月14日在某金属制品有限公司正式设立第一家"企业技能人才服务站"。我们把服务企业技能人才培养的做法比喻为"星星之火"，站点设在企业，这就是我们校企合作的根据地，总有一天它会成为"燎原之势"，成为我们校企合作的重要形式。至目前为止，我们已成功设立站点100余家，年培训量在1万人次左右。

2017年12月，部、省级领导对"企业技能人才服务站"这一接地气的创新做法给予了充分肯定，随后在人社部组织的一次会议上做"企业技能人才服务站"经验交流。2022年1月，人力资源和社会保障部印发的《技工教育"十四五"规划》中明确提出"引导技工院校普遍设立企业培训工作站"。

我们认为，"企业技能人才服务站"是职业院校以助推企业发展，提升企业员工技能为目的，校企双方优势互补，通过企业人才诊断、员工能力提升、岗位技能测评、企业技术改进等方式，为企业搭建的服务平台。

"企业技能人才服务站"之所以能受到企业的普遍欢迎，是因为它是基于"企业中心"的，是以助推企业发展，提升人才能力为目的，而不是培养在校学生的"学校中心"服务平台。

"企业技能人才服务站"，是以利益相关者理论为依据的，其利益主体为企业、学校、政府。服务站建在企业，站长由企业相关负责人担任，企业所需，即为学校、政府所为。

职业院校的功能不仅为社会输出高质量的技术技能人才，同时还有参与社会培训的职能，在服务社会的同时，不仅可以获得政府、企业的资金投入，而且可以依据产业与企业需求优化专业设置，修订人才培养目标，借助企业资源提高教师专业水平，解决学生就业问题等。

政府在这一平台中，积极服务企业，推动经济转型升级、培育经济发展新动能，提高技能人才比例，建设"技能型社会"，扩大就业创业发挥重要作用。

三者在合作过程中，均能获得利益诉求，有利于这一服务平台的长期稳定。

（二）"企业技能人才服务站"服务内容

1. 企业人才调研

根据企业的发展战略、业务目标、组织架构，对企业、行业进行人力资源调研，分析企业发展所需要的人才结构和人才储备，明确人力资源配置和优化的目标，协助并促进企业人力资源管理的战略性提升。企业人才调研的主要内容包括企业基本情况、企业人才分布、企业文化、职业规划、企业对技术人才需求情况、员工培训、企业的人才政策需求、人才储备、个人需求等。

企业人才调研的其他服务：战略导向的人才管理模式设计、技能人才方向的人力资源规划、员工职业发展与培训体系设计、完善人力资源管理制度和流程。

以下是针对某镇企业人力资源状况的调查报告：

××镇企业人力资源状况调查报告

一、调查情况概述

1. 调查目的。本次调研通过对××国家淋浴房产业基地、精细化工产业基地、省家电产业转型升级创新示范区、水产养殖基地等产业基地人才需求调查，探讨企业对人才的技能要求、人员需求层次及数量要求等内容，确保××镇现在和未来一段时间对高技能人才的需求，促进××镇的经济社会快速发展。同时，探索校、镇合作中如何依托职业院校的技术与人才优势，使学校在助推企业转型升级中发挥重要作用进行调研。

2. 调查主办单位。××学院、××组织人事办公室、××人力资源和社会保障分局、××生产力促进中心。

3. 调查主要内容及方式。主要内容：企业所需人才的专业要求、企业所需人才的层次要求、企业所需人才的素质要求。调查方式：抽样法，从国家淋浴房产业基地、精细化工产业基地、省家电产业转型升级创新示范区、水产养殖、五金制造、家具等共73家上规模企业采取抽样方法进行调研，针对企业人力资源部门负责人发放问卷100份，回收81份，有效问卷73份，覆盖企业73家，员工数为16385人。

二、调查情况分析

（一）××镇企业人力资源结构总体状况

1. 企业员工岗位组成比例

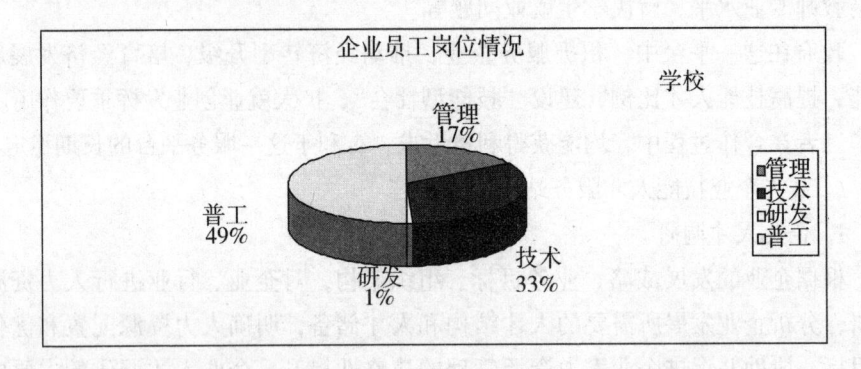

企业员工岗位情况

学校

管理 17%
技术 33%
研发 1%
普工 49%

2. 企业员工学历情况

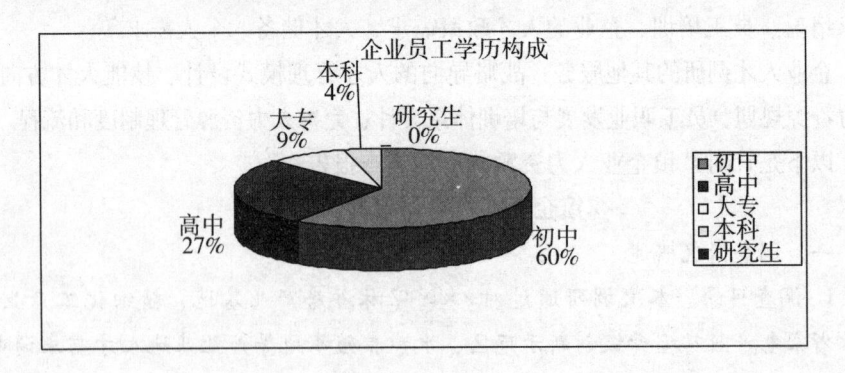

企业员工学历构成

本科 4%
研究生 0%
大专 9%
高中 27%
初中 60%

3. 企业员工职业技能情况

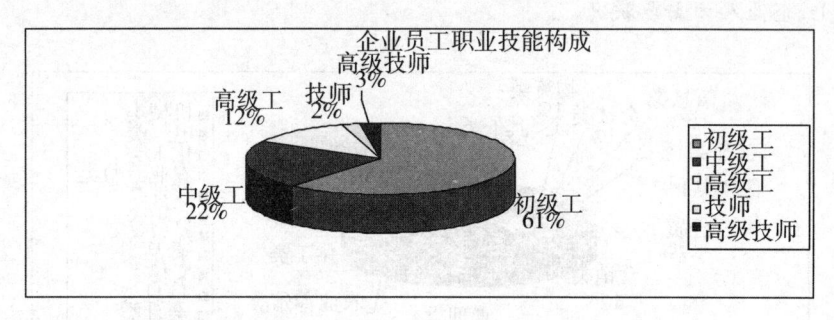

**企业员工职业技能构成**

- 初级工 61%
- 中级工 22%
- 高级工 12%
- 技师 2%
- 高级技师 3%

4. 企业员工职称情况

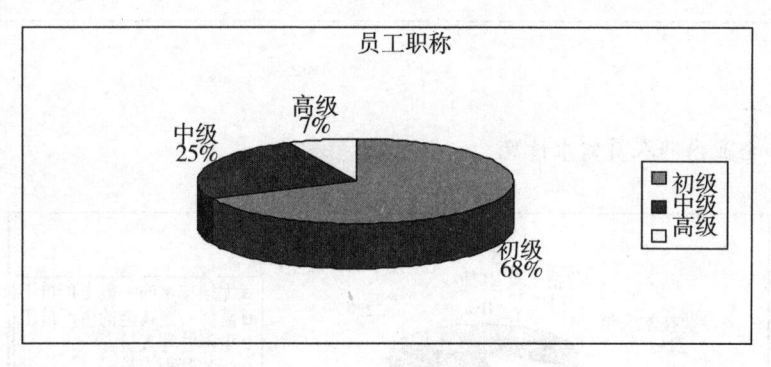

**员工职称**

- 初级 68%
- 中级 25%
- 高级 7%

5. 结论与建议

（1）大中型规模企业比例偏少

××镇以工业类企业为主，以2011年最新企业规模划分标准来看（不计营业收入），在调查的规模企业中，大型企业（人数1000人以上）仅3家，中型企业（人数在300~1000人）有14家，小型企业（人数在20~300人）有56家。

（2）高技能人才偏少

以工人系列来看，高级工所占比例为12%，技师仅为2%，高级技师为3%，初级工或没有技能工种的比例偏大占61%。从××镇要建成国家淋浴房产业基地、精细化工产业基地、省家电产业转型升级创新示范区、水产养殖基地的目标来看，高技能人才比例偏少，应当加强在政策方面扶持力度，大力培养和引进高技能人才。

## （二）企业人才需求情况分析

**1. 企业人才需要状况**

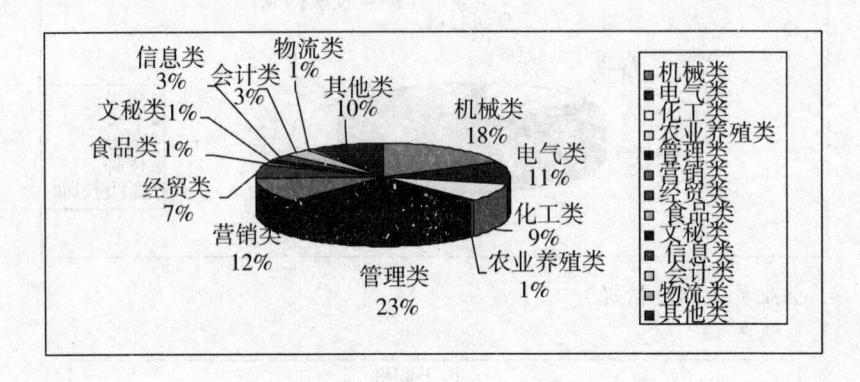

机械类 18%
电气类 11%
化工类 9%
农业养殖类 1%
管理类 23%
营销类 12%
经贸类 7%
食品类 1%
文秘类 1%
信息类 3%
会计类 3%
物流类 1%
其他类 10%

**2. 企业内部人员需求情况**

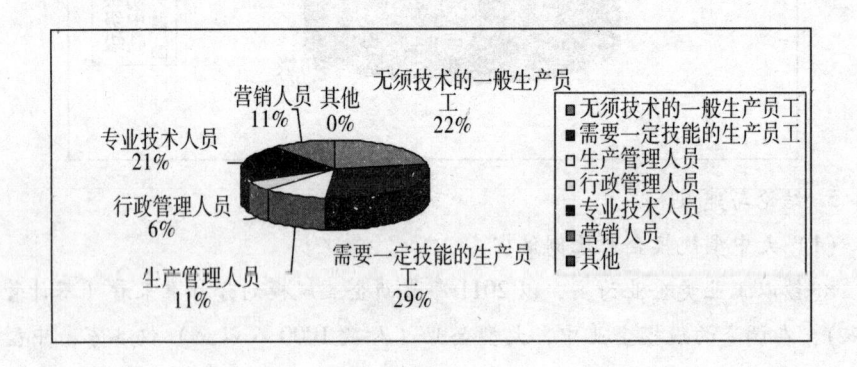

无须技术的一般生产员工 22%
需要一定技能的生产员工 29%
生产管理人员 11%
行政管理人员 6%
专业技术人员 21%
营销人员 11%
其他 0%

**3. 企业缺乏人才的层次情况**

（1）学历层次需求状况

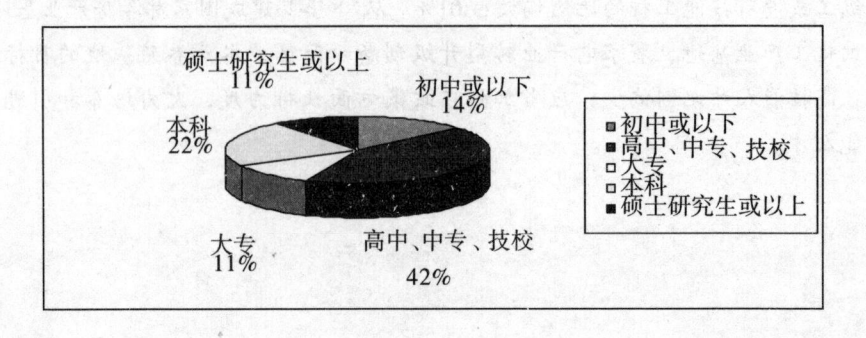

初中或以下 14%
高中、中专、技校 42%
大专 11%
本科 22%
硕士研究生或以上 11%

(2) 技能水平需求状况

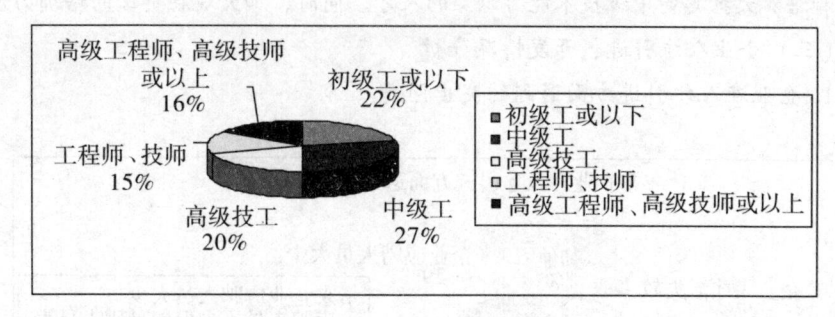

高级工程师、高级技师或以上 16%
工程师、技师 15%
高级技工 20%
中级工 27%
初级工或以下 22%

图例：初级工或以下、中级工、高级技工、工程师、技师、高级工程师、高级技师或以上

(3) 专业技术职称

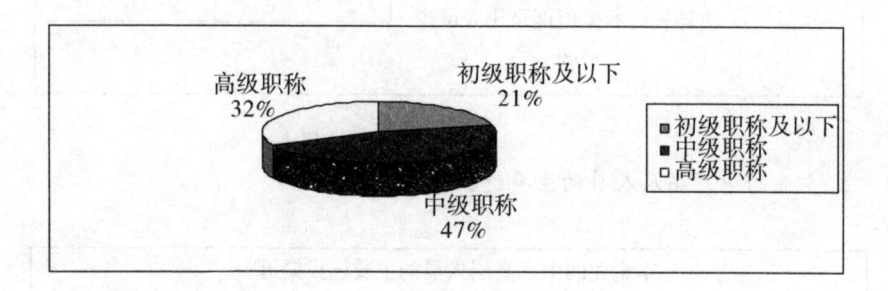

高级职称 32%
初级职称及以下 21%
中级职称 47%

图例：初级职称及以下、中级职称、高级职称

4. 需要人才的类型

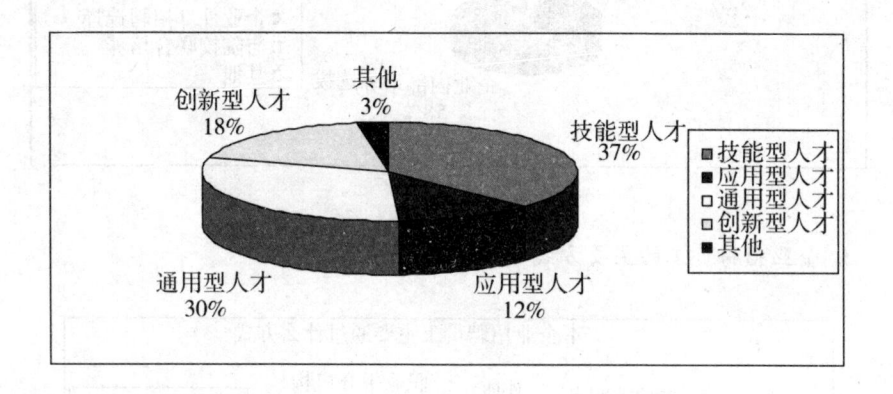

创新型人才 18%
其他 3%
技能型人才 37%
应用型人才 12%
通用型人才 30%

图例：技能型人才、应用型人才、通用型人才、创新型人才、其他

5. 总结与建议

(1) 从企业需要的人才种类来看，管理类、机械类、营销类、电气类、化工类人才需要量缺口排在前5位。建议拓宽引进与培养人才的途径，除加强通过网络招人外，可加强与职业院校合作共同培养人才。

(2) 从企业需要人才的层次来看，中高级才需求量较大，尤其是中级技层次人才缺口最为突出。建议××镇与各职业院校建立长期的校镇合作协议,大量引进和培养大批具备中级技术能力以上的人才。同时,加大现在员工的培训力度。

(三) 企业人才引进、开发情况分析

1. 企业在人才引进方面遇到的突出问题

**本企业在人才引进方面遇到的突出问题**

- 来企业应聘人员太少 29%
- 应聘人员不少,但能录用人员少 37%
- 企业人才流失较多 27%
- 其他 7%

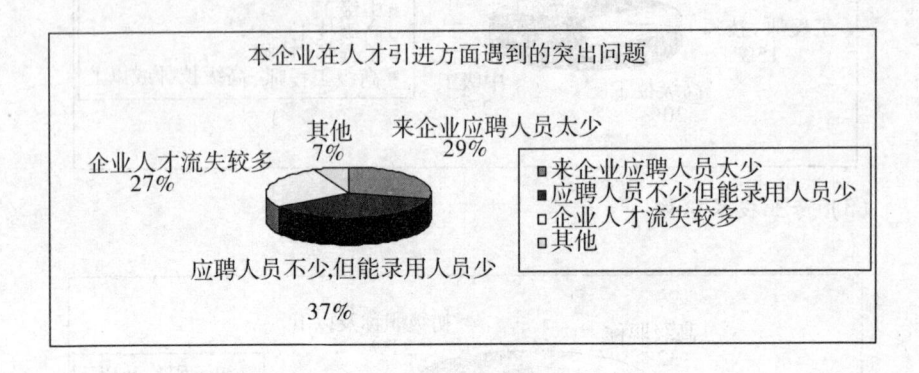

2. 企业的中、高层人员的主要选拔渠道

**本企业的中、高层人员的主要选拔渠道**

- 企业内部培养选拔 58%
- 企业外部招聘选择 36%
- 与院校联合培养 2%
- 其他 4%

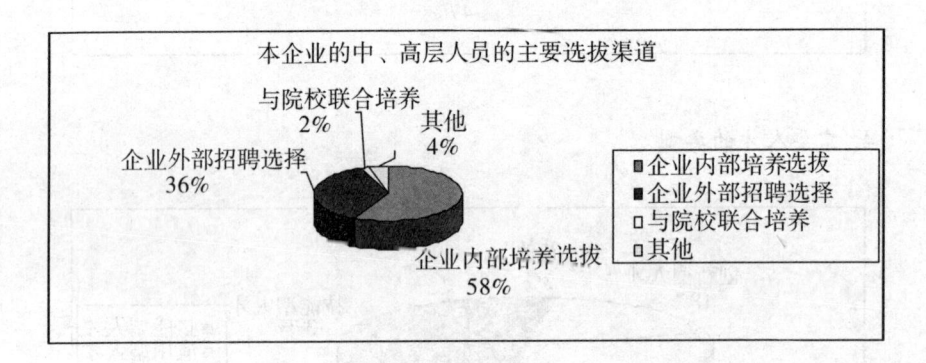

3. 企业招聘员工的主要方式

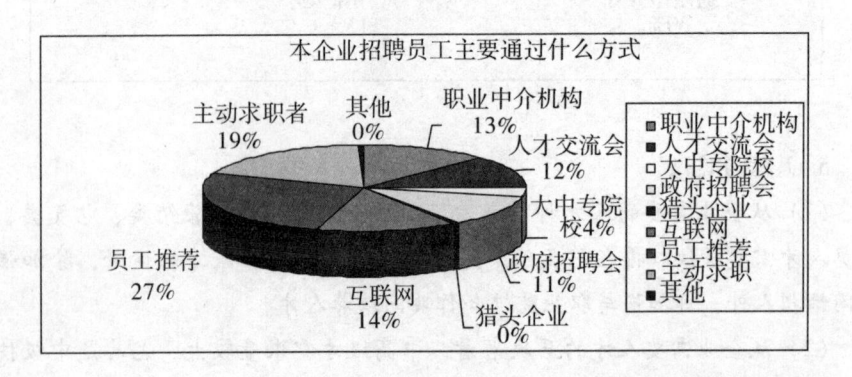

**本企业招聘员工主要通过什么方式**

- 职业中介机构 13%
- 人才交流会 12%
- 大中专院校 4%
- 政府招聘会 11%
- 猎头企业 0%
- 互联网 14%
- 员工推荐 27%
- 主动求职者 19%
- 其他 0%

4. 企业是否与有关学校建立长期的联系或合作关系

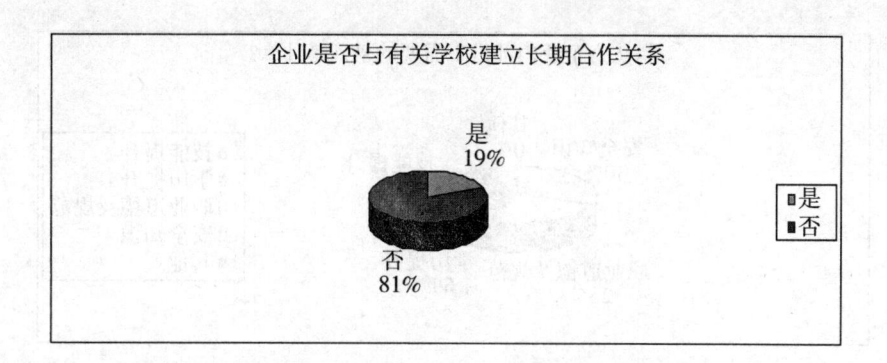

**企业是否与有关学校建立长期合作关系**

- 是 19%
- 否 81%

5. 企业是否可以按需招到人

**企业是否可以按需招到人**

- 所有职位都可以招到合适的人 2%
- 基本上可以招到 56%
- 只能招到一部分 38%
- 很难招到 4%

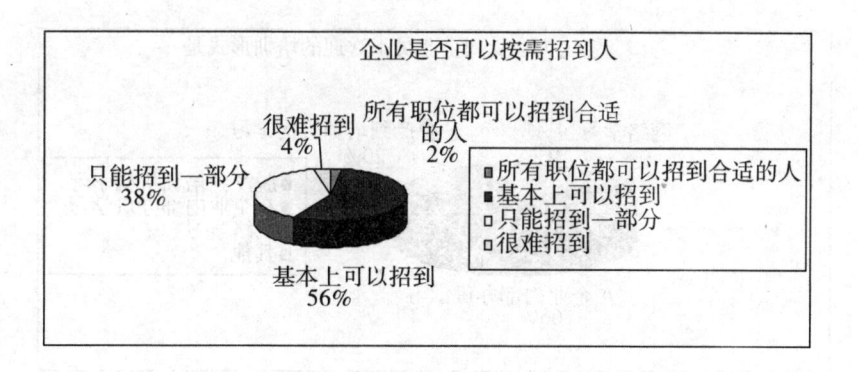

6. 企业内部员工组织培训情况

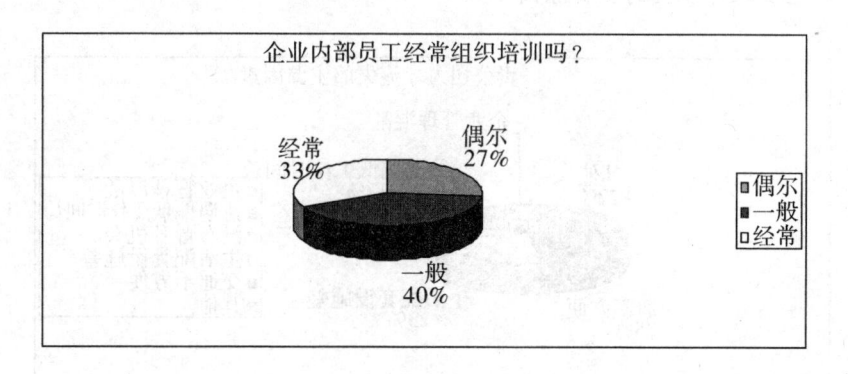

**企业内部员工经常组织培训吗？**

- 偶尔 27%
- 一般 40%
- 经常 33%

117

## 7. 企业内部员工需要的培训内容分析

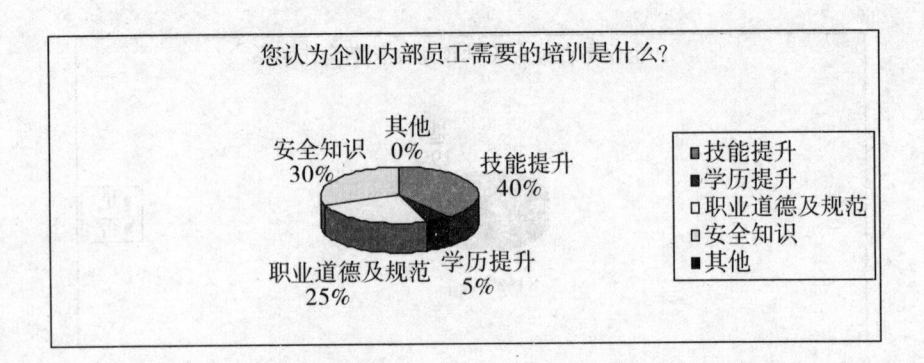

您认为企业内部员工需要的培训是什么?

- 技能提升 40%
- 安全知识 30%
- 职业道德及规范 25%
- 学历提升 5%
- 其他 0%

## 8. 企业员工欢迎的培训形式

您认为会受到企业员工欢迎的培训形式是

- 在企业内部办班学习 65%
- 脱产到培训机构学习 20%
- 网络学习 9%
- 其他 6%

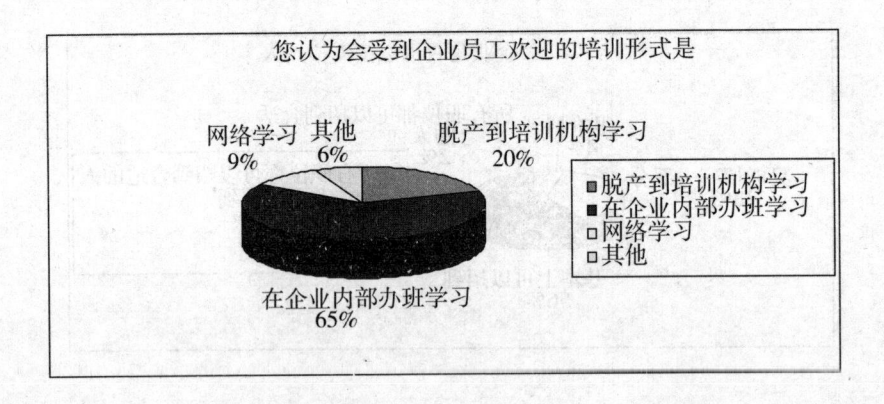

## 9. 企业人才流失的主要原因

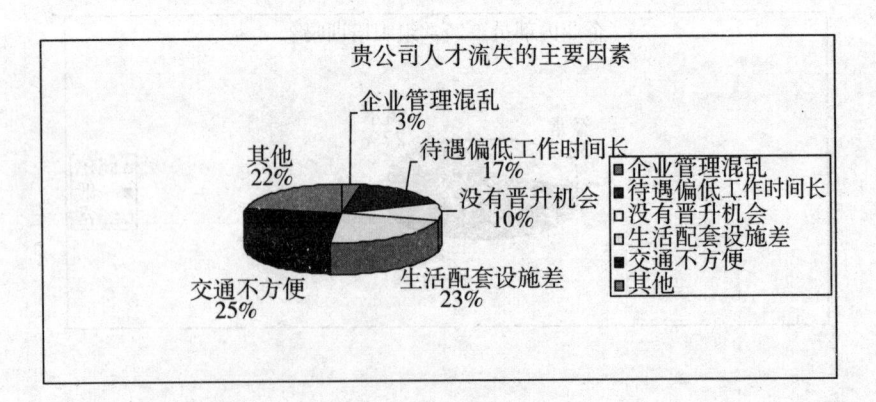

贵公司人才流失的主要因素

- 交通不方便 25%
- 生活配套设施差 23%
- 其他 22%
- 待遇偏低工作时间长 17%
- 没有晋升机会 10%
- 企业管理混乱 3%

10. 企业为留住人才制定的措施

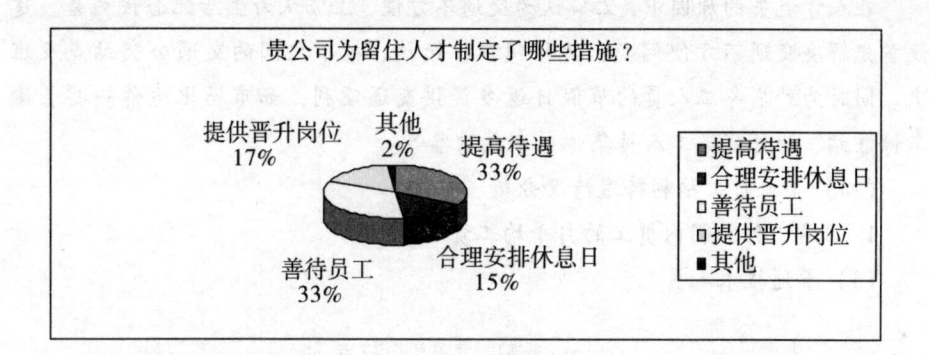

**贵公司为留住人才制定了哪些措施？**

- 提高待遇 33%
- 合理安排休息日 15%
- 善待员工 33%
- 提供晋升岗位 17%
- 其他 2%

11. 企业季节性用工情况

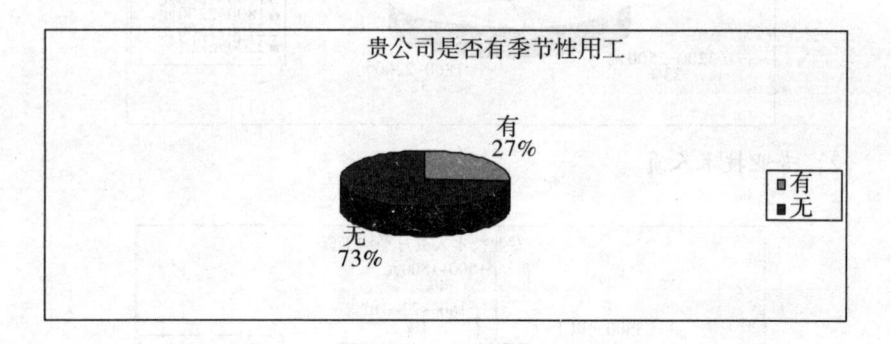

**贵公司是否有季节性用工**

- 有 27%
- 无 73%

12. 总结与建议

（1）拓宽招聘普通员工渠道

在招聘渠道中"员工推荐"方式占27%，网络占14%，中介占13%。制造类企业在用工旺季仍不能满足用工要求，可以通过加强与东西两翼职业院校合作，解决用工问题。

（2）拓宽招聘优秀人才渠道

加大与猎头公司合作，招揽优秀管理与技术人才。同时，要加大通过网络招聘的力度，使企业能招到合适的人员。

（3）加快建立人才培养机制

建议以大、中型企业为依托，以政府为主导，共同建立培训资源共享的人才培养平台。通过"走出去、请进来"的方式，以论坛或项目形式，有目的进行人员分层次培训。

### (4) 优化企业员工生活环境

在人才流失的原因中，25%认为交通不方便，23%认为生活配套设施差。建议首先解决交通不方便问题，优化镇内、镇镇、镇市之间的交通公交站点及班次。同时为外省务工人员的节假日返乡提供交通便利，如市场化运作一些长途车停靠站、为外省务工人员集体包车或购票等。

### （四）企业员工福利待遇情况分析

1. 正常工作时间内员工的月平均工资

(1) 普通技术人员

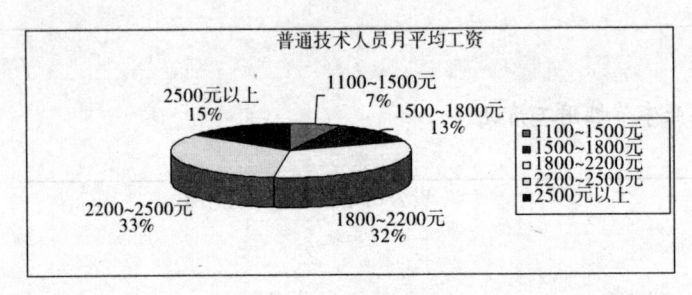

普通技术人员月平均工资
- 1100~1500元：7%
- 1500~1800元：13%
- 1800~2200元：32%
- 2200~2500元：33%
- 2500元以上：15%

(2) 专业技术人员

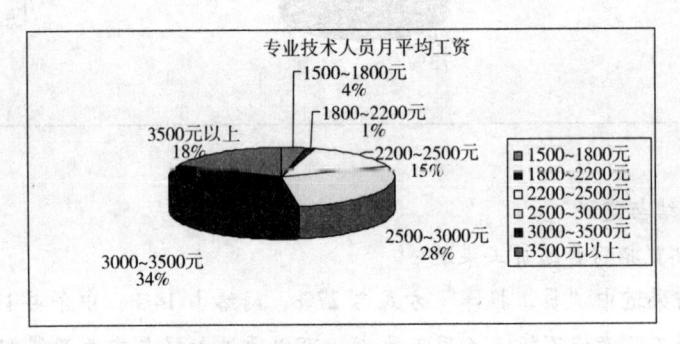

专业技术人员月平均工资
- 1500~1800元：4%
- 1800~2200元：1%
- 2200~2500元：15%
- 2500~3000元：28%
- 3000~3500元：34%
- 3500元以上：18%

(3) 高级专业技术管理人员

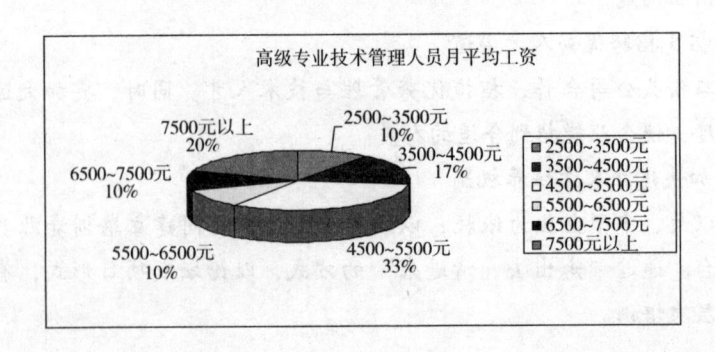

高级专业技术管理人员月平均工资
- 2500~3500元：10%
- 3500~4500元：17%
- 4500~5500元：33%
- 5500~6500元：10%
- 6500~7500元：10%
- 7500元以上：20%

2. 企业员工工作时间情况

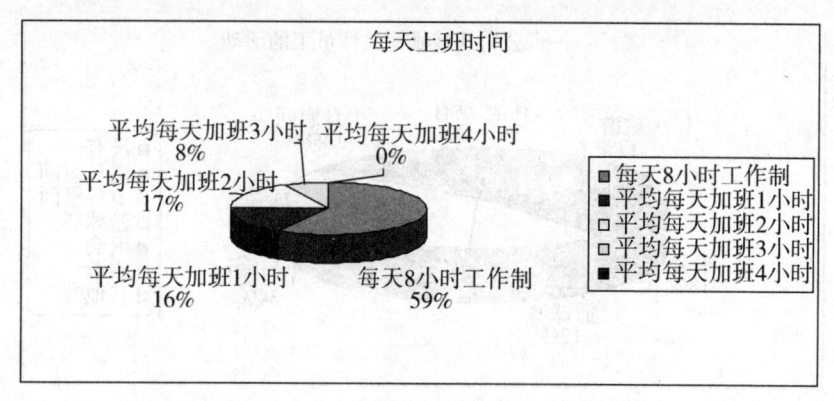

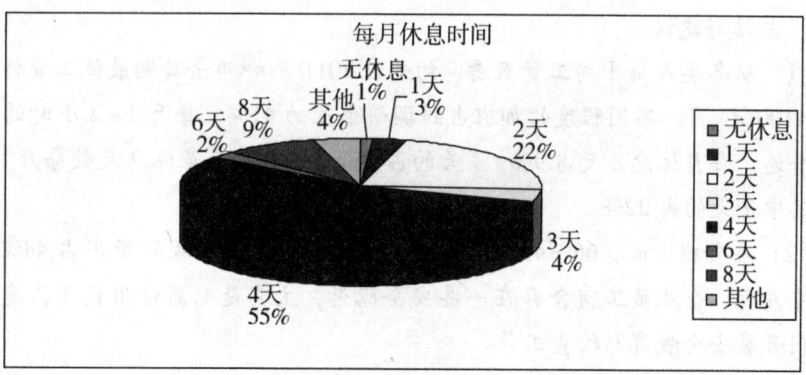

**每天上班时间**

- 每天8小时工作制 59%
- 平均每天加班1小时 16%
- 平均每天加班2小时 17%
- 平均每天加班3小时 8%
- 平均每天加班4小时 0%

**每月休息时间**

- 无休息 1%
- 1天 3%
- 2天 22%
- 3天 4%
- 4天 55%
- 6天 2%
- 8天 9%
- 其他 4%

3. 企业提供食宿情况

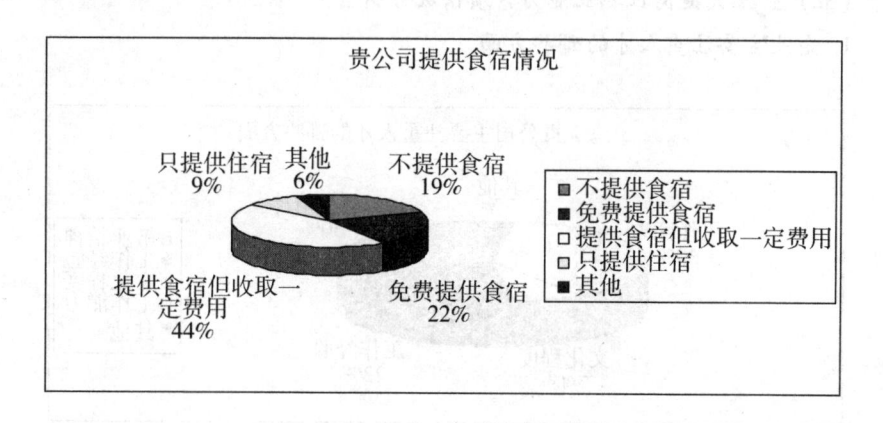

**贵公司提供食宿情况**

- 不提供食宿 19%
- 免费提供食宿 22%
- 提供食宿但收取一定费用 44%
- 只提供住宿 9%
- 其他 6%

4. 企业开展哪些关怀员工的活动

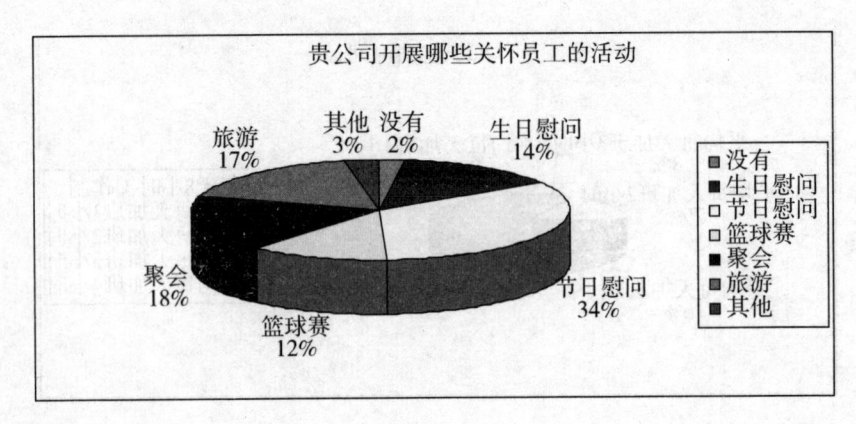

贵公司开展哪些关怀员工的活动

- 没有 2%
- 生日慰问 14%
- 节日慰问 34%
- 篮球赛 12%
- 聚会 18%
- 旅游 17%
- 其他 3%

5. 总结与建议

（1）从各类人员平均工资来看，均超过2011年××市全日制最低工资标准规定的1100元/月。不同程度的加班占到调研企业的41%，每天1~2小时的加班比较普遍。每月休息8天占9%，4天的占55%，44%的企业休息天数每月少于4天，其中2天的占22%。

（2）在食宿方面，66%的企业为员工提供食宿，其中收取费用占44%。在走访中发现，企业员工宿舍存在一些安全隐患，主要是电器使用较多，建议相关部门开展安全教育与检查工作。

（3）企业管理层均认识到对员工人文关爱的重要性，建议相关部门每年有针对性有组织地统一开展一些志趣高雅的活动，丰富企业员工的业余生活。

（五）企业关键岗位职业能力素质情况分析

1. 企业主要注重人才的哪些方面

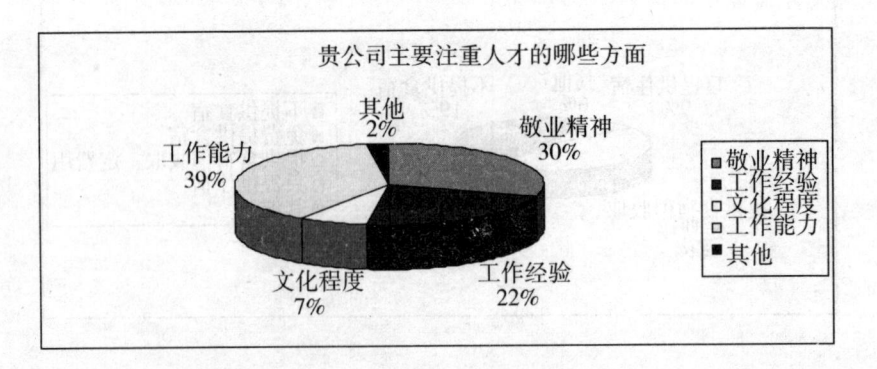

贵公司主要注重人才的哪些方面

- 敬业精神 30%
- 工作经验 22%
- 文化程度 7%
- 工作能力 39%
- 其他 2%

## 2. 从工作性质考虑，尤其看重员工哪些方面的素质及能力

从工作性质考虑，尤其看重员工哪些方面的素质及能力（饼图）：
- 沟通能力 16%
- 专业技术能力 29%
- 创新能力 16%
- 组织能力 16%
- 写作、表达能力 2%
- 职业道德素养 21%
- 礼仪 0%
- 其他 0%

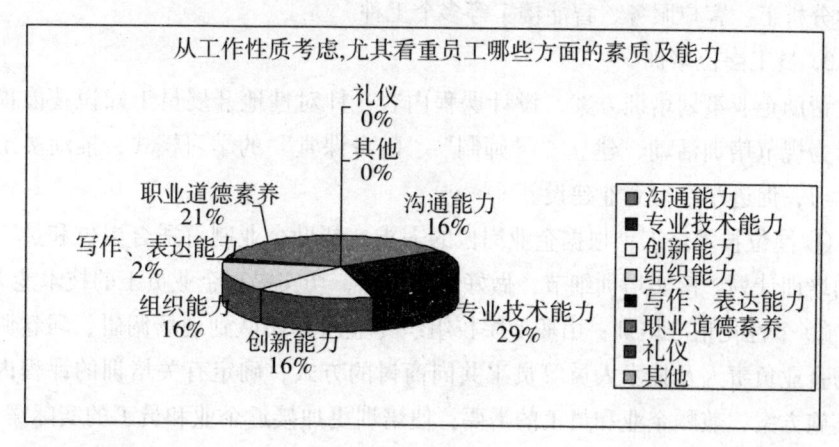

## 3. 是否愿意加入镇人才信息库

是否愿意加入镇人才信息库（饼图）：
- 是 85%
- 否 15%

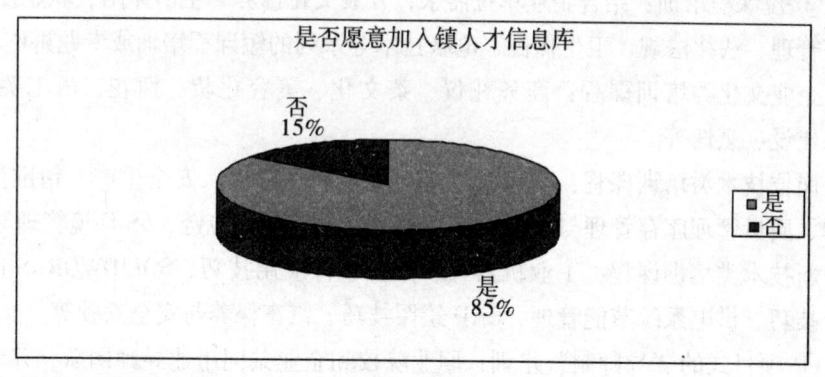

## 4. 总结与建议

企业比较注重员工的专业技术能力与职业道德素养，除企业内部组织的员工培训外，建议积极为企业开展相关业务的培训工作。在人才库建设方面，85%的员工愿意入库，这为全镇建立统一的人才库提供了很好的条件。

## 2. 岗位技能竞赛

充分发挥职业院校专业师资和企业先进设备设施方面的优势，组织企业在岗人员开展技能竞赛，通过岗位技能竞赛，选拔和储备企业优秀技术骨干，提升员工技能水平，增强企业竞争力。

根据企业岗位需求和员工实际，帮助企业制订岗位竞赛的技术等级和实施计划，设计与岗位实际相符且又与国家职业标准技术难度相应的题目，营造技能竞赛的氛围。通过竞赛和赛后的相关技术评价，帮助企业发现员工的技术问题，以进一步进行培养提高。

目前，我们已与多家企业合作开展了相关技术竞赛，包括维修电工、焊工、化学分析工、客户服务、智能楼宇等多个工种。

3. 员工岗位培训

帮助企业策划培训方案，设计课程内容，针对性地开展员工知识技能提升和行为规范培训活动，建立"导师制""随身课堂"的学习模式，推动员工终身学习，促进学习型企业建设。

① 岗位技术培训：根据企业岗位的需求，帮助企业制订适合岗位和员工实际的培训计划，落实培训细节，做好培训跟踪，切实提高企业员工的技术能力。

② 个性化精准培训：由职业院校组织专业教师团队到现场调研、问卷调查和与企业负责人及技术人员等员工共同商讨的方式，确定有关培训的课程内容和实施方案，兼顾企业和员工的需要，使培训更加接近企业和员工的实际需求，能在提升员工的技术水平同时达到企业的目的，为企业发展提供人才储备。

③ 短课程培训：结合企业单位需求，开展文化修养、生活休闲、职业技能、经济管理、法律法规、卫生保健、电脑技术等系列的短课程培训或专题讲座。

企业文化类培训课程：商务礼仪、茶文化、美容化妆、插花、员工关系、团队建设、烹饪等。

岗位技术类培训课程：班组长管理、生产现场管理、安全生产、精准生产管理、质量管理库存管理与MRP、项目管理、物流与供应链、6S环境管理等。

新技术类培训课程：工业机器人、办公软件应用技巧、SOLIDWORKS产品设计技巧、供电系统节能管理、CAD绘图技巧、汽车保养与安全驾驶等。

④ 项目式的"导师制"培训：职业院校和企业共同组建导师团队，并制订教学计划和学习目标，以企业实际项目或自定项目为核心教学实例，根据企业生产实际情况安排教学进度，采取定期集中面授和课后互动学习相结合的研修学习模式，通过定期检验学习目完成情况及时跟踪和调整教学，达到整体提升员工职业素养和职业能力的目的。

集中面授学习阶段：学员在授课前、中、后相应完成导师布置的学习任务。

自学互动学习阶段：借助互联网等媒介，师生互动完成学习任务。

日常课程培训体系包括岗位技能培训、职场素养培训、基层管理培训、IT新技术培训、HR及培训师技能培训、特种作业及安全管理培训。

4. 岗位技能测评

借助职业院校从事技能鉴定和技能培训的专业技术团队，对企业技术技能岗位的通用能力和核心能力进行分析，确定评价项目和评价实施方案，并以"第三方"身份开展在岗人员技能评价服务。通过该评价服务，可以为人资管理部门对人才技术技能培养和分级定薪管理提供依据。

测评技术环节：职业院校作为第三方机构，为企业开展技能测评服务项目，测评包括理论、实操、答辩等环节。

测评服务流程：前期岗位情况调研、制定测评方案、测试题目的开发、员工测评前培训、岗位测评、测评后信息反馈（含测评报告）等。

5. 职业技能鉴定

根据国家职业资格或职业技能等级标准，结合企业员工的实际需求，协助企业员工获得国家职业资格证书或职业技能等级证书。

职业院校除承担高质量的技术技能人才培养外，还承担大量职业培训和技能鉴定工作，尤其是近几年新开发的职业技能等级鉴定，面向在校学生和企业员工进行职业技能鉴定，市场非常广阔。

6. 技能人才输送

职业院校的设立具有区域性特点，办学主要针对地方产业发展情况设置对应专业，为社会培养人才。通过专业对接产业群，产教融合、校企合作，根据企业的人才需求，向企业推荐、定向输送（或订单培养）符合企业实际的技能人才，解决企业招聘人才的困难。

7. 参与技术改造

根据企业需求，组织院校及企业技术人才，整合技术力量，参与技术攻关、技术改造和技术创新等工作。

如：某自来水公司的"企业技能人才服务站"提出企业技术改造项目，我们组织学校技术力量联合完成"离心机动平衡与鼓风机改造项目""内进式鼓形格栅除污机维修项目""无人值守的自动化改造项目"等。

8. 政策及技术咨询

针对员工的需求，开展系列咨询活动，如国家职业资格证书及职业技能等级考试、技术人才积分入学入户、技能晋升培训及补贴等。

员工比较注重技能晋升培训补贴，以及技术技能人才积分入学、入户等相关政策。职业院校要注意收集和整理这些惠民政策，印成小册子或协助政府有关部门将宣传资料及时派发给企业员工手中，职业院校主动架起政府与企业员工政策宣传的桥梁。

职业院校有大批工程类人才和科研成果，针对不同企业所遇到的技术问题，我们的教师带领学生参与其中，不仅解决企业之困，也能从这些真实的企业项目中成就我们的师生。

## (三)"企业技能人才服务站"运作流程

企业、学校、政府,通过"企业技能人才服务站"这一纽带联系在一起,其运作流程如图2-6所示。

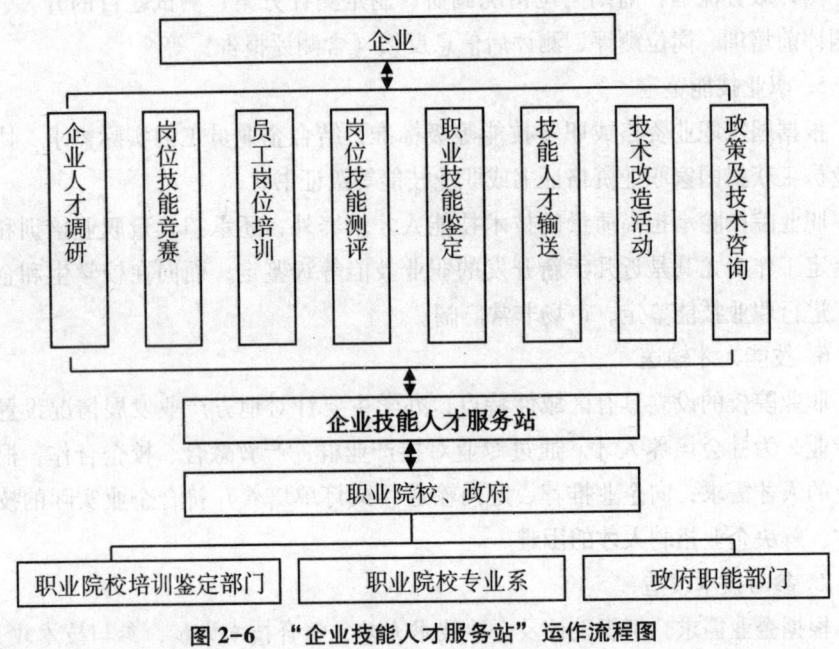

```
                            企业
    ┌───┬───┬───┬───┬───┬───┬───┬───┐
  企业  岗位  员工  岗位  职业  技能  技术  政策
  人才  技能  岗位  技能  技能  人才  改造  及技
  调研  竞赛  培训  测评  鉴定  输送  活动  术咨询
    └───┴───┴───┴───┴───┴───┴───┴───┘
                            ↕
                    企业技能人才服务站
                            ↕
                      职业院校、政府
        ┌──────────────┬──────────────┐
    职业院校培训鉴定部门  职业院校专业系   政府职能部门
```

**图2-6 "企业技能人才服务站"运作流程图**

## (四)"企业技能人才服务站"章程

### 第一章 总则

**第一条** 根据当地企业技能人才战略发展规划,加快提升劳动者职业技能水平,进一步推进高技能人才培养工作,服务产业转型升级,提高企业的综合竞争力,××学院与企业共同建立"企业技能人才服务站"(以下简称服务站),特制定本章程。

**第二条** 服务站是以企业自愿为前提,在人力资源和社会保障部门的监督指导下,经学院与企业协商共同组建,服务站设在企业内部。

**第三条** 服务站宗旨是:紧密围绕企业技能人才战略中心,以"服务社会、服务企业"为原则,积极推进企业技能人才队伍建设,为企业经济发展做出贡献。

**第四条** 服务站目标是:推进产教深度融合,进一步推动和完善校企合作的办学制度,形成企业得人才、职工得技能、学生得就业、学校得发展的多赢机制。

第五条 服务站是校企合作的重要形式之一，学院与企业签订合作框架协议后，服务站即可挂牌成立，具体挂牌细节由双方另行商定。

## 第二章 工作内容

第六条 根据企业需求，服务站可安排以下工作内容，产生的费用由双方协商。

（一）提供技能人才政策及技术咨询

充分发挥企业员工的技能专长，组织技术咨询，举办专题讲座等活动，向企业宣传国家政府机关各项人才政策、法规。

（二）开展企业人才调研

对企业现有员工进行调研和分析，全面了解企业技能人才现状，规划企业技能人才培养计划。

（三）开展岗位技能竞赛

充分发挥学院和企业在专业师资和先进设备设施方面的优势，组织企业在岗人员开展技能竞赛，通过岗位技能竞赛，选拔和储备企业优秀技术骨干，提升员工技能水平，增强企业竞争力。

（四）开展员工培训活动

根据企业和员工的需求，策划培训方案，设计课程内容，针对性地开展员工知识技能提升和行为规范培训活动，建立"导师制""随身课堂"的学习模式，推动员工终身学习，促进学习型企业建设。

（五）开展"第三方"技能评价

针对企业岗位员工的通用能力和核心能力进行分析，制定评价项目和评价实施方案，开展"第三方"技能评价，为企业提供分级定薪的参考依据。

（六）职业技能鉴定

根据国家职业资格标准，结合企业员工实际需求，协助企业员工报考国家职业资格证书。

（七）技能人才输送

学院每年有大量的毕业生走向社会，可根据企业的人才需求，向企业推荐、定向输送（或订单培养）符合企业实际的技能人才，解决企业招聘人才的困难。

（八）参与技术改造活动

根据企业需求，组织学院及企业的高技能人才，整合技术力量，参与技术攻关、技术改造和技术创新等活动。

## 第三章 组织机构

第七条 根据企业的实际情况，由学院和企业协商服务站的管理及组织机构人员，成立工作领导小组，负责服务站的全面领导工作。

第八条　服务站设站长和副站长各1名，由学院和企业联合委派专职（或兼职）人员，主要负责服务站各项活动的开展和管理，以及相关项目的日常联络。

第九条　服务站设联络人员1人，由当地人社分局委派专职（或兼职）人员，负责协调服务站的相关工作。

第十条　建立联络会议制度，定期研讨服务站的活动内容，开展相关交流活动。

第四章　章程的修改

第十一条　本章程确实需要修改的，由服务站领导小组提出修改意见后执行。

第五章　终止程序

第十二条　服务站因某种原因需要注销的，由服务站领导小组提出终止意见，报请学院与企业主要负责人协商同意后，合作协议即为终止。

第六章　附则

第十三条　本章程的解释权属服务站领导小组。

第十四条　本章程自服务站合作协议签订之日起生效。

# 第三章

# 一体化课程开发与教学改进

## 第一节 一体化课程开发

**一、一体化课程开发的基本概念**

（一）一体化课程概念与内容结构

一体化课程是将理论学习和实践学习结合成一体的课程，它的核心特征是"理论学习与实践学习相结合；促进学生认知能力发展和建立职业认同感相结合；科学性与实用性相结合，符合职业能力发展规律与遵循技术、社会规范相结合；学校教育与企业实践相结合"[①]。人社部在《一体化课程规范开发技术规程》中提出：一体化课程是按照经济社会发展需要和技能人才培养规律，根据国家职业标准，以综合职业能力为培养目标，通过典型工作任务分析，构建课程体系，并以具体工作任务为学习载体，按照工作过程和学习者自主学习要求设计和安排教学活动的课程。一体化课程体现理论教学和实践教学融通合一，专业学习和工作实践学做合一，能力培养和工作岗位对接合一的特征。

从操作层面来说，一体化课程的基本特征是工学结合，课程与职业标准的一体化。具体体现在三个结合：从教学层面来说，理论学习与实践学习相结合；从办学形式上来说，专业学习与工作实践相结合，即工学结合；从职业能力培养上来看，能力培养与工作岗位能力需求相结合。

我们讲一体化课程，并非所有课程的形态是一体化的。当前职业院校的课程可以分为：通用能力课程、专业基础课程、一体化课程。一体化课程涵盖一

---

[①] 赵志群. 职业教育工学结合一体化课程开发指南 [M]. 北京：清华大学出版社，2009：1.

体化课程开发、一体化教学、一体化实训环境建设、一体化师资培养、一体化课程评价等。如果再进一步细化，可参见如图3-1所示。

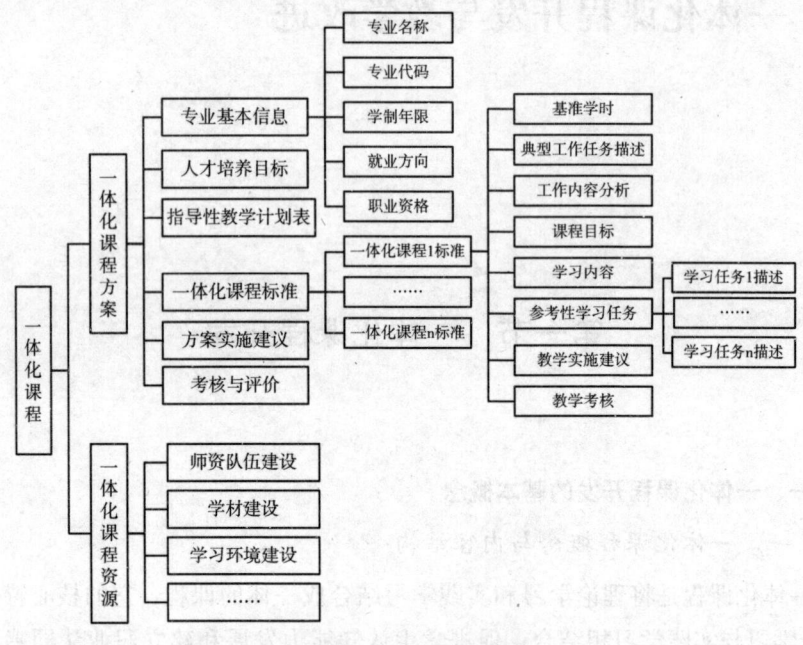

**图3-1 一体化课程内容**

一体化课程
- 一体化课程方案
  - 专业基本信息
    - 专业名称
    - 专业代码
    - 学制年限
    - 就业方向
    - 职业资格
  - 人才培养目标
  - 指导性教学计划表
  - 一体化课程标准
    - 一体化课程1标准
      - 基准学时
      - 典型工作任务描述
      - 工作内容分析
      - 课程目标
      - 学习内容
      - 参考性学习任务
        - 学习任务1描述
        - ……
        - 学习任务n描述
      - 教学实施建议
      - 教学考核
    - ……
    - 一体化课程n标准
  - 方案实施建议
  - 考核与评价
- 一体化课程资源
  - 师资队伍建设
  - 学材建设
  - 学习环境建设
  - ……

## （二）专业课程方案与课程标准

专业课程方案是规定专业教育的培养目标和课程内容的文件。[①]一体化课程方案是以一体化课程体系为支撑的人才培养方案。主要包括：专业基本信息、人才培养目标、教学计划、课程标准、实施建议、考核与评价等几部分。编写体例如表3-1所示：

---

① 赵志群. 职业教育工学结合一体化课程开发指南 [M]. 清华大学出版社，2009（5）：28.

表 3-1　一体化课程方案体例①

## ××专业一体化课程方案

一、专业基本信息

1. 专业名称
2. 专业代码
3. 学制年限
4. 就业方向
5. 职业资格

二、人才培养目标

三、指导性教学计划表

表 1　××专业指导性教学计划表

| 序号 | 职业技能等级 | 一体化课程名称 | 基准学时 | 学时分配 | | |
|---|---|---|---|---|---|---|
| | | | | 第 1 学期 | …… | 第 n 学期 |
| | 中级工 | 课程 1 | | | | |
| | | …… | | | | |
| | | 课程 n | | | | |
| | 高级工 | 课程 1 | | | | |
| | | …… | | | | |
| | | 课程 n | | | | |
| | 预备技师 | 课程 1 | | | | |
| | | …… | | | | |
| | | 课程 n | | | | |
| | 总学时 | | | | | |

四、一体化课程标准

表 2　一体化课程 n 标准

| 一体化课程 n 名称 | | 基准学时 | |
|---|---|---|---|
| 典型工作任务描述 | | | |
| | | | |

---

① http://www.mohrss.gov.cn/SYrlzyhshbzb/rencairenshi/zcwj/jinengrencai/202002/t20200210_359218.html

续表

| 工作内容分析 |||
|---|---|---|
| 工作对象: | 工具、材料、设备与资料:<br>工作方法:<br>劳动组织方式: | 工作要求: |
| 课程目标 |||
| |||
| 学习内容 |||
| |||
| 参考性学习任务 |||
| 序号 | 名称 | 学时 |
| 1 | | |
| 2 | | |
| …… | | |
| n | | |
| 教学实施建议 |||
| |||
| 教学考核 |||
| |||

五、方案实施建议

六、考核与评价

续表

| 附件： | | | | | |
|---|---|---|---|---|---|
| | | **学习任务 n 描述** | | | |
| 一体化课程名称 | | 学习任务 n 名称 | | 学习任务 n 学时 | |
| 学习任务情境 ||||||
| | | | | | |
| 学习目标 ||||||
| | | | | | |
| 学习内容 ||||||
| | | | | | |
| 教学建议 ||||||
| | | | | | |

课程标准是对一门科目课程结束后的学习结果所做的具体描述。①课程标准包括：课程名称、基准学时、典型工作任务描述、工作内容分析、课程目标、学习内容、学习任务、实施建议、教学考核等（如表 3-1 所示）。

课程方案与课程标准的关系是课程方案包含课程标准。

（三）典型工作任务、学习领域与学习情境②

典型工作任务（Professional Tasks），又称职业行动领域，它是工作过程结构完整的综合性任务，反映了该职业典型的工作内容和工作方式。

学习领域是以一个职业的典型工作任务为基础的专业教学单元。

学习情境（Learning Situation），是学习领域课程中的一个教学单元。学习

---

① 赵志群. 职业教育工学结合一体化课程开发指南［M］. 北京：清华大学出版社，2009：28.
② 赵志群. 职业教育工学结合一体化课程开发指南［M］. 北京：清华大学出版社，2009：28.

情境通常以一个学习任务来呈现。

一般情况下,一个典型工作任务就是一门学习领域课程。每个学习域由若干个学习情境组成。它们三者的关系如图3-2所示。

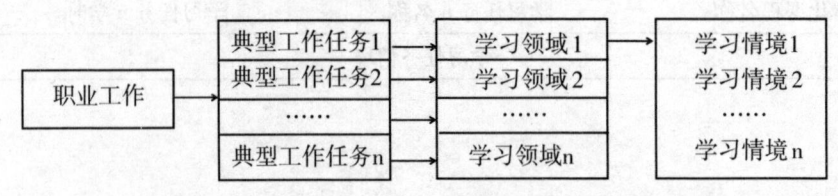

```
职业工作 → 典型工作任务1   → 学习领域1   → 学习情境1
          典型工作任务2     学习领域2     学习情境2
          ……              ……          ……
          典型工作任务n     学习领域n     学习情境n
```

图3-2 典型工作任务、学习领域与学习情境的关系

### 二、一体化课程开发流程及要求

**(一) 一体化课程开发基本流程及其要点**

一体化课程开发的基本流程是,首先对职业与工作进行调研分析,提炼典型工作任务并将其转化为学习领域,然后进行学习情境与课业设计,最后是课程实施与评价。人社部颁发的《一体化课程规范开发技术规程》将其分为三个阶段,第一阶段:确立一体化课程框架;第二阶段:制定一体化课程方案;第三阶段:建设一体化课程资源。一体化课程开发流程如图3-3所示。

在上述一体化课程开发流程中,典型工作任务提炼是比较关键的一步。首先是实践专家的遴选,应当选择至少5年以上工作经验的技术骨干、技师、工程师、班组长等基层部门负责人。他们最好接受过现从事工作的专业教育,有一定的学习和表达能力。人数以10~15人为宜。然后要求各位实践专家结合自己的职业发展历程,每一阶段举出3~4个实际从事过的、有代表性能提高工作能力的任务实例。接下来要引导实践专家将所有人提供的工作任务进行归类合并,归纳出典型工作任务并描述其基本内容和代表性工作任务,最后将典型工作任务由易到难进行排序。

另外一个关键点是由典型工作任务如何转化为一体化课程。《一体化课程规范开发技术规程》中提供了一体化课程转化表,仅供参考,如表3-2所示。

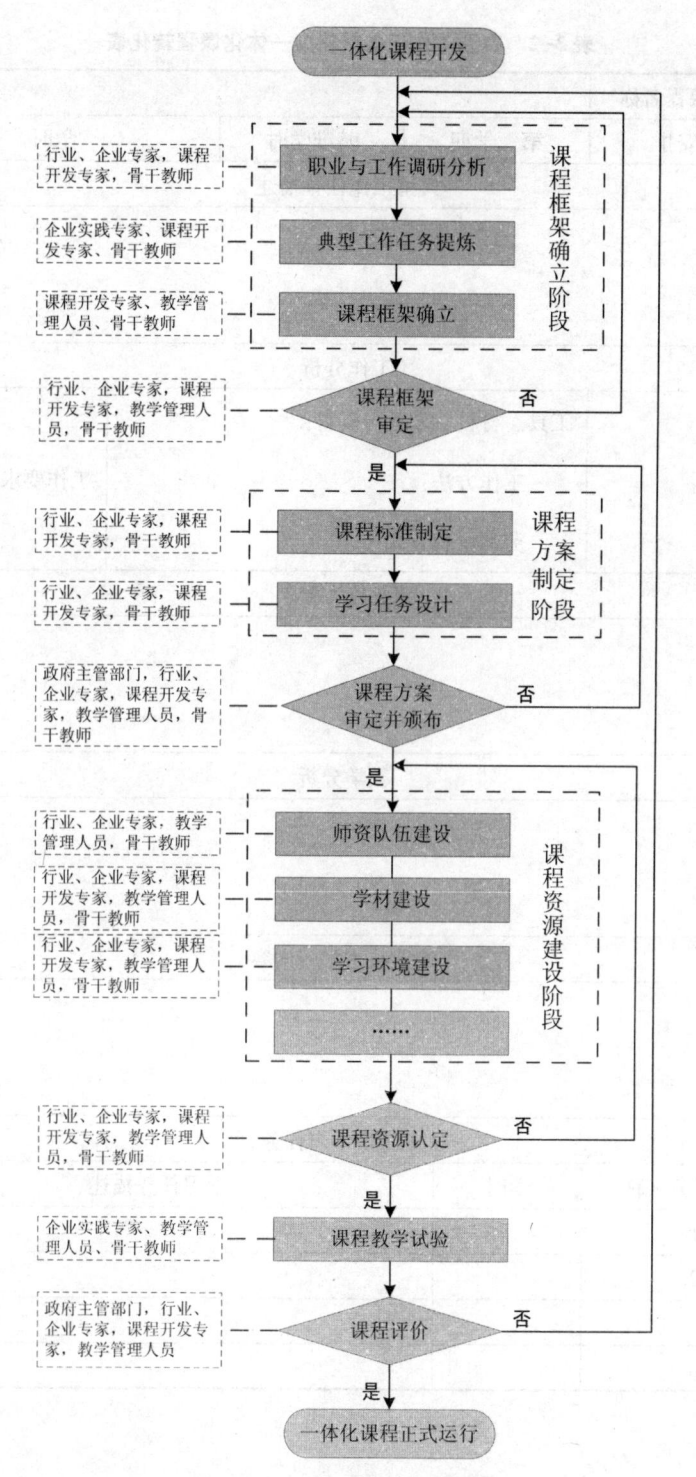

```
                            ┌─────────────────┐
                            │  一体化课程开发  │
                            └────────┬────────┘
                                     ▼
┌──────────────────┐        ┌─────────────────┐  ┐
│行业、企业专家，课程│────────│ 职业与工作调研分析 │  │
│开发专家，骨干教师 │        └────────┬────────┘  │
└──────────────────┘                 ▼            │  课程
┌──────────────────┐        ┌─────────────────┐  │  框架
│企业实践专家，课程 │────────│  典型工作任务提炼 │  │  确立
│开发专家，骨干教师 │        └────────┬────────┘  │  阶段
└──────────────────┘                 ▼            │
┌──────────────────┐        ┌─────────────────┐  │
│课程开发专家、教学管│────────│   课程框架确立   │  │
│理人员、骨干教师   │        └────────┬────────┘  ┘
└──────────────────┘                 ▼
┌──────────────────┐            ◇ 课程框架  ◇  否
│行业、企业专家，课程│────────── ◇  审定    ◇ ─────▶
│开发专家，教学管理人│            ◇          ◇
│员、骨干教师       │                │ 是
└──────────────────┘                 ▼
┌──────────────────┐        ┌─────────────────┐  ┐
│行业、企业专家，课程│────────│   课程标准制定   │  │  课程
│开发专家，骨干教师 │        └────────┬────────┘  │  方案
└──────────────────┘                 ▼            │  制定
┌──────────────────┐        ┌─────────────────┐  │  阶段
│行业、企业专家，课程│────────│   学习任务设计   │  │
│开发专家，骨干教师 │        └────────┬────────┘  ┘
└──────────────────┘                 ▼
┌──────────────────┐            ◇课程方案  ◇  否
│政府主管部门、行业、│────────── ◇审定并颁布◇ ─────▶
│企业专家，课程开发专│            ◇          ◇
│家、教学管理人员、骨│                │ 是
│干教师             │                 ▼
└──────────────────┘        ┌─────────────────┐  ┐
┌──────────────────┐        │   师资队伍建设   │  │
│行业、企业专家，教学│────────└────────┬────────┘  │
│管理人员，骨干教师 │                 ▼            │  课程
└──────────────────┘        ┌─────────────────┐  │  资源
┌──────────────────┐        │     学材建设     │  │  建设
│行业、企业专家，课程│────────└────────┬────────┘  │  阶段
│开发专家、教学管理人│                 ▼            │
│员、骨干教师       │        ┌─────────────────┐  │
└──────────────────┘        │   学习环境建设   │  │
┌──────────────────┐        └────────┬────────┘  │
│行业、企业专家、课程│────────         ▼            │
│开发专家、教学管理人│        ┌─────────────────┐  │
│员、骨干教师       │        │       ……         │  │
└──────────────────┘        └────────┬────────┘  ┘
                                     ▼
┌──────────────────┐            ◇          ◇  否
│行业、企业专家、课程│────────── ◇课程资源认定◇ ─────▶
│开发专家、教学管理人│            ◇          ◇
│员、骨干教师       │                │ 是
└──────────────────┘                 ▼
┌──────────────────┐        ┌─────────────────┐
│企业实践专家、教学管│────────│   课程教学试验   │
│理人员、骨干教师   │        └────────┬────────┘
└──────────────────┘                 ▼
┌──────────────────┐            ◇          ◇  否
│政府主管部门、行业、│────────── ◇  课程评价  ◇ ─────▶
│企业专家、课程开发专│            ◇          ◇
│家、教学管理人员   │                │ 是
└──────────────────┘                 ▼
                            ┌─────────────────┐
                            │ 一体化课程正式运行│
                            └─────────────────┘
```

图 3-3　一体化课程开发流程

### 表3-2 典型工作任务转化为一体化课程转化表

| 一体化课程名称 | | | | |
|---|---|---|---|---|
| 教学安排 | 第　学期 | 基准学时 | | 学时 |
| 典型工作任务描述 ||||| 
| ||||| 
| 工作分析 ||||| 
| 工作对象： | 工具、材料、设备与资料：<br><br>工作方法：<br><br>劳动组织方式： ||| 工作要求： |
| 职业能力要求 ||||| 
| ||||| 
| 教学分析 ||||| 
| ||||| 
| 专业技术学习内容 ||||| 
| ||||| 
| 参考性学习任务 ||||| 
| 学习任务名称 | 学时 ||| 学习任务描述 |
| 1. | |||| 
| 2. | |||| 
| …… | |||| 
| n. | ||||

上表中的"工作对象",主要描述每个工作环节中要做的事情;"工作方法"包括学习层面、组织层面和技术层面的方法;"劳动组织形式":完成工作任务过程中,以合作形式还是独立形式完成,描述与上级、同级、下级等部门和人员之间的关系;①"工作要求",对应"工作对象",明确完成各环节工作应遵循的规范、标准和要求,可以从企业要求、技术标准、法律法规、顾客要求、从业者利益、职业资格等方面提出要求。②

(二) 一体化课程开发案例

以中等职业学校"食品加工与检验专业"课程方案和该专业部分一体化课程标准为例加以说明。

(1) "食品加工与检验专业"课程方案

### "食品加工与检验专业"课程方案③

一、专业基本信息

1. 专业名称：食品加工与检验

2. 专业代码：0722

3. 学制年限：

| 层次 | 招生对象 | 学制 | 备注 |
|---|---|---|---|
| 中技 | 初中毕业生 | 3年 | 中级工 |

4. 就业方向：

食品检验员、产品开发技术助理、食品加工技术员、食品生产管理员。

5. 职业资格：食品检验工（中级），肉制品加工工（中级），糕点、面包烘焙工（中级）。

二、人才培养目标

面向肉制品加工企业、烘焙食品加工企业、调味品加工企业、饮料加工企业和冷冻饮品加工企业及各级食品检验部门等企事业单位培养从事食品加工或食品检验第一线能从事食品检验员、产品开发技术助理、食品加工技术员、食品生产管理员等工作,具有职业生涯发展基础的应用型技能人才。

---

① 黄景容. 一体化课程开发与实施 [M]. 广州：广东教育出版社, 2016：22.

② 赵志群. 职业教育工学结合一体化课程开发指南 [M]. 北京：清华大学出版社, 2009：68-69.

③ 该方案由冯铭琴提供。

三、指导性教学计划表

表1 "食品加工与检验专业"指导性教学计划表

| 序号 | | 课程名称 | 基准学时 | 学期学时分配 | | | | | |
|---|---|---|---|---|---|---|---|---|---|
| | | | | 1 | 2 | 3 | 4 | 5 | 6 |
| 1 | 公共能力课 | 语文 | 80 | 40 | 40 | | | | |
| 2 | | 数学 | 80 | 40 | 40 | | | | |
| 3 | | 英语 | 80 | 40 | 40 | | | | |
| 4 | | 体育 | 160 | 40 | 40 | 40 | 40 | | |
| 5 | | 政治 | 80 | 40 | 40 | | | | |
| 6 | | 计算机应用 | 120 | 120 | | | | | |
| 7 | 专业基础课 | 化学 | 120 | 120 | | | | | |
| 8 | | 食品添加剂 | 160 | 80 | 80 | | | | |
| 9 | | 食品营养学 | 160 | 80 | 80 | | | | |
| 10 | 核心课程 | 食品分析与检验 | | | | 160 | 200 | | |
| 11 | | 微生物检验技术 | | | | 80 | 160 | | |
| 12 | 专业方向课一体化课程 | 饮料加工与检验 | 120 | | | | 120 | | |
| 13 | | 调味品加工与检验 | 200 | | | | 200 | | |
| 14 | | 肉制品加工与检验 | 120 | | | | 120 | | |
| 15 | | 冷冻饮品加工与检验 | 190 | | | | 190 | | |
| 16 | | 烘焙食品加工与检验 | 314 | | | | 314 | | |
| 17 | 拓展课程 | 食品营销学 | 120 | | | 120 | | | |
| 18 | | 食品企业管理体系建立与认证 | 80 | | | 80 | | | |
| 19 | | | | | | | | | |
| 20 | | 计算机常用工具软件 | 120 | | | | 120 | | |
| 21 | | 就业与创业指导 | 80 | | | | 80 | | |
| 22 | | 实验室管理 | 120 | | | | 120 | | |
| | | 食品感官检验 | 120 | | | | 120 | | |
| 23 | | 顶岗实习 | | | | | | 600 | 600 |
| | 总课时 | | 3600 | | | | | | |

备注:

1. 本表适用于招收初中毕业生培养中级工,其他学制可在本表基础上按规定学制年限进行调整。

2. 德育、语文、数学、英语、计算机基础与应用、体育与健康等公共课按照人社部颁发的《技工院校公共课设置方案》开设。

3. 专业基础课可穿插在一体化课程之间开设，也可根据一体化课程实施的需要分解融入具体的一体化课程中。

四、一体化课程标准

1. 饮料加工与检验一体化课程标准（见下一部分内容）
2. 调味品加工与检验一体化课程标准（略）
3. 肉制品加工与检验一体化课程标准（略）
4. 冷冻饮品加工与检验一体化课程标准（略）
5. 烘焙食品加工与检验一体化课程标准（略）

五、方案实施建议

1. 在教学过程中，注重培养学生实际操作能力，提高学生的学习兴趣，挖掘潜能，增强学生掌握技能的实效性。

2. 创设专业教学活动的情景，以学生为主体，以教师为主导，以技能实训为主线，以综合职业能力为培养目标，充分发挥学生主观能动性和创新精神。

3. 在教学过程中，应注重学生道德品质、职业素养的培养，并养成实事求是的科学态度。

4. 建议采用理论与实践一体化的教学模式，教学场所中设置理论教学区和实践教学区，理论教学区中设置资料查询区和学习讨论区，实践教学区应模拟企业生产车间布局，配备满足生产需要的原辅材料和工器具。

5. 为保证教学安全和实践效果，指导教师悉心指导，必要时善用多媒体教学设备进行讲授，多做演示，手把手地传授技艺。

6. 学生分组（模拟生产线岗位设置）完成学习任务，小组内明确分工，合理安排。

7. 可根据学生的接受程度、场地设备和原辅材料的供应情况进行适当的调整，并结合具体学习任务调整教学时间和教学内容。

8. 在教学过程中，根据班级特点分组，进行高低搭配、优劣搭配、熟悉程度搭配等，减少团队客观阻力，提高团队的执行力和效率。

六、考核与评价

1. 关注学生个体差异，注意表现性、发展性评价。

2. 加强各学习环节的考核，注重过程考核和每个学习情境的考核，借鉴企业对员工完成工作任务的评价内容和方式。

3. 在考核各课业知识点时，主要以教师评价为主。

4. 根据课业内容，进行小组考核或单人考核，采取自评、互评、师评等方式。

5. 在整个工作任务过程中，要注重对关键能力的评价。

6. 考核可模拟上岗应聘模式，学生独立完成任务，考评员给予评价。

(2) "食品加工与检验专业"一体化课程标准

以上述课程方案中"饮料加工与检验"一体化课程标准为例进行说明，如下所示：

**饮料加工与检验一体化课程标准**

| 一体化课程1名称 | 饮料加工与检验 | 基准学时 | 120 |
|---|---|---|---|
| 典型工作任务描述 ||||
| 根据销售部门提供的客户订单，在生产车间内，饮料加工人员拟定车间生产任务单，按照传统饮料（包装饮用水、碳酸饮料、茶饮料和蛋白饮料）的加工技术，确定原辅材料的质量和数量，并按生产规范进行生产。同时在遇到产品质量的因素时，能及时判断问题排除故障。<br>饮料检验人员在取得待检样品后，能根据传统饮料的国家卫生和质量标准检验项目，开展工厂生产日常的理化检验（净含量、PH、蛋白质、总糖和总酸等项目）和微生物检验（细菌总数、大肠菌群和霉菌、酵母菌）任务，任务完毕判断产品质量并向上级主管反馈检验结果。 ||||
| 工作内容分析 ||||
| 工作对象：<br>1. 根据生产任务单，各生产工序生产内容的确定。<br>2. 与仓库管理员的沟通。<br>3. 原辅材料、包装材料的领用。<br>4. 生产环境、设备和工具的准备。<br>5. 按作业指导书、安全操作规程展开生产，形成产品。<br>6. 生产过程中半成品和成品的质量检验。<br>7. 生产记录单的填写与存档。 | 工具、材料、设备与资料：<br>设备：灌装机、UHT杀菌机、均质机、套标机、电子天平、万用电炉、PH计、紫外可见分光光度计、糖度仪、凯氏定氮仪、培养箱、超净台、干燥箱、灭菌锅等。<br>资料：生产任务单、检验任务单、检验报告、生产记录单、生产作业指导书、安全操作规程、检验作业指导书等。<br>材料：饮料生产用水、白砂糖、香精香料、色素、食品添加剂、各种浓缩液。<br>工作方法：<br>1. 常用加工和检验工具、设备的使用方法和维护方法。<br>2. 查阅文献资料的方法。 || 工作要求：<br>1. 能执行安全操作规程、遵守生产和检验现场的管理规定。<br>2. 能明确项目任务和个人任务要求，服从安排。<br>3. 能看懂任务单，按任务单组织生产和检验的环境、工具、材料等。<br>4. 能按照安全操作规程操作，确保现场生产和检验的安全。<br>5. 能按照任务单和作业指导书完成生产和检验任务。 |

续表

| 工作内容分析 |||
|---|---|---|
| 8. 生产场所的清理，物品的归置。<br>9. 接受检验任务，分析任务，形成检验任务单，明确分工。<br>10. 按作业指导书、安全操作规程进行烘焙食品的检验。<br>11. 检验报告单的填写与存档。<br>12. 检验场所的清理，物品的归置。 | 3. 简单饮料加工工艺方法。<br>4. 安全完成任务的方法。<br>5. 简单饮料各检验项目的检验方法。<br>6. 生产、检验过程记录与存档的方法。<br>7. 生产和检验异常环节的分析方法。<br>8. 与人沟通与人合作的方法。<br>劳动组织方式：<br>1. 以小组开展任务。<br>2. 从项目负责人处领取工作任务。<br>3. 与其他部门有效沟通、协调，创造生产和检验条件。<br>4. 从仓库领取生产和检验用材料和工器具，完成任务后归还。<br>5. 与同事有效沟通，合作完成任务。<br>6. 完成产品和检验项目后交付项目负责人验收。 | 6. 完成任务后，能按照生产和检验任务书的要求进行自检。<br>7. 任务完毕后能清点工具、人员，收集剩余材料，清理生产和检验现场。<br>8. 能正确填写记录单，并交付项目负责人验收。 |
| 课程目标 |||

通过本课程的学习，熟悉简单饮料加工、饮料检验等各个岗位的操作要求和方法，具备包装饮用水、碳酸饮料、茶饮料、蛋白饮料的加工知识和技能，具备饮料检验的常规知识和技能，达到饮料加工工、食品检验工（饮料）中级职业标准的相关要求，形成诚实、有纪律、善于沟通、合作的思想品质，并具有较强的实际工作能力，在此基础上形成以下职业能力。

职业能力目标：

1. 熟悉包装饮用水、碳酸饮料、茶饮料、蛋白饮料的加工工艺。
2. 能够操作饮料加工中的灌装设备、杀菌机和均质机等常见的设备。
3. 熟悉饮料检验的标准和方法，能查阅饮料卫生标准及质量检验方法，能够进行实验设计。
4. 会配制标准溶液和样品前处理，能够进行工厂生产常规理化检验（净含量、PH、蛋白质、总糖和总酸等项目）和微生物检验（细菌总数、大肠菌群和霉菌、酵母）。

续表

| 学习内容 |
|---|
| 1. 包装饮用水的加工：学习包装饮用水的分类，不同类型包装饮用水的工艺特点，以及常见的饮用水处理设备。学习掌握常见的质量问题和处理方法。<br>2. 碳酸饮料的加工：学习碳酸饮料的分类，不同类型碳酸饮料的工艺特点，以及常见的碳酸饮料的加工设备，理解碳酸化的原理和影响因素。学习掌握常见的质量问题和处理方法。<br>3. 茶饮料的加工：学习茶饮料的分类，不同类型茶饮料的工艺特点，以及常见的茶饮料设备。学习掌握常见的质量问题和处理方法。<br>4. 蛋白饮料的加工：学习蛋白饮料的分类，不同类型蛋白饮料的工艺特点，以及常见的蛋白饮料的设备。学习掌握常见的质量问题和处理方法。<br>5. 简单饮料的常规检验：学习饮料常规检验的标准溶液配置和前处理，常规理化检验（净含量、PH、总糖、总酸、脂肪、蛋白质等）和微生物检验（细菌总数、大肠菌群和霉菌酵母），熟悉常见的饮料设备工作原理和工艺流程。学习掌握饮料常见的质量问题和处理方法。 |

| 参考性学习任务 ||| 
|---|---|---|
| 序号 | 名称 | 学时 |
| 1 | 包装饮用水的加工 | 20 |
| 2 | 碳酸饮料的加工 | 20 |
| 3 | 茶饮料的加工 | 20 |
| 4 | 蛋白饮料的加工 | 20 |
| 5 | 饮料的常规检验 | 40 |

| 教学实施建议 |
|---|
| 1. 在教学过程中，注重培养学生实际操作能力，提高学生的学习兴趣，挖掘潜能，增强学生掌握技能的实效性。实践教学区应模拟企业生产车间和检验室的布局，设有材料存放间、工具存放间、灌装间、水处理车间、后包装车间、仓库、理化和微生物室，配备满足生产需要的原辅材料和工器具，以及检验工具。<br>2. 创设专业教学活动的情景，以学生为主体，以教师为主导，以技能实训为主线，以综合职业能力为培养目标，充分发挥学生主观能动性和创新精神。让学生自行分析任务单拟定生产计划，组内分工完成任务，各组学生阐述任务完成过程的得失，提出问题解决问题总结任务完成情况。<br>3. 在教学过程中，应注重学生道德品质、职业素养的培养，并养成实事求是的科学态度。 |

| 教学考核 |
|---|
| 结合学生的基础和对知识的接受程度，对实操教学环节采用过程考核（50%）与期末考核（50%）相结合的模式。实操过程考核采用学生自评（20%）、小组评价（30%）和教师评价（50%）相结合的评价方式，根据各个学习任务学生的完成情况进行三类评价，按比例进行合分；实操期末考核模拟上岗模式，学生独立完成任务，考核任务的设计根据生产实况设计不同的考核点，由考评员给予评价。 |

## 饮料加工与检验一体化课程学习任务描述

### 学习任务 1 描述

| 一体化课程名称 | 饮料加工与检验 | 学习任务 1 名称 | 包装饮用水的加工 | 学习任务 1 学时 | 20 |
|---|---|---|---|---|---|
| 学习任务情境 | | | | | |

运用学校实训室的器材,学生以小组的形式,以团结协作的态度完成从包装饮用水的工艺设计、加工和贮运的工作,会熟练操作所使用到的加工仪器(砂滤、碳滤、臭氧发生器、反渗透过滤器、灌装机等),生产过程中及时对质量进行监控,并记录和反馈,成品经包装交仓库管理待检,生产完毕后清理生产环境和设备,物品归置。

#### 学习目标

1. 能正确加工饮用纯净水、饮用蒸馏水、饮用天然矿泉水、矿物质水和其他饮用水;能对以上包装饮用水提出贮运要求。
2. 会熟练操作所使用到的加工仪器(砂滤、碳滤、臭氧发生器、反渗透过滤器、灌装机等)。
3. 会对包装饮用水生产过程出现的质量问题提出改进意见。
4. 会对包装饮用水生产过程中的质量关键控制点进行监控。
5. 会对包装饮用水生产过程进行工作情况记录。
6. 会按 6S 管理要求规范包装饮用水生产环节。

#### 学习内容

1. 知道饮用纯净水的加工工艺和会熟练操作所使用到的加工仪器,会对质量问题提出改进办法。
2. 饮用蒸馏水的加工工艺和会熟练操作所使用到的加工仪器,会对质量问题提出改进办法。
3. 饮用天然矿泉水的加工工艺和会熟练操作所使用到的加工仪器,会对质量问题提出改进办法。
4. 矿物质水的加工工艺和会熟练操作所使用到的加工仪器,会对质量问题提出改进办法。
5. 其他饮用水的加工工艺和会熟练操作所使用到的加工仪器,会对质量问题提出改进办法。

#### 教学建议

1. 在教学过程中,注重培养学生实际操作能力,提高学生的学习兴趣,挖掘潜能,增强学生掌握技能的实效性。实践教学区应模拟企业生产车间布局,设有材料存放间、工具存放间、灌装间、水处理车间、后包装车间和仓库,配备满足生产需要的原辅材料和工器具。
2. 创设专业教学活动的情景,以学生为主体,以教师为主导,以技能实训为主线,以综合职业能力为培养目标,充分发挥学生主观能动性和创新精神。让学生自行分析任务单拟定生产计划,组内分工完成任务,各组学生阐述任务完成过程的得失,提出问题解决问题总结任务完成情况。
3. 在教学过程中,应注重学生道德品质、职业素养的培养,并养成实事求是的科学态度。

## 学习任务 2 描述

| 一体化课程名称 | 饮料加工与检验 | 学习任务 2 名称 | 包装饮用水的加工 | 学习任务 2 学时 | 20 |
|---|---|---|---|---|---|

| 学习任务情境 |
|---|
|   运用学校实训室的器材,学生以小组的形式,以团结协作的态度完成从碳酸饮料的工艺设计、加工和贮运的工作,会熟练操作所使用到的加工仪器(二氧化碳发生器、碳酸气混合机、配料缸、洗瓶机、灌装机等),生产过程中及时对质量进行监控,并记录和反馈,成品经包装交仓库管理待检,生产完毕后清理生产环境和设备,物品归置。 |

| 学习目标 |
|---|
|   1. 能正确加工可乐型碳酸饮料、果汁型碳酸饮料、果味型碳酸饮料和其他碳酸饮料;能对以上碳酸饮料提出贮运要求。<br>  2. 会熟练操作所使用到的加工仪器(二氧化碳发生器、碳酸气混合机、配料缸、洗瓶机、灌装机等)。<br>  3. 会对碳酸饮料生产过程出现的质量问题提出改进意见。<br>  4. 会对碳酸饮料生产过程中的质量关键控制点进行监控。<br>  5. 会对碳酸饮料生产过程进行工作情况记录。<br>  6. 会按 6S 管理要求规范包装饮用水生产环节。 |

| 学习内容 |
|---|
|   1. 可乐型碳酸饮料的加工工艺和会熟练操作所使用到的加工仪器,会对质量问题提出改进办法。<br>  2. 果汁型碳酸饮料的加工工艺和会熟练操作所使用到的加工仪器,会对质量问题提出改进办法。<br>  3. 果味型碳酸饮料的加工工艺和会熟练操作所使用到的加工仪器,会对质量问题提出改进办法。<br>  4. 其他碳酸饮料的加工工艺和会熟练操作所使用到的加工仪器,会对质量问题提出改进办法。 |

| 教学建议 |
|---|
|   1. 在教学过程中,注重培养学生实际操作能力,提高学生的学习兴趣,挖掘潜能,增强学生掌握技能的实效性。实践教学区应模拟企业生产车间布局,设有材料存放间、工具存放间、灌装间、水处理车间、后包装车间和仓库,配备满足生产需要的原辅材料和工器具。<br>  2. 创设专业教学活动的情景,以学生为主体,以教师为主导,以技能实训为主线,以综合职业能力为培养目标,充分发挥学生主观能动性和创新精神。让学生自行分析任务单拟定生产计划,组内分工完成任务,各组学生阐述任务完成过程的得失,提出问题解决问题总结任务完成情况。<br>  3. 在教学过程中,应注重学生道德品质、职业素养的培养,并养成实事求是的科学态度。 |

**学习任务 3 描述**

| 一体化课程名称 | 饮料加工与检验 | 学习任务 3 名称 | 包装饮用水的加工 | 学习任务 3 学时 | 20 |
|---|---|---|---|---|---|
| 学习任务情境 ||||||
| 运用学校实训室的器材,学生以小组的形式,以团结协作的态度完成茶饮料的工艺设计、加工和贮运的工作,会熟练操作所使用到的加工仪器(等),生产过程中及时对质量进行监控,并记录和反馈,成品经包装交仓库管理待检,生产完毕后清理生产环境和设备,物品归置。 ||||||
| 学习目标 ||||||
| 1. 能正确加工茶汤饮料、调味茶饮料、复合茶饮料、茶浓缩液;能对以上包装饮用水提出贮运要求。<br>2. 会熟练操作所使用到的加工仪器(UHT 杀菌机、高压杀菌机、灌装机、连续杀菌机、无菌包装机等)。<br>3. 会对茶饮料生产过程出现的质量问题提出改进意见。<br>4. 会对茶饮料生产过程中的质量关键控制点进行监控。<br>5. 会对茶饮料生产过程进行工作情况记录。<br>6. 会按 6S 管理要求规范包装饮用水生产环节。 ||||||
| 学习内容 ||||||
| 1. 茶汤饮料的加工工艺和会熟练操作所使用到的加工仪器,会对质量问题提出改进办法。<br>2. 调味茶饮料的加工工艺和会熟练操作所使用到的加工仪器,会对质量问题提出改进办法。<br>3. 复合茶饮料的加工工艺和会熟练操作所使用到的加工仪器,会对质量问题提出改进办法。<br>4. 茶浓缩液加工工艺和会熟练操作所使用到的加工仪器,会对质量问题提出改进办法。 ||||||
| 教学建议 ||||||
| 1. 在教学过程中,注重培养学生实际操作能力,提高学生的学习兴趣,挖掘潜能,增强学生掌握技能的实效性。实践教学区应模拟企业生产车间布局,设有材料存放间、工具存放间、灌装间、水处理车间、后包装车间和仓库,配备满足生产需要的原辅材料和工器具。<br>2. 创设专业教学活动的情景,以学生为主体,以教师为主导,以技能实训为主线,以综合职业能力为培养目标,充分发挥学生主观能动性和创新精神。让学生自行分析任务单拟定生产计划,组内分工完成任务,各组学生阐述任务完成过程的得失,提出问题解决问题总结任务完成情况。<br>3. 在教学过程中,应注重学生道德品质、职业素养的培养,并养成实事求是的科学态度。 ||||||

## 学习任务 4 描述

| 一体化课1程名称 | 饮料加工与检验 | 学习任务4名称 | 包装饮用水的加工 | 学习任务4学时 | 20 |
|---|---|---|---|---|---|
| 学习任务情境 ||||||
| 运用学校实训室的器材，学生以小组的形式，以团结协作的态度完成从蛋白饮料的工艺设计、加工和贮运的工作，会熟练操作所使用到的加工仪器（UHT 杀菌机、均质机、灌装机、连续杀菌机、无菌包装机等），生产过程中及时对质量进行监控，并记录和反馈，成品经包装交仓库管理待检，生产完毕后清理生产环境和设备，物品归置。 ||||||
| 学习目标 ||||||
| 1. 能正确加工含乳饮料、植物蛋白饮料、复合蛋白饮料；能对以上碳酸饮料提出贮运要求。<br>2. 会熟练操作所使用到的加工仪器（UHT 杀菌机、均质机、灌装机、连续杀菌机、无菌包装机等）。<br>3. 会对蛋白饮料生产过程出现的质量问题提出改进意见。<br>4. 会对蛋白饮料生产过程中的质量关键控制点进行监控。<br>5. 会对蛋白饮料生产过程进行工作情况记录。<br>6. 会按 6S 管理要求规范包装饮用水生产环节。 ||||||
| 学习内容 ||||||
| 1. 含乳饮料的加工工艺和会熟练操作所使用到的加工仪器，会对质量问题提出改进办法。<br>2. 植物蛋白饮料的加工工艺和会熟练操作所使用到的加工仪器，会对质量问题提出改进办法。<br>3. 复合蛋白饮料的加工工艺和会熟练操作所使用到的加工仪器，会对质量问题提出改进办法。 ||||||
| 教学建议 ||||||
| 1. 在教学过程中，注重培养学生实际操作能力，提高学生的学习兴趣，挖掘潜能，增强学生掌握技能的实效性。实践教学区应模拟企业生产车间布局，设有材料存放间、工具存放间、灌装间、水处理车间、后包装车间和仓库，配备满足生产需要的原辅材料和工器具。<br>2. 创设专业教学活动的情景，以学生为主体，以教师为主导，以技能实训为主线，以综合职业能力为培养目标，充分发挥学生主观能动性和创新精神。让学生自行分析任务单拟定生产计划，组内分工完成任务，各组学生阐述任务完成过程的得失，提出问题解决问题总结任务完成情况。<br>3. 在教学过程中，应注重学生道德品质、职业素养的培养，并养成实事求是的科学态度。 ||||||

**学习任务 5 描述**

| 一体化课程名称 | 饮料加工与检验 | 学习任务 5 名称 | 包装饮用水的加工 | 学习任务 5 学时 | 20 |
|---|---|---|---|---|---|
| 学习任务情境 ||||||
| 食品检验人员接到半成品、成品的检验任务单，在检验室和规定工时内完成检验工作，根据产品技术标准和卫生标准的检验项目开展检验工作，准备检验环境、设备、玻璃仪器和试剂，按作业指导书和安全操作规范进行样品处理、提取、干燥、蒸馏、滴定、称量等完成检验任务，及时记录检验数据并进行处理，出具检验报告交主管审核，检验完毕后清理检验环境和设备，物品归置。 ||||||
| 学习目标 ||||||
| 1. 学会饮料的常规理化、微生物等检验指标。<br>2. 掌握所使用到检测仪器（分光光度计、Ph 计、糖度仪、天平、凯氏定氮仪等）的操作方法。<br>3. 会抽样和进行样品预处理。<br>4. 能够根据实验的方法标准开展常规项目的检验，并根据实验结果判断产品的质量。 ||||||
| 学习内容 ||||||
| 能正确检验简单饮料理化、污染物和微生物等指标；会熟练操作所使用到的检测仪器。 ||||||
| 教学建议 ||||||
| 1. 在教学过程中，注重培养学生实际操作能力，提高学生的学习兴趣，挖掘潜能，增强学生掌握技能的实效性。实践教学区应模拟企业检验室布局，设有试剂柜、玻璃食品存放柜、加热设备存放区、精密仪器室、无菌操作室、理化实验操作区、样品留样室，配备满足检验需要的试剂和仪器，条件允许增设理论教学区，理论教学区中设置资料查询区和学习讨论区，让学生可通过查询资料和相互讨论拟定计划，培养学生的自主计划任务的能力。<br>2. 创设专业教学活动的情景，以学生为主体，以教师为主导，以技能实训为主线，以综合职业能力为培养目标，充分发挥学生主观能动性和创新精神。让学生自行分析任务单拟定检验计划，组内分工完成任务，各组学生阐述任务完成过程的得失，提出质量改进和控制计划。<br>3. 在教学过程中，应注重学生道德品质、职业素养的培养，并养成实事求是的科学态度。 ||||||

### 三、一体化课程开发探索

（一）PDCA 模式在一体化课程开发中的应用

1. PDCA 模式的含义及特点

PDCA 是 20 世纪 20 年代由休哈特首先提出，其后由戴明进行推广，因此它经常被称为"戴明循环"或"戴明轮"。① PDCA 于 2000 年正式被 ISO9001：2000 标准采用，在该标准中对 PDCA 在 QMS（质量管理体系）中的应用解释为：P（Plan，策划），根据顾客的要求和组织方针，为提供结果建立必要的目标和过程；D（Do，实施），实施过程；C（Check，检查），根据方针、目标和产品要求，对过程和产品进行监视和测量，并报告结果；A（Act，处置），采取措施，以持续改进过程业绩。②四阶段形成一个闭环，PDCA 循环就是按照这样的顺序进行质量管理，对于没有解决的问题，在下一个 PDCA 循环去解决。（图 3-4 所示）

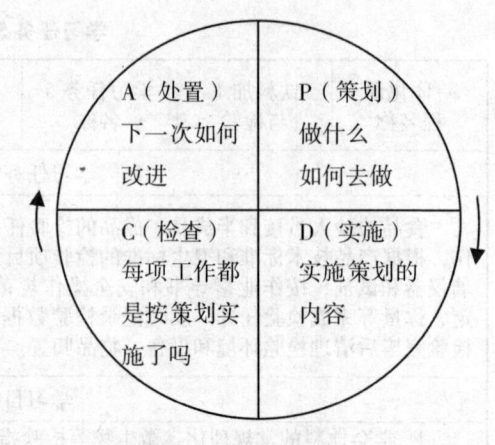

图 3-4 PDCA 循环

PDCA 循环具有以下三个特点：一是大循环包含小循环，互相促进。PDCA 循环是由许多大大小小的循环组成。大循环是小循环的依据，小循环是大循环的贯彻落实和具体化，各循环之间相互协调，相互促进，朝着总目标同一方向努力。二是周而复始，不断循环。PDCA 循环的 4 个过程不是运行一次就结束。一个循环完成了，解决了一部分问题，但可能还有问题没有解决，或者又出现了新的问题，再进行下一个 PDCA 循环。三是阶梯式上升。PDCA 循环不是在同一水平上循环，每循环一次，就解决一部分问题，取得一定成果，工作就往前推进一步；到了新的一次循环，又有了新的目标和内容，不断解决问题的过程就是水平逐步上升的过程。③

当前，PDCA 循环在科学技术、经济社会进步方面发挥了重要作用，它是 QMS 的重要理念、原则和工具。借鉴 PDCA 循环，在项目课程开发及课堂教学模式改革方面都具有积极意义。

2. PDCA 模式在工作过程系统化课程开发过程中应用

PDCA 模式在工作过程系统化课程开发过程中分为四个阶段八个环节，每个

---

① 宋其玉. 2008 版 ISO9001 标准理解与应用指南 [M]. 北京：机械工业出版社，2009.
② 中国国家标准化管理委员会. 质量管理体系——要求（ISO 9001：2008，IDT）[M]. 内部培训资料，2008.
③ 贾永枢. 基于 PDCA 循环的校企一体教学管理流程——以浙江工贸职业技术学院为例 [J]. 浙江工贸职业技术学院学报，2010，10（1）：26-29.

阶段、每个环节均可有PDCA循环过程。到目前为止，我们基于这种模式已经完成了八个专业课程的开发，总结了《工作过程系统化课程开发手册》标准，产生了很好的教学效果。

我们采用的基于工作过程系统化的课程开发技术流程如图3-5所示。

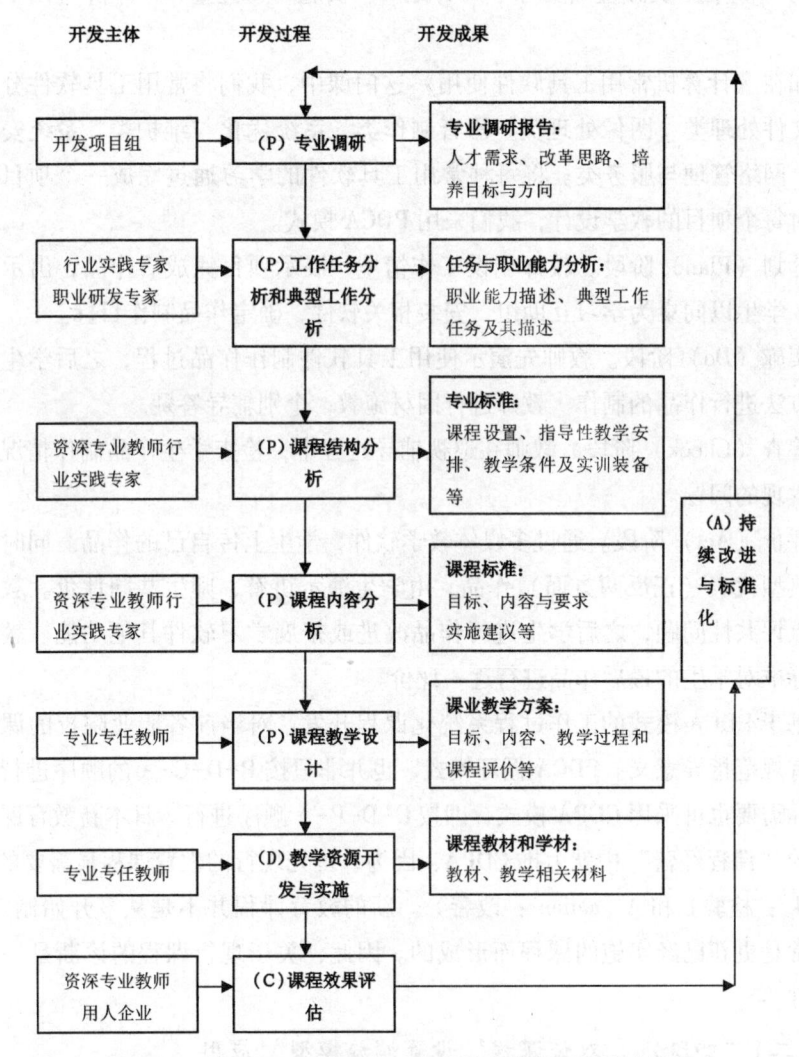

| 开发主体 | 开发过程 | 开发成果 |
|---|---|---|
| 开发项目组 | (P)专业调研 | 专业调研报告：人才需求、改革思路、培养目标与方向 |
| 行业实践专家 职业研发专家 | (P)工作任务分析和典型工作分析 | 任务与职业能力分析：职业能力描述、典型工作任务及其描述 |
| 资深专业教师行业实践专家 | (P)课程结构分析 | 专业标准：课程设置、指导性教学安排、教学条件及实训装备等 |
| 资深专业教师行业实践专家 | (P)课程内容分析 | 课程标准：目标、内容与要求 实施建议等 |
| 专业专任教师 | (P)课程教学设计 | 课业教学方案：目标、内容、教学过程和课程评价等 |
| 专业专任教师 | (D)教学资源开发与实施 | 课程教材和学材：教材、教学相关材料 |
| 资深专业教师用人企业 | (C)课程效果评估 | (A)持续改进与标准化 |

图3-5 基于PDCA的工作过程系统化课程开发技术流程

3. 基于PDCA模式的工作过程系统化课程教学设计

工作过程系统化课程的实施，目前以行动导向教学模式为主导。"行动"就是个体要主动参与学习活动中，按照实际职业工作过程的要求而设置的各种训练或真实的工作过程,在参与的过程中生成胜任职业所需要的咨询、计划、决策、实施、检查和评价等行动能力。① 行动导向教学强调"在行动中学习""为行动而学习""行动即学习"。行动导向教学遵循"资讯、计划、决策、实施、检查、评价"这一完整的"行动"过程序列。在教学实践中,我们感觉到"资讯"与"决策"实际应当贯穿于"计划""实施""检查""评价"四个过程当中。

如在《计算机常用工具软件使用》这门课中,我们将常用工具软件分为六类:文件处理类、图像处理类、影音制作类、系统优化与维护类、系统安全保护类、网络管理与服务类。将每种常用工具软件的学习通过完成一个项目来进行。对每个项目的教学设计,我们采用 PDCA 模式。

计划(Plan)阶段。教师创设工作情境,展示项目完成后作品,出示考核要求。学生以同桌为学习互助组,安装相关软件,确定作品制作目标。

实施(Do)阶段。教师先演示使用工具软件制作作品过程,之后学生模仿操作方法进行作品的制作。教师进行因材施教,个别辅导答疑。

检查(Check)阶段。教师在巡视辅导过程中,检查学生作品制作情况,并记录发现的问题。

评价(Act)阶段。通过多媒体教学软件,学生上传自己的作品。同时教师选取典型代表(正反两方面)作品,由学生演示讲解,师生共同评价。教师尤其要点评共性问题,之后学生进行作品改进或拓展学习软件其他功能。教师按考核标准对学生的最后作品进行逐一评价。

基于 PDCA 模式的工作过程系统化课程开发,对当前各职业院校的课程开发具有规范指导意义。PDCA 循环模式,也并非只按 P-D-C-A 的顺序进行,按照实际需要也可采用 CDPA 模式,即按 C-D-P-A 顺序进行。日本新教育课程背景下的"课程经营"中就力推 CDPA,因为,首先现行的教育课程最需要的是 C(check:检验)和 A(action:改善)。新的教育课程并不是从零开始制定的,而通常是更新已经实施的课程而形成的。因此,关于现行课程的诊断是一个先决条件。②

(二)"四阶段'双证课程'设置螺旋模型"应用

近年来,我们引入一些典型的非学科范型下的课程模式,如德国的"工作

---

① 张丽江,张国祥. 行动导向教学中的"行动"之研究[J]. 职业,2010(12):2.
② [日]田中统治,野泽有希. 日本新教育课程背景下的"课程经营"[J]. 全球教育展望,2009,38(11):3-7,14.

过程系统化课程体系"、流行于北美和澳洲的"CEB"、国际劳工组织所倡导的"MES"等,产生了一些积极效果。在借鉴国外已有经验的基础上,我们进行了以下尝试。

1."四阶段'双证'课程设置螺旋模型"的内涵

职业院校的课程设置并非"一蹴而就",它是一个反复的、不断变化的、无法一次定型的系统工程。如何针对用人单位的市场需求,进行相应的职业能力分析,从而设置"双证"课程是富有挑战性的课题,我们近几年在这方面做了大胆的探索与实践,借鉴软件开发过程中的"螺旋模型",提出了"四阶段'双证'课程设置螺旋模型",该模型如图3-6所示。

螺旋模型沿着螺旋线旋转,在笛卡尔坐标的4个象限上分别表达了4个阶段的活动:职业能力分析阶段、可行性分析与教学软硬件开发、课程实施与管理、课程评价。沿螺线自内向外每旋转一圈,便开发出更为完善的课程体系。

四阶段活动所要做的工作分别是:

第一阶段:职业能力分析阶段

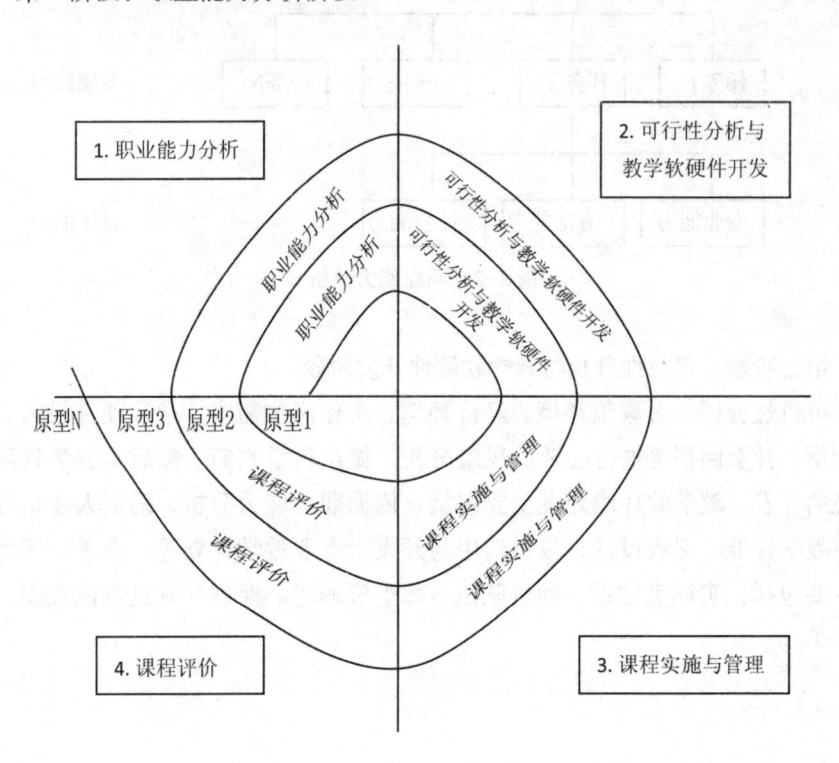

图3-6 四阶段"双证"课程设置螺旋模型

通过对就业岗位的分析，解析出岗位所需专业技术能力、方法能力和社会能力。专业技术能力就是要掌握专业知识和专业技能，称为基本生存能力；方法能力就是学会学习，学会工作；社会能力就是学会共处，学会做人。其中方法能力、社会能力为关键能力，当劳动组织发生变化或者当职业发生变更的时候，这种能力依然存在从而能重新获得新的知识或新的技能。

通过职业能力分析，要确定出培养人才目标、规格、知识结构等要素。职业能力分析如图3-7所示。

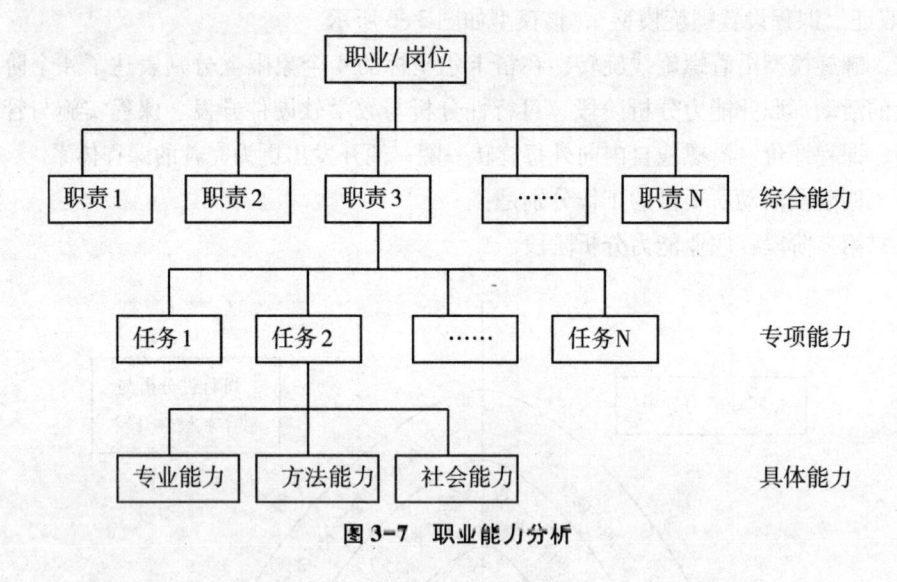

图 3-7 职业能力分析

第二阶段：可行性分析与教学软硬件开发阶段

可行性分析是对政策环境、经济环境、工作岗位需求、学校硬件投入、师资力量、社会回报等进行必要的风险分析，做出科学判断。然后是教学软硬件环境的开发，教学软环境开发主要包括：依据职业能力分析，确定人才培养目标、教学标准、课程设计、教材选用与开发、专业教学计划等；教学硬环境开发主要包括：实训室建设、师资队伍、教学资源等。课程开发过程流程图，如图3-8。

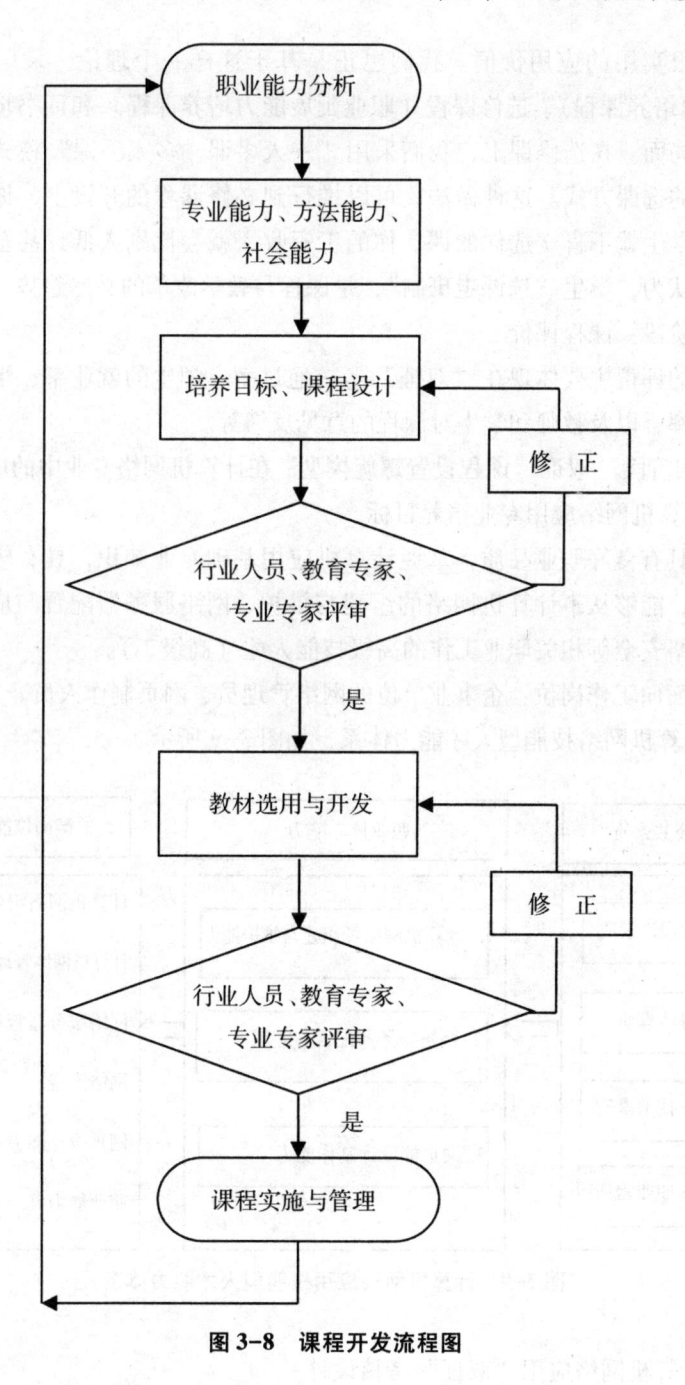

```
         ┌─────────────┐
         │ 职业能力分析 │
         └──────┬──────┘
                ↓
         ┌─────────────┐
         │专业能力、方法能力、│
         │   社会能力   │
         └──────┬──────┘
                ↓
         ┌─────────────┐         ┌──────┐
         │培养目标、课程设计├────────│ 修 正 │
         └──────┬──────┘         └──────┘
                ↓                    ↑
         ◇行业人员、教育专家◇─────────┘
         ◇  专业专家评审  ◇
                │是
                ↓
         ┌─────────────┐         ┌──────┐
         │ 教材选用与开发 ├────────│ 修 正 │
         └──────┬──────┘         └──────┘
                ↓                    ↑
         ◇行业人员、教育专家◇─────────┘
         ◇  专业专家评审  ◇
                │是
                ↓
         ┌─────────────┐
         │ 课程实施与管理 │
         └─────────────┘
```

**图3-8 课程开发流程图**

第三阶段：课程实施与管理

依据多元智能理论，对于学生发现人的价值、发挥人的潜能、发展人的个性，具有很实用的应用价值。我们也正是基于这样一个理论，采用必修课程（职业能力培养课程）、选修课程（职业延展能力培养课程）和证书培训三种课程并存的局面。在选修课上，我们采用"一人多课、多人一课"模式，由学生淘汰教师的选课方式。这种做法，可以推行到必修课程的开设上，你的课上得不精彩，学生就不喜欢选你的课，你的工资收入就会比别人低，甚至转岗再培训。笔者认为，学生"选课走班制"，是课程与教学改革的必然趋势。

第四阶段：课程评价

课程的评价主要体现在"双证"考核通过率、学生的就业率、学生就业的专业对口率，以及教师和学生对课程的意见反馈等。

2."四阶段'双证'课程设置螺旋模型"在计算机网络专业中的应用

① 计算机网络应用专业培养目标

培养具有良好职业品质，掌握计算机应用基础专业知识，具有较强的动手实践能力，能够从事计算机网络的组建与维护、网络服务器配置与应用、网页制作、网络安全等相关职业工作的高级技能人才（高级工）。

主要面向工作岗位：企事业单位的网络管理员、网页制作人员。

② 计算机网络技能型人才能力体系，如图3-9所示。

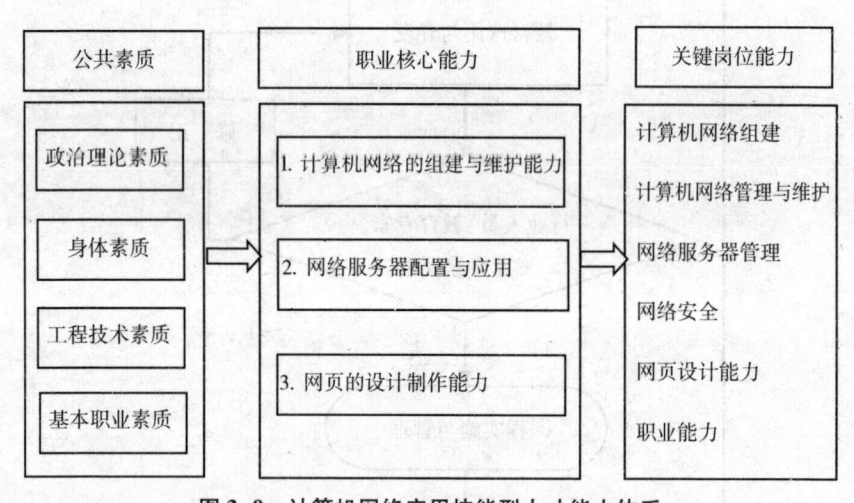

| 公共素质 | 职业核心能力 | 关键岗位能力 |
|---|---|---|
| 政治理论素质 | 1. 计算机网络的组建与维护能力 | 计算机网络组建 |
| 身体素质 | 2. 网络服务器配置与应用 | 计算机网络管理与维护 |
| 工程技术素质 | 3. 网页的设计制作能力 | 网络服务器管理 |
| 基本职业素质 | | 网络安全 |
| | | 网页设计能力 |
| | | 职业能力 |

图3-9 计算机网络应用技能型人才能力体系

③ 计算机网络应用"双证"考核设计

作为专业基础课计算机应用基础的考试由人力资源和社会保障部职业技能鉴定中心组织的全国计算机信息高新技术考试，取得操作员级或以上。在网络专业考证设计上，结合上级主管部门要求以及培养合格人才的需要，同时考虑到学生的经济负担,学生需考取"全国计算机信息高新技术网络管理员级证书""联想网络工程师证书"中的一个。其余选考证书由学生按照未来工作需要自己选择参加考试,这些证书有:网页制作员证书、CISCO 证书、华为证书、微软证书等。计算机网络应用专业技术考证设计如图 3-10 所示。

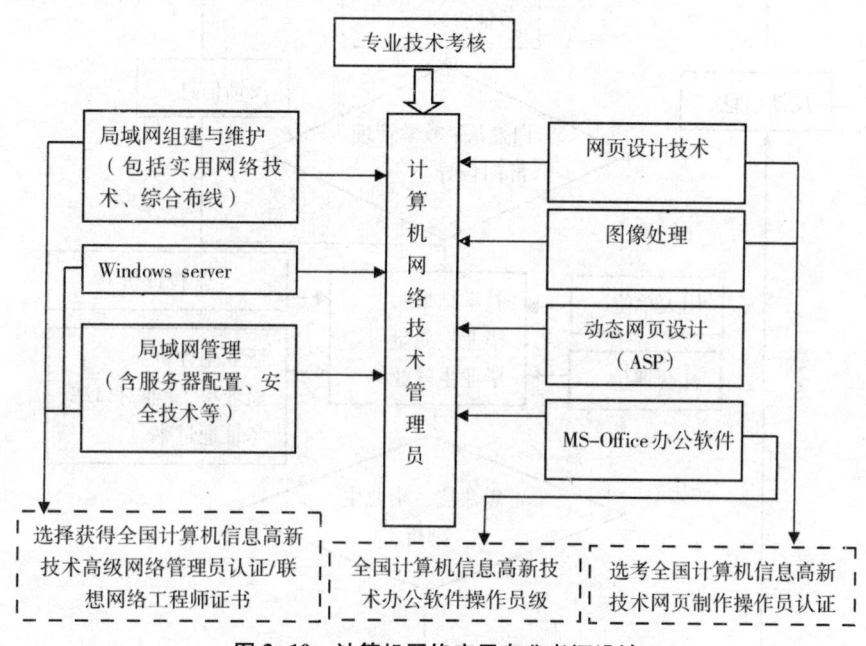

**图 3-10 计算机网络应用专业考证设计**

④ 计算机网络应用"双证"课程设置教学质量评价体系

对质量的评价,我们采用两种方法,一是"黑盒法",二是"白盒法",这两种方法同时使用。

所谓"黑盒法"是指把课程设置看作一个黑盒子,完全不考虑课程设置的内部结构和运行机制,而是在毕业生的出口处,依据考证通过率、学生就业率、专业对口率、学生和企事业用人单位的反馈信息等因素进行检测,以检验课程设置的有效度,以及进入下一个螺旋周期需进一步完善的地方。

"白盒法"则相反,由教务处、教学系对教学过程进行督促、指导,对科任教师的日常教学实施量化管理与测评。

"双证"课程设置教学质量评价体系如图 3-11 所示。

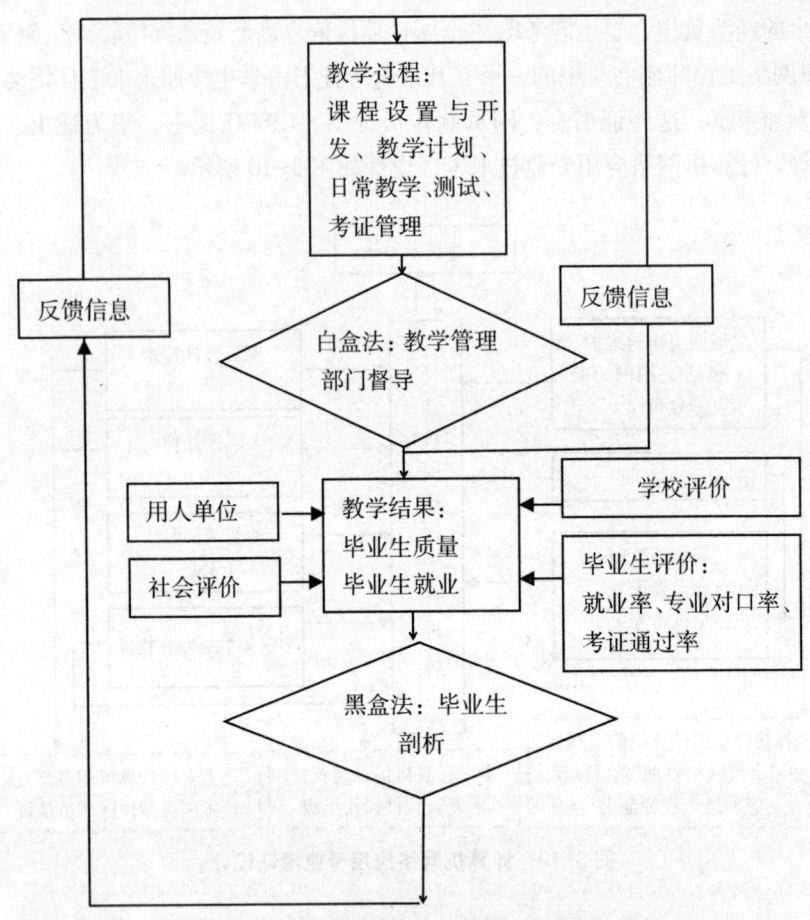

图 3-11 "双证"课程设置教学质量评价体系

基于职业能力分析的"四阶段'双证'螺旋模型"在应用于课程设置中，打破了长期以来以学科系统性为基础的课程设计体系，在面向企业岗位需求的基于职业能力分析的基础上进行"双证"课程设置，较好地实现了工作过程系统化的专业课程内容与职业标准相衔接。使综合技能提升与考核有机地结合在一起，利于"教"与"学"的实际操作。

同时，借鉴计算机软件开发中的螺旋模型，将其应用于课程开发中，具有易操作、规范、科学性等特点，而且可以尽可能减少投入风险，提高办学效益。提出了"黑盒""白盒"测试法，对教学质量进行检测。在黑盒法中，确立了以"学校""学生""用人单位""社会"四位一体的评价体系，明确将学生的就业率、专业对口率、考证通过率、用人单位满意度等作为硬性指标来评价教学质量。

课程设置是一项复杂的系统工程，它不仅受制于外部经济社会环境的影响，还受到学校管理理念、师资水平、硬件条件等内部条件的限制。

## 第二节 以学生为中心的课堂改进

### 一、行动导向教学观及其方法

"行动导向"这一说法源于德语。行动导向教学，就是始终围绕职业行动能力的培养，以基于职业工作过程的行动为指向的教学，其基本含义在于：学生是学习过程的中心；教师是学习过程的组织者与协调人，遵循"资讯、计划、决策、实施、检查、评价"这一完整的"行动"过程序列。①也有人认为：行动导向教学是根据完成某一职业工作活动所需要的行动、行动产生和维持所需要的环境条件，以及从业者的内在调节机制来设计、实施和评价职业教育的教学活动。行动导向教学的核心理念是"为了行动而学习"和"通过行动来学习"，是"由师生共同确定的行动产品来引导教学组织过程，学生通过主动和全面的学习，达到脑力劳动和体力劳动的统一"。②

行动导向教学并不单指某一种教学方法，它是一种教学观，包含一系列教学方法。常见的行动导向教学方法有：头脑风暴教学法、项目教学法、引导课文教学法、案例分析法、角色扮演教学法、模拟教学法、四阶段教学法、张贴板教学法等。

（一）行动导向教学的选择

以行动导向教学观为指导，采用什么样的行动导向教学方法，这要根据教学目标、教学内容、学生情况、教学环境等因素而确立。如对于技能操作类教学，可采用准备、教师示范、学生操作、练习总结的"四阶段教学法"。对于综合性专业项目，如课程作业、毕业设计等，可采用"项目教学法"。

（二）基于PDCA的行动导向教学行动序列

完整行动序列遵循"资讯、计划、决策、实施、检查、评价"这一过程。姜大源在《职业教育要义》一书中增加了"控制"（反思）这一核心内容，如

---

① 姜大源. 职业教育要义［M］. 北京：北京师范大学出版社，2017：24.
② 刘邦祥，吴全全. 德国职业教育行动导向的教学组织研究［J］. 中国职业技术教育，2007（5）：51-55.

图 3-12 所示：

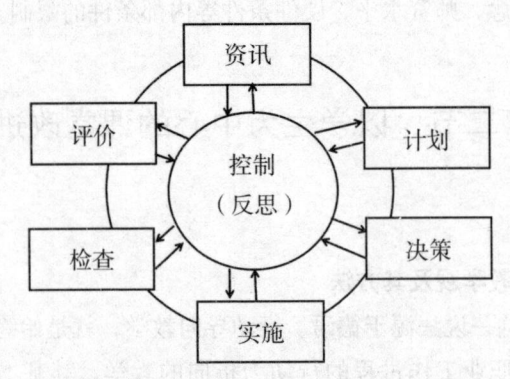

**图 3-12　完整的"行动"过程序列①**

在完整的"行动"过程六步序列当中，每一步都需要"控制"（反思）这一过程，强调控制或反思的重要性。

具体而言，"资讯"对应的德文单词是 Infomieren，可以解读为分析给定情境，认识问题，理解与评估现有信息与工作材料，确定任务，获取解决任务所涉及的新知等，也就是说学生在这个环节要了解到自身到底要解决什么样的任务，任务的解决涉及哪些方面，其中哪些是自身已知的，哪些是自身要补充学习的。②"检查"是围绕学习任务目标，审核工作过程和结果是否出现偏差并及时进行纠正。"评价"是在学习任务结束后，对工作过程、结果、团队表现的总结和反思。"计划""决策""实施"几个环节在这里不再赘述。

行动导向教学的这"六步"是对我们工作过程的基本概括，是处理任何工作或事务的基本步骤。在上面的章节中我们提到 PDCA，它是世界公认的对工作过程的高度概括，PDCA 的典型四步包含在行动导向教学的六步当中。PDCA 的 P（Plan，策划）对应行动导向教学的"计划"，D（Do，实施）对应"实施"，C（Check，检查）对应"检查"，A（Act，处置）对应"评价"。在实践中我们发现，行动导向教学中的"资讯"与"决策"实际贯穿于行动序列的全程，我们基于 PDCA 重构了行动导向教学的行动序列。（如图 3-13 所示）

---

① 姜大源. 职业教育要义 [M]. 北京：北京师范大学出版社，2017（1）：24.
② 易艳明，石婷. 德国行动导向教学理论基础、组织模式与设计原则再分析 [J]. 中国职业技术教育，2016（27）：57-65.

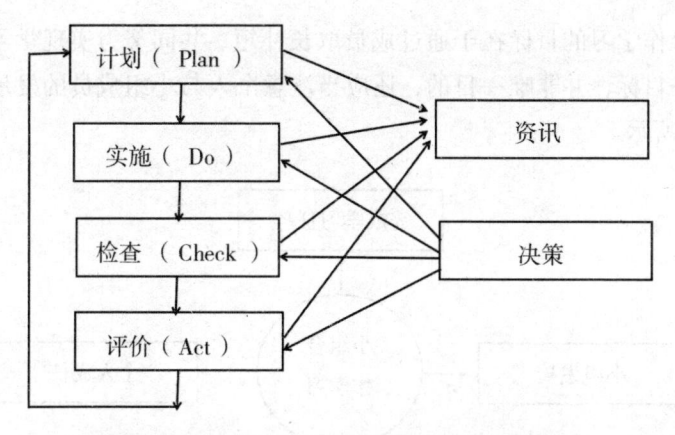

```
计划（Plan）
实施（Do）         资讯
检查（Check）
评价（Act）         决策
```

**图 3-13 基于 PDCA 的行动导向教学行动序列**

如果学习情境中包含多个工作任务，而且这些工作任务存在先后逻辑关系或不存在先后逻辑关系，那么我们的行动序列是否还是按照上述行动序列呢？

学习情境中的多个工作任务不管是有先后逻辑关系的"串联"形式，还是不存在先后逻辑关系的"并联"形式，每个工作任务均可以按照六步行动序列进行操作。类似于"戴明循环"。

（三）"小组合作"组织形式

行动导向教学的实施，离不开有效的组织形式，从空间组织形式上来看，可采用"小组合作""模拟公司式""混合式"等；从时间组织形式上，可采用"同步式""交替式""随机式"等[1]。在这里重点探讨一下"小组合作"组织形式。

小组是指有着共同目标并以一定方式联系在一起进行活动的人群。[2]

形成小组的几个条件：成员有共同的目标；成员相互依赖和合作；在一定时期内保持相对稳定；成员之间有相对明确的分工和职责。

教师在安排学生组合成小组时，应当遵循原则是："组内异质、组间同质"，学生自由组合与教师调整搭配相组合。小组的规模，按照完成任务的复杂性、难易度而决定，一般在 2~8 人间为易，人太多不利于分工合作。

高效小组的基本特征：目标明确、技能与经验广泛、相互信任与支持、交流公开、合理利用冲突、程序透明、定期检查。[3]

---

[1] 崔发周. 行动导向教学方法设计与教学组织方式 [J]. 职业，2013（30）：152-153.
[2] 李小平. 新编基础心理学 [M]. 南京：南京师范大学出版社，2005：313.
[3] [英] HOLEMS K，LEECH C，et al. 个人与团队管理（下册）[M]. 2 版. 北京：清华大学出版社，2008：7-8.

小组合作学习的目标在于通过成员取长补短、共同努力实现学习任务。但仅完成任务目标，并非唯一目的，还应当注意个人与小组成员的发展。其关系如图3-14所示。

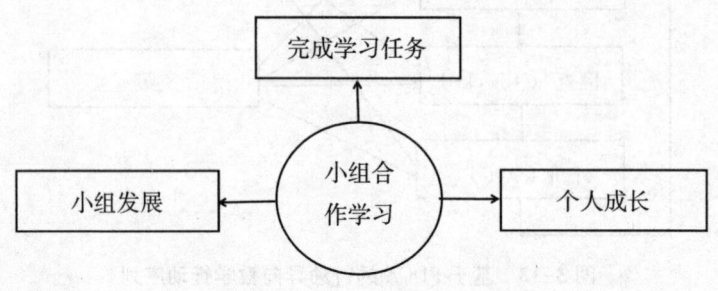

图3-14 小组合作学习达成目标

如何对小组合作的课堂教学进行评价？通过实践研究，我们从学生和教师两个层面九项指标进行评价。尤其强调对学生学习情况的评价，构建了"五维度"评价，即"参与度""自主度""合作度""愉悦度""有效度"。（如表3-3所示）

表3-3 小组合作课堂教学评价

| 授课教师 | | | 科目 | | 班级 | | | |
|---|---|---|---|---|---|---|---|---|
| 授课内容 | | | | | 节数 | | | |
| | 项目 | | 项目要点<br>（以下符合要求给满分，不符合按档次给分） | | 项目评价<br>（优←差，<br>在分值上打"✓"） | | | |
| 评价学生（70分） | 参与度 | | 个人、小组、全班参与程度高 | | 20 | 16 | 12 | 8 |
| | 自主度 | | 个人或小组能自主思考、研讨、实践、展示 | | 10 | 8 | 6 | 4 |
| | 合作度 | | 组内分工明确、合作有序、相互帮带；<br>组内交流、倾听、质疑、争论、归纳习惯良好 | | 10 | 8 | 6 | 4 |
| | 愉悦度 | | 情绪饱满、气氛活跃，受到尊重，能得到成功体验 | | 10 | 8 | 6 | 4 |
| | 有效度 | | 达成学习目标度高，学习效果明显 | | 20 | 16 | 12 | 8 |

续表

| 授课教师 | | | 科目 | | 班级 | | | |
|---|---|---|---|---|---|---|---|---|
| 评价教师（30分） | 内容设计 | 教学目标明确，符合教学标准要求，重难点突出；内容设计合理，凸显探究性、合作性、实践性 | | | 10 | 8 | 6 | 4 |
| | 方法利用 | 教学手段、方法运用得当，注重启发、发展与因材施教 | | | 5 | 3 | 2 | 1 |
| | 组织调控 | 时间分配合理，讲解时间合理；过程调控有序，反馈、矫正、拓展及时有效 | | | 10 | 6 | 4 | 2 |
| | 评价方式 | 评价方式合理、规范、有效，对参与的每个人、小组均能及时给予评价 | | | 5 | 3 | 2 | 1 |
| | 合计得分 | | | | | | | |
| 评价与建议 | | | | | | | | |

## 二、一种基于布鲁姆的教育目标分类的学习策略选择模型

1956 年布鲁姆出版了《教育目标分类学，教育目的分类法，手册 1：认知领域》，在教育目标分类理论中把认知领域的发展分为六大层次，分别是知识、领会、运用、分析、综合、评价。2001 年安德森（Anderson）和克拉斯沃尔（Krathwol）对布鲁姆的教育目标分类学进行了修订，出版了《面向世界、教学和测评的分类理论——布鲁姆教育目标分类学修订版》一书。将原认知层面六个层次改为：记忆、理解、应用、分析、评价、创造，并在此基础上，又增加了知识层面分类，将知识分为四个层次：事实性知识、概念性知识、过程性知识、元认知知识。

一种基于布鲁姆的教育目标分类法的学习目标模型，由美国爱荷华州立大学（Iowa State University）卓越学习和教学中心提供，并得到 Creative Commons Attribution-ShareAlike 4.0 International License 许可。该模型认知维度用 X 轴表

示，知识维度用 Y 轴，对应各层次呈现了 24 种教学策略。①如表 3-4 所示：

表 3-4 一种基于布鲁姆的教育目标分类的学习策略选择模型

| | | | | | | |
|---|---|---|---|---|---|---|
| 元认知知识 | 认同（如保留信息的策略） | 预测（如人们对文化冲击的反应） | 使用（如符合自己优势的技巧） | 解构（如人的偏见） | 反映（如一个人的进步） | 创造（如创新的学习作品集） |
| 程序性知识 | 重复（如如何进行心肺复苏） | 阐明（如 ASSE 结构） | 实践（如水样的 pH 值测定） | 合并（如遵守规定） | 评判（如采样技术的效率） | 设计（如一个高效项目工作流程） |
| 概念性知识 | 识别（如疲惫的症状） | 分类（如黏合剂的毒性） | 提供（如给新生建议） | 区分（如高低文化） | 测定（如结果的相关性） | 集合（如一组专家） |
| 事实性知识 | 列表（如主要和次要的颜色） | 总结（如一种新产品的特点） | 回复（如经常问问题） | 选择（如最完整的活动列表） | 检查（如来源一致性） | 产生（如记录日常活动日志） |
| — | 记忆 | 理解 | 应用 | 分析 | 评价 | 创造 |

比如要让学生记住怎样进行 CPR（心肺复苏），这一问题在认知维度属"记忆"层次，在知识维度属"程序性知识"，这个时候我们可以选择的教学策略是"重复"，即让学生重复记忆心肺复苏操作流程即可。再如，学生要学习的某项内容在认知维度要达到"理解"层次，在知识维度是"事实性知识"层次，则可以选择"总结"教学策略，上表中举的例子是让学生介绍一种新产品的特点。

针对某一学习内容，教师可以对照上表选择合适的教学或学习策略。

### 三、"双结合"研究性学习模式②

职业教育与普通教育是两种不同教育类型。职业教育是为适应某种职业需

---

① https://www.celt.iastate.edu/instructional-strategies/effective-teaching-practices/revised-blooms-taxonomy/?elementor-preview=4740&ver=1536780009#blooms-model, 2022.
② 赵海吉. 回到原点做教育[M]. 北京：光明日报出版社，2014：186-190.

要而进行的专门知识、技能和职业道德教育，使受教育者成为社会职业所需要的技术技能型人才。如何培养学生的综合职业能力已经成为世界各国职业教育与培训改革的重要方向，在现有的学校软硬件环境下，转变教育思想，大胆改革传统教法和学法，是最大限度提高学生综合职业能力的有效途径之一。

职业院校课程一般分为文化基础课、专业基础课和专业课；在教学上，注重理论与实践的结合，更偏重于实践；在教学评价上，注重学生的职业能力培养。从职业教育的教育观念到教育教学实践都与研究性学习有着诸多相似和相通之处，在职业类院校开展研究性学习有其独特的优势和根基。

（一）"双结合"研究性学习的基本内涵

关于研究性学习的界定，概括起来可以分为两种：一是狭义的理解，即研究性学习是学生在教师指导下，从自然、社会和生活中选择和确定专题进行研究，并在研究过程中主动地获取知识、应用知识、解决问题的学习活动。二是广义的理解，即泛指学生探究问题的学习，可以贯穿在各科、各类学习活动中。本课题所指的研究性学习属后者。

"双结合"研究性学习的基本内涵是：

1. 研究性学习与专业技术知识的学习相结合

分为两个方面，一是研究性学习融于课堂教学模式的研究及评价。主要探索和研究的方向是结合不同的专业特点，在课堂教学中有机渗透研究性学习，探索多种适合不同专业特点的课堂教学模式。二是研究性学习与生产实习相合的研究及其评价。主要体现在生产实习中开展研究性学习的"四结合"，即理论与实践相结合，脑力与体力劳动相结合，培养技能与全面育人相结合，教学与生产相结合。

2. 研究性学习与全面育人相结合

当前所开展的研究性学习，很多研究主要是培养学生的创新能力和动手实践的能力，而很少关注以研究性学习为载体，培养人的思想道德品质和行为规范的研究。在职业类院校开展研究性学习与全面育人相结合的研究，主要对培养学生的职业道德、规范、行为养成、职业个性、创业意识等方面影响的研究。方向也主要有两个：一是结合职业院校的思政课程开展；另一个是渗透到以研究性学习为载体的专业知识学习当中。

（二）"双结合"研究性学习的教学模式方法探索

就渗透到日常各科课堂教学当中的"双结合"研究性学习而言，按学生实施研究时间长短可划分为：长研究性学习与短研究性学习两类。

第一类长研究性学习。

1. 基于 WebQuest 的研究性学习模式①

WebQuest 是 1995 年由美国圣地亚哥州立大学教育技术系伯尼·道奇（Bernie Dodge）和汤姆·马奇（Tom March）创立的一种课程计划。"Web"是"网络"的意思，"Quest"是"寻求""调查"的意思，由于该课程是一种以探究为取向的学习活动，学习者使用的多数信息来源于万维网（Web），所以将其命名为"WebQuest"。它为基于网络环境下的教与学提供新的思路和方法，特别是基于 WebQuest 的研究性学习模式，更值得我们关注。

基于 WebQuest 的研究性学习模式。研究性学习具有开放性、探究性、实践性等特点，如何开展研究性学习？笔者提出了"双结合"研究性学习的概念，即研究性学习与学科知识相结合，与全面育人相结合。在研究性学习与学科知识相结合中，如何让学生在学习信息技术专业知识和技能的同时，学会利用信息技术工具和信息资源解决具体的实际问题，从而提高学生的信息素养，是值得我们思考的问题。笔者结合 WebQuest 教学模式，通过实践，提出了"五步瀑布教学模式"。（如图 3-15 所示）

"五步瀑布教学模式"各步之间的关系就像瀑布一样，一阶一阶跌落下来，上一步是下一步的必要条件，只有完成上一步才可进入下一步，所以笔者将这种基于 WebQuest 的研究性学习模式定义为"五步瀑布教学模式"。

与 WebQuest 相比，"五步瀑布教学模式"具有如下特点：教学过程明确为五个模块，各模块之间是上下依存、循环的关系，更加关注了学习过程的评价。其具体内涵如下：

①情境——一个构建"脚手架"的导言

建构主义对学习的理解是：学习是获取知识的过程，知识不是通过教师传授得到的，而是学习者在一定的情境下，借助他人（包括教师和学习伙伴）的帮助，利用必要的学习资料，通过意义建构的方式而获得。从中我们可以看出，情境的创设对学生知识的建构所起的巨大作用。情境的创建应具有两个目的：一是要让学习者明确将要学习的是什么，二是通过各种方式提高学习者的学习兴趣。为了达到这两方面目的，应该使主题：与学习者过去的经验相关；与学习者未来的目标相关；具有吸引力和挑战性，看起来有趣；因为急切需要解决而紧迫；因为学习者将进行角色扮演或者有一些产出而获得满足感。

---

① 赵海吉. 基于 WebQuest 的研究性学习模式及其在计算机维修与维护教学中的应用[J]. 中国职业技术教育，2005（2）：30-32.

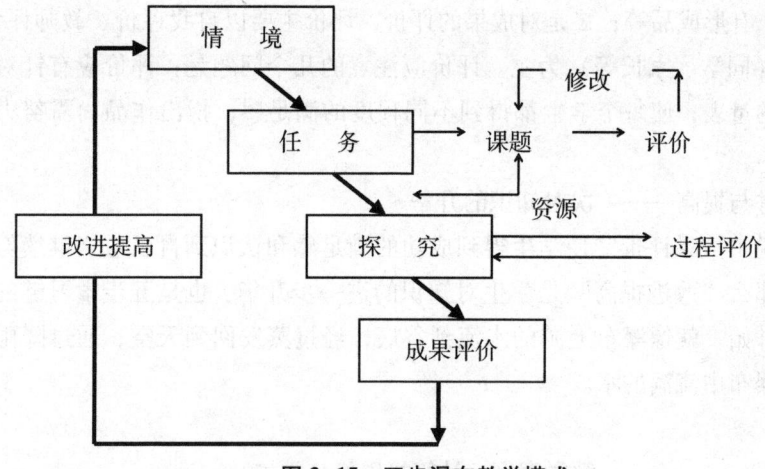

```
        情境
         ↓
              修改
        任务 → 课题 → 评价
         ↓    ← 资源
改进提高 → 探究 → 过程评价
         ↓
        成果评价
```

**图 3-15　五步瀑布教学模式**

②任务——一个完成 WebQuest 后的结果描述

提出一个任务往往比完成一个任务更具挑战性，教师在提出任务时应注意如下几个问题：一个使每个学生通过努力都可以达到的任务；可以是面对不同学生的、多层次的任务；任务必须是明确的；任务对学生富有吸引力。

一个任务可以是一个课题，或是被细化为多个课题，课题可以由学生在原有知识背景下参考教师提供的资源自己提出。例如，教师提出"多媒体计算机常见故障分析"这一大任务，学生按照自己的兴趣和爱好，可以选择软件类故障或是硬件类故障进行总结分析，也可以具体到某一硬件进行故障分析。如果是多方向性的任务就需要教师进行必要的评价，目的在于审查学生所提出课题的可行性、创造性、科学性等，避免学生走不必要的弯路。

③探究——一个利用信息资源分析、解决问题的过程

在这个过程当中，教师的角色是组织者、指导者，意义建构的帮助者、促进者；信息资源（教材、网上信息等）所提供的知识是学生主动建构意义的对象。

"不愤不启，不悱不发"是这一阶段教师解答学生在探究过程中遇到疑难问题的原则，另外提供必要的信息资源是帮助学生解决问题的关键。如果课题是单一的，教师可以将要完成课题的过程分解成循序渐进的若干步骤，并就每个步骤向学生提供短小而清晰的建议，其中包括将总任务分成若干子任务的策略，对每个学习者要扮演的角色或者所要采用的视角进行描绘等。

④成果评价——一个相互交流、评价获得认可的过程

这个阶段主要包含两个部分的内容：一是成果展示，成果可以是软件、报

告、论文、有形成品等;二是对成果的评价,评价主要以自我评价、教师评价、他人评价(同学、家长等)为主。评价应注意的几个问题是:评价应有针对性的规范化的量表;使每个学生都得到不同程度的满足感;指出作品尚需努力的方向。

⑤改进与提高——一次对知识的升华

如果说"成果评价"使学生得到成功的满足感和认识到自己应当继续努力的方向,那么"改进提高"是学生对知识的进一步升华,也是五步学习链的结束与重新开始。就像瀑布上游的水流到谷底,经过蒸发回到天空,通过降雨又重新形成瀑布中流淌的水。

**教学案例:计算机维修与维护**

该案例是在我基本完成计算机维修与维护基本知识的教学后,设计的一个"大作业",目的在于引导学生利用所学知识解决现实生活中的实际问题,锻炼学生综合运用知识处理问题的能力。我采用了基于WebQuest的"五步瀑布教学模式"。实施过程如下:

1. 进入情境

据调查,我市每100户城镇居民当中,拥有电脑85台。电脑不同于普通家电,它经常出现软、硬件方面的故障,而现在社会上专门从事电脑维修与维护的人员很少,而且缺少必要的培训,素质不是太高。现在我们做这样一件工作:编写一本电脑常见故障方面的培训小册子,大家都是这本小册子的编者,老师就"自封"为小册子的责任编辑,现在请大家结合日常生活中曾遇到、听到、看到的计算机故障、问题,或是自己感兴趣的某个方向进行研究总结,写一篇小论文、研究报告或者是制作一个软件作品,老师将把大家的作品刻录成光盘,每人一份,而且每个人的作品将留作下届你们的师弟师妹们学习这门功课的案例教材。众人拾柴火焰高,赶快动手吧!

2. 布置任务

(1) 可以是一人或多人合作(最好是同桌,一般不要超过2人)完成,将所研究的课题按要求填写选题报告,结题时填写成果报告。

(2) 时间安排:选题报告时间:第16周;成果报告时间:19周。

(3) 成果形式:将所研究的内容撰写2000字以上的科技小论文,要求提交电子文档或打印稿。

(4) 主要选题方向:计算机主要部件介绍及其选购;家用电脑安装问题研究;电脑的日常保养研究;计算机主要部件常见故障分析;Windows操作系统的

安装；Windows 操作系统常见故障分析研究；计算机病毒；CMOS 设置；其他。

(5) 学生所选课题的评价

学生所选课题是否合理，评审这一关非常关键，指导教师应当认真把握、指导学生所选内容是不是可行，及时纠正学生的方向，可最大程度上避免走弯路。评价可以从如下几个方面入手：选题的科学性、选题的可行性、任务分工、计划进度、活动计划、活动形式、预期成果等几个方面评价。

3. 探究

(1) 信息资源

在学生探究过程中，信息资源的提供是必要的，我为他们提供的资源是：http：//www.google.com；http：//www.baidu.com；http：//e.pku.edu.cn；http：//www.pconline.com.cn；http：//cs.hep.com.cn；《多媒体计算机维修与维护》；《电脑报》；《电脑爱好者》；《中国电脑教育报》。

研究问题常用的四种方法（实验法、文献法、比较法、调查法）。

论文撰写详细格式说明及样式论文。

(2) 过程评价

对实施过程的评价主要体现在如下几个指标：目标和任务达成情况、成员积极性、成员的合作性等。

4. 成果交流与评价

(1) 学生成果交流

成果交流分为成果展示与答辩两部分。学生在交流前的要求是：准备好个人讲述提纲；事先准备好挂图、表格或用 PowerPoint 制作好演示文稿。程序要求：

①个人讲述主要内容及本人所做工作，用时 10~15 分钟；

②由老师或学生提出 3~4 个问题，展示个人回答，回答问题用时 5~10 分钟。

学生在展示过程中应做到：叙述简明扼要，条理清晰，论据充分，有说服力。回答问题时要做到：概念清楚、考虑周密、思维敏捷、沉着冷静。应当说这也是一种综合表达能力的测评，通过三年的学习，同学们应当具备这样的素质。

(2) 成果评价

如下是教师评价学生成果参考用表 1：

表1　课题成果评价表①

| 课题题目： | |
|---|---|
| 指导教师： | 相关的学科： |
| 课题组成员： | |
| 成员班级： | 结题时间：　　年　月　日 |
| A. 成果报告（书面） | |
| 报告表述：□清楚 □一般 □不清楚 | 报告内容：□明确 □一般 □不明确 |
| 预期成果完成度：□好 □较好 □一般 | 成果可信度：□好 □较好 □一般 |
| 成果实际水平：□较高 □一般 □较低 | 材料完整性：□完整 □一般 □不全 |
| B. 成果答辩（陈述、回答问题） | |
| 1. 报告陈述（10~15分钟，阐述课题的实施过程、主要成果、主要收获） | |
| 条理：□清楚 □一般 □不清楚 | 学科运用：□好 □较好 □一般 |
| 语态、仪表：□好 □较好 □一般 | 成果展示：□合理 □一般 □较差 |
| 2. 回答问题（5~10分钟） | |
| 应答能力：□高 □较高 □一般 | 正确性：□好 □较好 □一般 |
| 小组合作性：□好 □较好 □一般 | 时间运用：□合理 □一般 □较差 |
| 1. 成果报告成绩（分五个等级）：<br>　　A（100）、B（90）、C（80）、D（70）、E（60）<br>　2. 成果答辩成绩（分五个等级）：<br>　　A（100）、B（90）、C（80）、D（70）、E（60） | |
| 课题成果综合评价（主要特色或主要问题等）：<br>　　评定成绩：　　　　　评审人（签名）： | |

总评成绩由课题选题成绩（p1），课题实施过程成绩（p2），课题成果成绩（p3）组成，各项权重为 $w1=0.2$，$w2=0.5$，$w3=0.3$，每项加权成绩计算公式为：$Qi=Pi \times Wi$，总成绩计算公式是：$Q=p1 \times w1 + p2 \times w2 + p3 \times w3$ 得到。

5. 改进与提高

这一阶段的量化体现的是，给定学生一段时间，希望学生在给定的这一段时间内对自己的研究成果进行改进，然后重新提交成果，教师视具体情况适当加分。

---

① 张人红，李建民. 研究性学习管理用书［M］. 南宁：广西教育出版社，2002.

## 2. "小课题"学习模式的确立

所谓"小课题"学习模式是指学生在一定的专业知识基础之上，将所学知识综合运用解决生活、生产中实际问题的一种稳定的学习形式。这种模式的确立，为专业课程设计、毕业设计提供了新的方法和思路。组织与实施"小课题研究"，就其过程来看，包括下面四个环节。

①选题

结合专业与学科特点，可以由教师定大方向，学生定小方向，进行课题研究，也可以激励学生自定题目。

②可行性分析

主要确定课题是否可以实现。包括：课题组的组织、硬件条件、方案的确定、开题报告等。

③小课题的研究

各小组在研究过程中，根据计划，既分工负责各自的任务，又相互配合，体现分工与合作的统一。在整个研究过程中，指导教师既要为研究小组内的各成员提供咨询与研究指导，又要负责对整个研究过程的监控。此外，指导教师还需检查各小组的阶段报告（特别是中期研究报告），以便根据情况指导学生修订研究计划。

④结题与答辩

各研究小组在按计划完成课题研究之后，需要写出课题研究报告。指导教师对学生课题研究的成果报告进行初步的评审，符合基本要求的准备参加班内的答辩，不符合要求的重新修改。答辩由陈述、展示、提问、回答、评语五个部分组成。

## 3. 长研究性学习的评价

一种有效的教学模式建立离不开好的评价体系，结合不同的专业特点，我们探索改革考核方式，推动职业院校学生素质的实验，从根本上解决了一张试卷定乾坤的考核方式。主要做法是注重实际操作技能和综合应用能力的考核，在一个开放的环境里，让学生自己飞翔。对于长研究性学习，我们建立了系列的评价量表：课题开题报告表、课题开题评审表（从选题的科学性、选题的可行性、任务分工、计划进度、活动计划、活动形式、预期成果等几个方面评价）、课题实施过程评审表（从目标和任务达成情况、成员积极性、成员的合作性等方面评价）、课题研究成果报告表、课题结题评审表（一是成果展示，成果可以是软件、报告、论文、有形成品等；二是对成果的评价，评价主要以自我评价、教师评价、他人评价等）、课题组成绩评定表等。

第二类短研究性学习。

①基于 MiniQuest 的研究性学习模式

MiniQuest 的研究性学习模式的实施方法与 WebQuest 的研究性学习模式基本相同，不过它的操作过程时间短，一般一两个课时就可以完成。

②案例分析法

借鉴 MBA 的案例教学法，在专业课教学中将具有代表性、典型性与工作岗位紧密相关的案例作为教材，在教师指导下，学生对案例提供的客观事实和问题进行分析、研究，做出判断和决策的一种理论联系实际的教学方法。其一般的操作过程如下：

教师引入案例，指明教学目的；学生独立分析案例；教师引导，学生讨论；学生对各种见解进行评价；教师总结。

③"问题—发现"教学

在职业类院校，很大一部分课是通过实操课、实验课来上，带着问题进行操作研究，更具针对性和实效性。如在计算机程序设计、机件的加工、服装工艺设计等。"问题—发现"基本教学程序如图 3-16 所示。

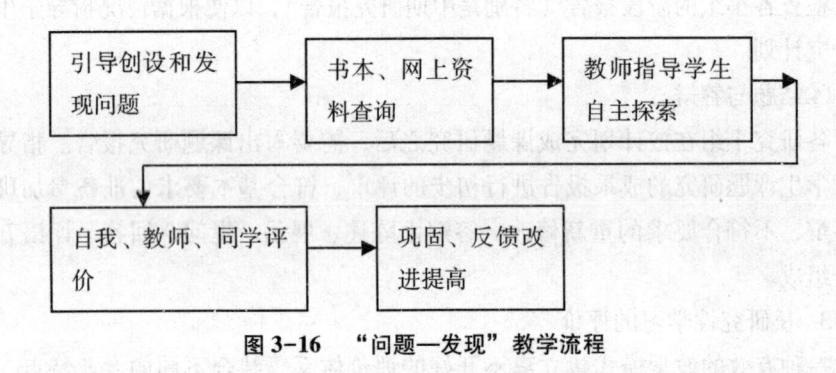

图 3-16 "问题—发现"教学流程

另外，在短研究性学习的方法上，我们还探索实践了"先学后教，当堂演练"等教学方法均取得了一定的成效。

**四、基于教育技术的教学改进**

（一）教育技术与教育变革

大约在公元前 30 世纪，人们用口耳相传、口授示范的这一身体技术，进行生存技能教育。公元前 11 世纪随着文字出现，不仅将人类文明的容量通过文字记载这一技术得到极大提升，而且使人们可以通过阅读文字获得技能。而造纸和印刷技术的发展,直接推动了教育形式变革。夸美纽斯的"班级授课制度"就是教育的重大突破。随着视听教育技术的发展,广播电视等媒体手段应用于教育,"广播电视大学""教育电视台"都是那个时代的产物。

以信息技术为代表的计算机辅助教学、多媒体技术应用、互联网技术普及,给教育带来前所未有的变化。大数据、云计算、互联网+、人工智能等技术,对教育整个领域发生了革命性影响,甚至会重塑整个教育领域。

美国高等教育信息化协会《2022地平线报告(教与学版)》中指出,教与学六项关键技术是:用于学习分析的人工智能、用于学习工具的人工智能、混合学习空间、混合/远程学习模式主流化、微认证、混合/远程教学的专业发展。对教与学应对策略是,重新思考传统教育;重新定义教学模式;混合和在线学习模式的主流化;提供多种学习方式和不同类型的微型证书;创造有利的学习环境。在新冠疫情全球流行的大背景下,这些策略值更加具有现实意义。

无疑新的教育技术的出现,促进了教育方式的变革。但人类历史上的几次教育变革的内驱力是什么?是教育技术吗?并不是,而是社会发展。社会发展的需要,促使教育变革,教育必须为社会发展服务,教育技术只是教育变革的工具而已。这一点,从劳动组织形式的变化对人的能力要求改变可以看出来。(如表3-5所示)

表3-5 劳动组织形式的变化对员工的能力要求[①]

| 传统企业 | 现代企业 | 现代企业能力要求 |
| --- | --- | --- |
| 等级分明,决策由中央领导机关做出 | 领导层减少,人人都必须对一定的行为负责 | 决策能力,责任心,组织领导能力 |
| 分工明确,任务单一 | 常以小组作业方式工作,需跨学科、跨工种协作 | 合作能力,解决问题分方法能力,灵活性,自信心 |
| 通过采用新技术而发生跳跃性发展 | 经过不断革新而逐渐发展 | 创造性,工作积极性 |
| 缺陷和错误在终了时被发现,浪费大 | 缺陷和错误由工作者本人发现并排除,浪费小 | 质量意识,自我批评能力 |
| 工作时间固定 | 工作时间灵活 | 纪律性,责任心 |

---

① 该表由王文槿提供。

现代企业发展需要支撑现代企业的员工能力要求，这一能力要求会直接反映到我们的教育上，能力本位的教学改进、工作过程的课程开发、专业对接产业等等。因此，工业社会的大规模、标准化、低成本，需要的是规范化教育。信息社会的全覆盖、个性化、高价值，需要的是个性化教育。在《上海基础教育信息化趋势蓝皮书》中有这样一句话："每个人都不一样，因此人的学习就会千姿百态，而技术让我们有了区分、支持和激发每一个学习者的各种可能性。"我们今天所推行的微课、慕课、翻转课堂，无疑就是一种以学生为中心的个性化的教育。

（二）基于移动学习的教学改进

1. 翻转课堂及其理论依据

《新媒体联盟 2015 地平线报告》这样界定翻转课堂（Flipped Classroom）：是指通过重组课堂内外的时间来将学习所有权从教师端转换到学生端的一种学习模式。

近几年随着学习理论的不断发展，我们认为"掌握学习理论""联通主义学习理论"和"建构主义学习理论"为翻转课堂提供了强有力的理论支撑。

"掌握学习理论"，由布卢姆等人提出，其基本理念是：只要给予足够的时间和适当的教学，几乎所有的学生对几乎所有的学习内容可以达到掌握的程度。学生在学习能力上的差异并不能决定他能否学会教学内容，而只能决定他将要花多少时间才能达到对该项内容的掌握程度。即学习能力强的学生可以在较短的时间内达到对某项学习任务的掌握水平，学习能力差的学生则要化较长时间才能达到同样的掌握程度。①而翻转课堂，就是重组课堂内外时间，以确保学生有足够的时间学习新的知识。

按照布鲁姆的教育目标分类，传统教学在时空上的行动是："记忆""理解"较低的认知层次是在教师的指导下在课内进行，而"应用""分析""评估""创造"较高认知层次却在没有教师的课外完成。（如图 3-17 所示）

---

① 莫雷．教育心理学［M］．北京：教育科学出版社，2007．

图 3-17 传统教学方式

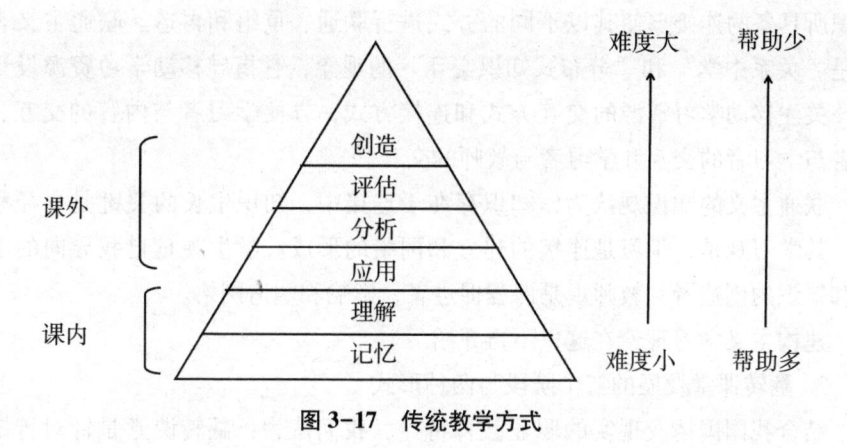

而采用翻转课堂教学,其行动方式是:"记忆""理解"较低的认知层次是在课外进行,而"应用""分析""评估""创造"较高认知层次是在课内完成。(如图 3-18 所示)

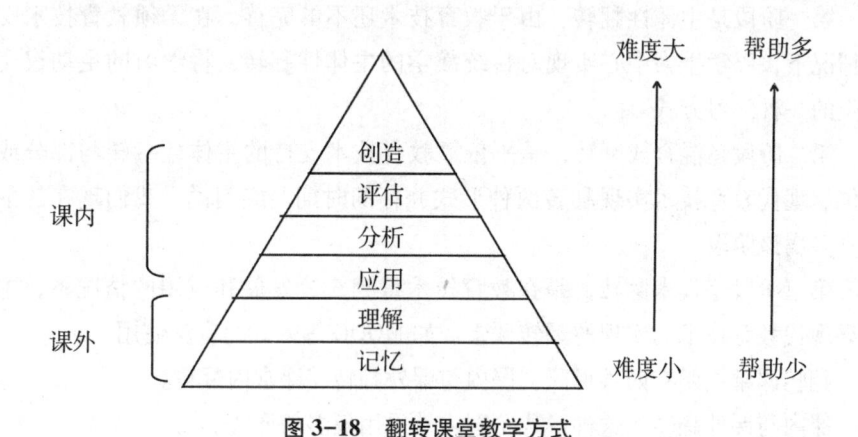

图 3-18 翻转课堂教学方式

2005 年西蒙斯在"Connectivism: A Learning Theory for the Digital Age"一文中系统提出了联通主义的思想,指出学习不再是一个人的活动,学习是连接专门节点和信息源的过程。其基本观点是:学习和知识存在多样性的观点中;学习是不特定的节点和信息资源建立连接的过程;学习也可能存在于物化的应用中;学习能力比掌握知识更重要;为了促进持续学习,我们需要培养和维护连接;发现领域、观点和概念之间关系的能力是最核心的能力;流通是所有联通主义学习的目的;决策本身是学习的过程。

联通主义认为网络时代知识是以碎片化的形式分散在网络中的各节点中,

知识所具备的连接点使其以不同的方式进行联通、重组和再造。联通主义表达的是"关系中学"和"分布式知识交互"的观念,它指导移动学习资源设计时应该关注移动学习资源的交互方式和连接方式,方便学习者与内容的交互、学习者与学习者的交互和学习者与教师的交互。①

联通主义的知识观认为,知识存在于连接中,知识生长的关键是寻径和意会。其学习观是,学习是连接的建立和网络的形成。学生观是自我导向的学习者和知识的创造者。教师观是课程促进者,影响和塑造网络。

建构主义学习理论在这里不再介绍。

2. 翻转课堂发展的三个阶段与两种形式

结合我国国情及现实的职业教育特点,我们认为:翻转课堂是针对传统教学中教师直接向学生传授和灌输知识而言的,是通过重组课堂内外的时间来将学习所有权从教师端转换到学生端的一种学习模式。这是本土化的"翻转课堂"。

我们认为,翻转课堂发展有三个阶段。

第一阶段是主体性翻转,由于教育技术还不够完善,在无须教育技术支持的情况下,以学生为中心实现对传统教学的主体性翻转,将学习的主动权交给学生的一种学习方式。

第二阶段是混合式翻转,是不依靠教育技术支持的主体性翻转与部分或完全依靠现代教育技术实现翻转两种形式并存的时期。应当说,我们现在的翻转课堂多属该阶段。

第三阶段是技术翻转,是在教育技术得到充分发展和应用的情况下,主要依靠现代教育技术而实现的翻转课堂。如 MOOC 等方式的广泛使用。

翻转课堂主要有两种形式:课内与课外翻转、课堂内翻转。

课内与课外翻转,这种形式是国内外采用最多的形式。

课堂内翻转,这是国内将翻转课堂本土化的一种创新做法,即不占用学生业余时间,在课堂内将学习主动权从教师端转换到学生端的一种学习模式。如,两节连堂课,第一节学生利用教师提供的学习资源自主助学,第二节疑难突破,合作提升。又如,一堂课,前 20 分钟微课导学,后 20 分钟疑难突破、实践运行,最后 5 分钟师生总结点评。

昌乐一中采用 AB 型课,A 型课为"自学质疑课",B 型课是"研讨理解课"。将下午、晚自习、早自读改为"自学质疑课","自学质疑课"对应第二

---

① 王米雪. 联通主义视角下的移动学习资源设计 [Z]. 2014 中国学习与发展大会. 2014.

天上午的"研讨理解课",整个课程表照此设置,以前的正课减少了,自习课增多。黎加厚认为这是"信息化环境下翻转课堂的中国本土化行动的一个典型案例"①。昌乐一中总结出的"二段四步十环节翻转课堂教学组织方式"值得借鉴学习,"二段"指"自学质疑课"和"研讨理解课"两个阶段,"四步"指"课时规划""微课设计""学习单编制""微课录制",十环节包括"自学质疑课"的"目标导学""教材自学""微课助学""合作互学""在线测学"五个环节,以及"研讨理解课"的"目标导学""疑难突破""合作提升""评价点拨""总结反思"五个环节。

3. 基于移动学习的翻转课堂改进

在新冠疫情期间,诸多院校采用在线教学方式。据全国高校质量保障机构联盟(CIQA)统计,71所高校大部分选择1个主要直播平台+N个辅助平台的方式。所采用的平台排在前列的是:腾讯会议、超星、钉钉、智慧树、ZOOM、云班课、中国大学 MOOC、雨课堂等。

我们采用直播平台+云课堂的形式,收到较好的教育教学效果。云班课是一款专门为移动环境下的教与学而设计的平台软件,其提供的网络拓扑结构如图 3-19 所示。

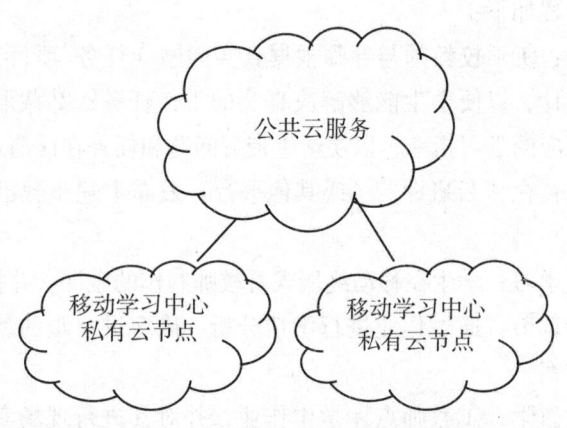

图 3-19 云班课学习平台网络拓扑结构

云班课学习平台主要包括四大模块:即时互动反馈、课程资源推送与提醒、过程性激励与评价、自动汇聚课程库。平台提供一种新型的教与学模式 JiTT(Just-in-TimeTeaching,即时反馈适应性教学),它的本质是由学生的课外准备

---

① 黎加厚. 微课程教学法与翻转课堂的中国本土化行动[J]. 中国教育信息化,2014(14):7-9.

和课堂活动组成的即时反馈循环,并且课堂活动是由课外准备决定的,它的目标主要是利用学生反馈引导教学,并激发学生的动机。

平台的主要功能如图3-20如示。①

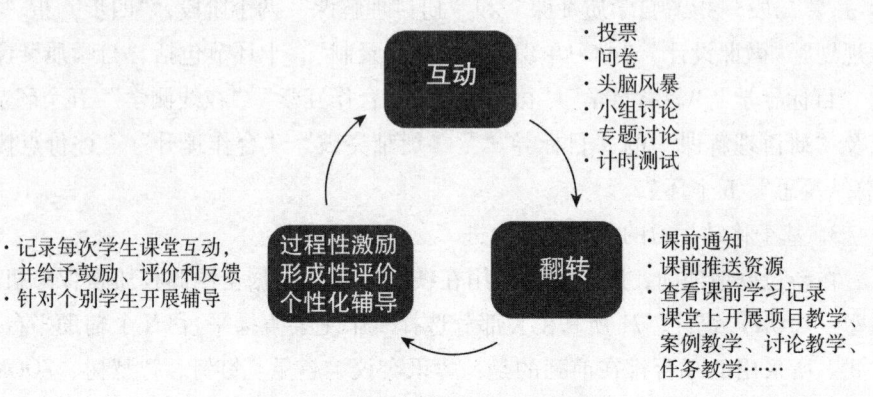

图3-20 云班课学习平台主要功能

利用该平台,我们构建了"基于移动学习方式的新型职业培训模式"②,如图3-21所示。

具体实施过程如下:

第一步准备:①学校教师与导师根据真实问题(任务/项目),进行工作过程导向的教学设计,以便学生能够解决真实的工作任务;②截取重难点,录制微课;③编制相应的学习指南,以便学生带着问题和任务在课前观看。

第二步发布:在"云班课"(或其他平台)发布上述步骤已开发的资源和任务。

第三步前置学习:学生在移动终端观看教师制作的微课,并提交作业。

第四步反馈调节:通过作业进行学情分析,确定进一步的教学方向,重新建构课堂教学方案。

第五步课堂教学:①教师点评学生作业,并对其进行现场实训指导;②企业和学校实训场分别架设手机支架,创建视频通讯环境,导师对学生操作给予即时反馈,或直接进行演示操作;③总结交流实训过程中的问题和经验。

第六步反思改进:教师对学与教过程及其效果进行反思,如有需要就进行

---

① 靳新. 移动互联环境下的教学模式变革及数字化课程建设 [Z]. 蓝墨云班课技术资料, 2016.

② 汪晓东. 基于移动学习的新型职业培训模式研究 [Z]. 中国就业培训技术指导中心与人力资源和社会保障部职业技能鉴定中心立项课题, 2015.

新一轮的教学实验，直至取得较好的教学效果。

第七步企业实习：到企业实际操作，导师现场指导，教师远程指导，让学生能够解决真实的问题或任务。

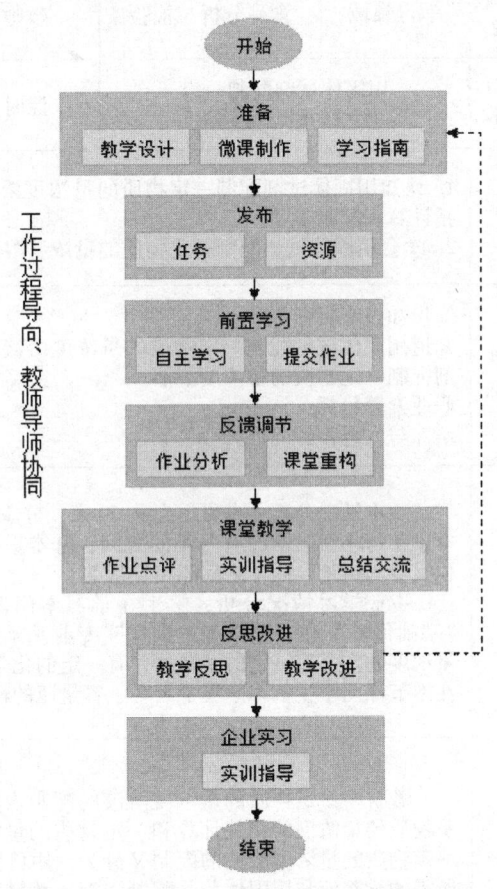

图 3-21　基于移动学习方式的新型职业培训模式

## 4. 基于移动学习的案例①

### 用固体试剂配制一定物质的量浓度溶液教学设计

| 班级 | 食检502 | 学习领域 | 食品分析与检验 | 教师 | 冯铭琴 |
|---|---|---|---|---|---|
| 授课内容 | 学习任务 | | 用固体试剂配制一定物质的量浓度溶液 | 课时 | 1 |
| | 子任务 | | 1. 认知用固体试剂配制一定物质的量浓度溶液的方法和过程,包括计算和配制步骤。<br>2. 学会用固体试剂配制一定物质的量浓度溶液的操作。 | | |
| | 教学目标 | | 知识和技能目标:<br>知道用固体试剂配制一定物质的量浓度溶液的方法,能用固体试剂配制一定物质的量浓度溶液。<br>职业素养目标:<br>培养与人合作的能力。 | | |
| 教学对象分析 | | | 基本情况分析:本班学生共60人,分10小组,每小组6人。本班实行小组教学已有一年的时间,基本适应了小组学习,他们积极参与讨论,同学之间能相互帮助。<br>专业学习情况分析:学生在学习本门课程前面已经学习了"基础化学"和"化学基本操作"专业基础课程,对一定物质的量浓度的定义有一定的了解,并有一定的化学实验基本操作基础。在本节课前学生基本掌握了天平、容量瓶的使用。 | | |
| 教材分析 | | | 教材中一定物质的量浓度溶液的配制内容分了两部分,分别是物质的量浓度的相关计算和一定物质的量浓度溶液的配制。而一定物质的量浓度溶液的配制又分为:用已知浓度的浓溶液配制所需的稀溶液和用固体药品配制溶液,教材以实际的例子详细介绍了具体的方法,能辅助教学,微视频的制作就参考了教材的内容。 | | |
| 教学重点 | | | 用固体试剂配制一定物质的量浓度溶液的方法和技能。 | | |
| 教学难点 | | | 一定物质的量浓度溶液配制的方法和操作要点。 | | |
| 授课方法 | | | 任务驱动法 | | |
| 教具 | | | 任务书、微课、白板、多媒体 | | |

---

① 该案例由冯铭琴提供。

续表

| 教学环节 | 教学内容或教学设计 | 设计意图 |
| --- | --- | --- |
| 教学准备 | 1. 制作微课，并提前发放给学生自主学习。<br>2. 设计学习任务：要求学生看微课，课前完成以下任务：<br>（1）知方法和操作步骤：通过视频的学习，知道用固体试剂配制一定物质的量浓度溶液的具体操作方法和步骤。<br>（2）会计算：用固体试剂配制一定物质的量浓度溶液时，会计算所需试剂的质量。<br>3. 准备实验用的试剂和仪器 | 帮助教学。 |
| 导入 | 回顾课前任务引入课堂教学 | |
| 教学活动一：课前的学习任务答疑 | 活动描述：学生根据课前观看微课学习的实际情况，提出自己的疑问或不理解的地方，教师组织其他学生解答或教师本人解答。 | 解除学生的疑问，有助于学生完成接下来的学习任务。 |
| 教学活动二：课前学习任务完成情况的考核 | 活动描述：要求学生完成下面的任务：<br>任务一：在规定时间内（5分钟），以小组为单位进行讨论，根据微课的内容，在白板上写出用固体试剂配制一定物质的量浓度溶液的步骤。完成后，拍照上传至云班课讨论活动（讨论名称：我知道操作步骤）。评价方法：每组可得参与分6分，能正确写出操作步骤另外加6分。小组得分由小组根据成员的表现进行分配，分配结果课后报科代表统计。<br>任务二：登录云班课，完成对应内容的考核，要求在3分钟内完成。<br>1. 配制1L 0.1mol/L的氢氧化钠溶液需要称取氢氧化钠多少克？<br>2. 配制500mL 0.2mol/L的氯化钠溶液需要称取氯化钠多少克？<br>评价方法：每小题1分，直接可以从云班会中得出分数，由科代表记录成绩。 | 通过考核了解学生对知识的实际掌握情况。 |
| 教学活动三：动手操作并找错误 | 活动描述：把每组的学生（6人）分成两小组（每小组3人），3人进行溶液配制的操作（任务：配制0.1mol/L的氢氧化钠溶液100mL，10min完成），另外的3名学生一对一地对照微课评价操作同学的操作规范性，并在任务书上写出同学操作错误的地方。然后两小组的任务对换。操作完毕小组对照任务书讨论找出操作共同错误最多的一点，组长在云班课的讨论活动中（讨论名称：我会操作）写出来。然后共同寻找原因，并寻找解决方法。 | 通过操作和参照微课视频找操作错误的地方，然后共同讨论寻找原因和解决方法，让学生学会操作的要点，掌握相应的技能。 |

续表

| 教学环节 | 教学内容或教学设计 | 设计意图 |
|---|---|---|
| 课堂小结 | 上云班课,说说这次课我学会了什么?会做什么? | 引导学生进行课堂小结,达到知识回顾的目的。 |
| 作业 | — | 上云班课,说说配制一定物质的量浓度溶液操作时要注意的事项。 |
| 安排下次课的任务 | 在以上学习的基础上,要求学生完成以下任务,提前做好相关的准备。<br>任务一:每人配制 250 mL 0.1mol/L 的氯化钠溶液。<br>任务二:每人配制 100 mL 0.1mol/L 的氢氧化钠溶液。 | 通过强化训练,让学生的技能水平达到相应的要求。 |

# 第四章

# 价值驱动的教师与学生发展

## 第一节 价值驱动的教师专业发展

### 一、产教融合下的教师专业发展

#### (一) 教师专业发展的界定及内容

1966年联合国教科文组织和国际劳工组织发布的《关于教师地位的建议》,提出"应把教育工作视为专门的职业"的主张。1980年《世界教育报告》的主题是"教师的专业发展"。哈格里夫斯和英国教育社会学家古德森(Goodson)对教师专业性进行了论述,分为五种专业性[1]:古典型专业性(classical professionalism),指社会学立场上的专业性,强调专业发展就是力图为教师专业澄清知识基础,从而寻求一种"科学的确定性";灵活型专业性(flexible professionalism),注重"共享的专业社群"和"合作的文化"建立;实践型专业性(practical professionalism),强调"个人实践知识"和"反思性实践";扩展型专业性(extended professionalism),指教师突破个别教室的限制,发挥同侪间合作的功能;后现代专业性(postmodern professionalism),要求教师应关心教育活动中的道德与社会政治目的,认为教师专业性应当包含审慎地判断、积极地关心学生、合作的文化、持续学习等。美国人伯林纳把教师专业发展划分为五个阶段:新手阶段、高级新手阶段、胜任阶段、熟练阶段、专家阶段。

国内有关"教师专业发展"的研究出现于20世纪90年代,早期的代表作有汪凌的《教育风格与教师的专业发展》、叶澜的《新世纪教师专业素养初

---

[1] 郑航,王晓莉.价值驱动型学校改进——理论与实践[M].广州:广东人民出版社,2021:268.

探》。国内学术界倾向于把教师专业发展理解为教师专业素质及专业化程度提高。为了构建教师的专业素质结构模型，叶澜提出了专业理念、知识结构和能力结构的三要素理论。教师专业发展的途径与方法，国内学者多倾向于采用三种基本范式的研究框架："熟练型实践者"范式、"反思型实践者"范式、"研究型实践者"范式。①教育部编写的《教师专业化的理论与实践》一书中指出："教师专业发展是教师个体专业不断发展的过程，是不断接受新知识、增长专业能力的过程，教师要成为专业人员，需要不断学习与探究来拓展其专业内涵，提高专业水平，达到成熟的境界。"②

总体来讲，国内对教师专业发展的界定大致分为三种：一是理解为教师个体内在的专业水平提高的历程；二是理解为教师的职前培训、入职教育和在职培训等；三是理解为教师个体从非专业人员到专业人员的成长过程。

(二) 产教融合下的"双师型"队伍建设

我们不妨先回顾一下"双师型"教师这一提法的产生及发展完善过程。我国"双师型"职教教师的提法最早起源于天津职业技术师范学院提出的"一体化"新型师资，即通过实行"双证书"制（既有大学本科或专科毕业证书，又有技术等级证书），成功地将教育与生产劳动相结合，为职业教育培养高层次的教师。③ 此后，1998年2月16日，原国家教委首次在《面向21世纪深化职业教育教学改革的原则意见》中明确提出"双师型"教师这一概念，并将"双师型"教师队伍确定为我国职教师资队伍建设的目标。2000年1月17日，《教育部关于加强高职高专教育人才培养工作的意见》中将"双师型"明确为既是教师，又是工程师、会计师等。

2004年4月教育部颁发的《高职高专院校人才培养工作水平评估指标体系》中对"双师型"教师做如下详细界定："双师素质教师是指具有讲师（或以上）教师职称，又具备下列条件之一的专任教师：（1）有本专业实际工作的中级（或以上）技术职称（含行业特许的资格证书及有专业资格或专业技能考评员资格者）；（2）近五年中有两年以上（可累计计算）在企业第一线本专业实际工作经历，或参加教育部组织的教师专业技能培训获得合格证书，能全面

---

① 左崇良，吴云鹏. 教师专业发展研究：进展与方向 [J]. 中国成人教育，2019（19）：74-79.
② 教育部师范教育司. 教师专业化的理论与实践 [M]. 2版. 北京：人民教育出版社，2003：50.
③ 王宪成，等，实行"双证书制"，培养"一体化"职教师资 [J]. 中国培训，1997（9）：21-26.

指导学生专业实践实训活动；(3)近五年主持(或主要参与)两项应用技术研究，成果已被企业使用，效益良好；(4)近五年主持(或主要参与)两项校内实践教学设施建设或提升技术水平的设计安装工作，使用效果好，在省内同类院校中居先进水平。

应当说上述定义对高职高专"双师型"教师队伍建设提供了很好的参考，同时也具有一定的可操作性。至于国内有关学者对此提出了不同的看法，笔者个人觉得很多看法关键是在日常教师队伍管理中难以操作。

国家有关部门对高职高专"双师型"教师有明确的界定，而且目前也有众多的教育工作者对其内涵和外延做了大量深入研究与阐述，而对于中等职业学校"双师型"教师如何界定，从国家有关部门到理论界、一线教师都少有论述。2005年教育部新修订的《国家级重点中等职业学校评估指标体系》中对"双师型"教师的界定是："教师有和自己所授课程相关的职业资格证、职称证或技能证"，这一解释可以理解为"教师+专业证"，即为"双师型"教师，这种界定既没有对教师的职称提出什么具体要求，也没有对专业证的级别做出明确的规定，显然"双师型"教师入门标准过低，既然目标容易达到，各级部门就没有大力加强这方面建设的必要，这显然不利于中等职业学校师资队伍整体素质的提高。

"双师型"教师队伍建设不仅对于高职高专具有重要的作用，对于中等职业学校也同等重要，2001年11月，教育部在《关于"十五"期间加强中等职业学校教师队伍建设的意见》中就明确提出要加强"双师型"教师队伍建设。《国家职业教育改革实施方案》明确提出多措并举打造"双师型"教师队伍。那么如何界定中等职业学校"双师型"教师，已成为中等职业学校的师资队伍建设必须解决的问题。2019年8月教育部、人社部等四部门印发《深化新时代职业教育"双师型"教师队伍建设改革实施方案》，提出："推动各地结合实际，制定'双师型'教师认定标准，将体现技能水平和专业教学能力的双师素质纳入教师考核评价体系。"建立"双师型"教师的认定标准，对培养"双师型"教师至关重要。

参照教育部关于高职高专"双师型"教师的界定，以及2005年11月《国务院关于大力发展职业教育的决定》中的有关规定，笔者认为，中等职业学校"双师型"教师可做如下解释：双师素质是指具有中等专业学校讲师(或相同级别，如：中等职业学校专业课一级教师及以上级别)教师职称，又具备下列条件之一的专任教师：①有本专业实际工作的中级(人社部门颁发的中级或不同部门类似级别及以上)技术证书(含行业特许的资格证书及其有专业资格或专业技能考评员资格者）；②近两年中有两个月以上（可累计计算）在企业或生产服务一线从事本专业实际工作经历，或参加省级实训基地培训，能全面指导学生专业实践实训活动；③近三年主持（或主要参与）一项应用技术改进或研究，成果已被企业使用，效益良好；④近三年主持（或主要参与）一项校内实践教学设施建设或提升技术水平的设计安装工作，使用效果好，在地级市内同类学校中居先进水平。

上述的界定对中等职业学校而言，是比较合适的，也利于操作。对通过上述条件获得中等职业学校"双师型"的教师实际上可分为两种类型：一是通过评、考获得的"双师型"教师可称为"双师资格教师"（如：讲师+中级技术证以上），二是通过评与经历而获得的"双师型"教师可称为"双师经历教师"。

中等职业学校"双师型"教师的分层论。根据上述描述，通过评、考获得"双师型"教师并不是一件困难的事，例如一般的中等职业学校的学生也都要求考取中级职业资格证书或职业技能等级证书。对于跨入"双师型"教师门槛的教师是不是就没有更高的"双师型"教师目标了呢？就目前而言，还没有哪一个政府部门提出这一目标，笔者认为这不利于专业课教师素质的进一步提高，对于中等职业学校"双师型"教师应当实行分层制。如何分层？

笔者将通过评、考而获得的"双师型"教师细分为三个层次：初级"双师型"教师、中级"双师型"教师、高级"双师型"教师。

第一层次是初级"双师型"教师，即获得"讲师+中级专业证"的教师。其基本条件是：具有中等专业学校讲师（或相同及以上级别）教师职称，又具备本专业实际工作的中级职业资格或职业技能等级证书。

第二层次是中级"双师型"教师，即获得"讲师+高级专业证"称号的教师。其基本条件是：具有中等专业学校讲师（或相同及以上级别）教师职称，又具备本专业实际工作的高级职业资格或职业技能等级证书。

第三层次是高级"双师型"教师，即获得"高级讲师+技师"教师。其基本条件是：具有中等专业学校高级讲师（或相同级别，及以上级别）教师职称，又具备本专业实际工作的技师职业资格或高级职业技能等级证书。

这种"双师型"教师的分层方式，具有培养目标明确、操作性强等特点，利于目前广大中等职业学校开展不同层次"双师型"教师培养。

中等职业学校"双师型"教师所包含的素质并非仅通过获得上述"两证"所能包括的，它应当作为"双师型"教师的基本素质要求，而不能将其理解为"两证"的简单叠加。中等职业学校"双师型"教师应当是"多素质"的，就其知识与能力结构应包括：教育理论知识与专业知识的知识结构；基本技能、专业技能、师范技能的技能结构；适应专业教学任务转移能力、职业课程开发能力、教育科研能力的能力结构。

## 二、"四格四力"教师专业发展

### （一）"四格四力"教师专业发展的提出及内涵

教育部于2013年印发的《中等职业学校教师专业标准（试行）》中，将中等职业学校教师从"专业理念与师德""专业知识""专业能力"三个方面十五个领域提出了基本要求，比较全面与系统地描述了教师的专业标准。如表4-1所示。

表4-1 中等职业学校教师专业标准

| 维度 | 领域 | 基本要求 |
|---|---|---|
| 专业理念与师德 | （一）职业理解与认识 | 1. 贯彻党和国家教育方针政策，遵守教育法律法规<br>2. 理解职业教育工作的意义，把立德树人作为职业教育的根本任务<br>3. 认同中等职业学校教师的专业性和独特性，注重自身专业发展<br>4. 注重团队合作，积极开展协作与交流 |
| | （二）对学生的态度与行为 | 5. 关爱学生，重视学生身心健康发展，保护学生人身与生命安全<br>6. 尊重学生，维护学生合法权益，平等对待每一个学生，采用正确的方式方法引导和教育学生<br>7. 信任学生，积极创造条件，促进学生的自主发展 |
| | （三）教育教学态度与行为 | 8. 树立育人为本、德育为先、能力为重的理念，将学生的知识学习、技能训练与品德养成相结合，重视学生的全面发展<br>9. 遵循职业教育规律、技术技能人才成长规律和学生身心发展规律，促进学生职业能力的形成<br>10. 营造勇于探索、积极实践、敢于创新的氛围，培养学生的动手能力、人文素养、规范意识和创新意识<br>11. 引导学生自主学习、自强自立，养成良好的学习习惯和职业习惯 |
| | （四）个人修养与行为 | 12. 富有爱心、责任心，具有让每一个学生都能成为有用之才的坚定信念<br>13. 坚持实践导向，身体力行，做中教，做中学<br>14. 善于自我调节，保持平和心态<br>15. 乐观向上，细心耐心，有亲和力<br>16. 衣着整洁得体，语言规范健康，举止文明礼貌 |

续表

| 维度 | 领域 | 基本要求 |
|---|---|---|
| 专业知识 | （五）教育知识 | 17. 熟悉技术技能人才成长规律，掌握学生身心发展规律与特点<br>18. 了解学生思想品德和职业道德形成的过程及其教育方法<br>19. 了解学生不同教育阶段以及从学校到工作岗位过渡阶段的心理特点和学习特点，并掌握相关教育方法<br>20. 了解学生集体活动特点和组织管理方式 |
| | （六）职业背景知识 | 21. 了解所在区域经济发展情况、相关行业现状趋势与人才需求、世界技术技能前沿水平等基本情况<br>22. 了解所教专业与相关职业的关系<br>23. 掌握所教专业涉及的职业资格及其标准<br>24. 了解学校毕业生对口单位的用人标准、岗位职责等情况<br>25. 掌握所教专业的知识体系和基本规律 |
| | （七）课程教学知识 | 26. 熟悉所教课程在专业人才培养中的地位和作用<br>27. 掌握所教课程的理论体系、实践体系及课程标准<br>28. 掌握学生专业学习认知特点和技术技能形成的过程及特点<br>29. 掌握所教课程的教学方法与策略 |
| | （八）通识性知识 | 30. 具有相应的自然科学和人文社会科学知识<br>31. 了解中国经济、社会及教育发展的基本情况<br>32. 具有一定的艺术欣赏与表现知识<br>33. 具有适应教育现代化的信息技术知识 |
| 专业能力 | （九）教学设计 | 34. 根据培养目标设计教学目标和教学计划<br>35. 基于职业岗位工作过程设计教学过程和教学情境<br>36. 引导和帮助学生设计个性化的学习计划<br>37. 参与校本课程开发 |
| | （十）教学实施 | 38. 营造良好的学习环境与氛围，培养学生的职业兴趣、学习兴趣和自信心<br>39. 运用讲练结合、工学结合等多种理论与实践相结合的方式方法，有效实施教学<br>40. 指导学生主动学习和技术技能训练，有效调控教学过程<br>41. 应用现代教育技术手段实施教学 |
| | （十一）实训实习组织 | 42. 掌握组织学生进行校内外实训实习的方法，安排好实训实习计划，保证实训实习效果<br>43. 具有与实训实习单位沟通合作的能力，全程参与实训实习<br>44. 熟悉有关法律和规章制度，保护学生的人身安全，维护学生的合法权益 |

续表

| 维度 | 领域 | 基本要求 |
|---|---|---|
| 专业能力 | （十二）班级管理与教育活动 | 45. 结合课程教学并根据学生思想品德和职业道德形成的特点开展育人和德育活动<br>46. 发挥共青团和各类学生组织自我教育、管理与服务的作用，开展有益于学生身心健康的教育活动<br>47. 为学生提供必要的职业生涯规划、就业创业指导<br>48. 为学生提供学习和生活方面的心理疏导<br>49. 妥善应对突发事件 |
| | （十三）教育教学评价 | 50. 运用多元评价方法，结合技术技能人才培养规律，多视角、全过程评价学生发展<br>51. 引导学生进行自我评价和相互评价<br>52. 开展自我评价、相互评价与学生对教师评价，及时调整和改进教育教学工作 |
| | （十四）沟通与合作 | 53. 了解学生，平等地与学生进行沟通交流，建立良好的师生关系<br>54. 与同事合作交流，分享经验和资源，共同发展<br>55. 与家长进行沟通合作，共同促进学生发展<br>56. 配合和推动学校与企业、社区建立合作互助的关系，促进校企合作，提供社会服务 |
| | （十五）教学研究与专业发展 | 57. 主动收集分析毕业生就业信息和行业企业用人需求等相关信息，不断反思和改进教育教学工作<br>58. 针对教育教学工作中的现实需要与问题，进行探索和研究<br>59. 参加校本教学研究和教学改革<br>60. 结合行业企业需求和专业发展需要，制定个人专业发展规划，通过参加专业培训和企业实践等多种途径，不断提高自身专业素质 |

  以上为中等职业学校教师专业标准，对高等职业院校教师专业标准在参照执行的基础上，某些方面会有更高的要求。

  当前职业院校的教师的专业发展面临不少问题，主要体现在：一是教师培养缺少层次性与针对性。主要表现在：专业带头人、骨干教师和"双师型"教师培养目标不清晰，不能高质量培养专业带头人和专业骨干教师。二是对"双师型"教师注重专业能力、实践能力培养，而对教育能力、研究能力的培养重视不够。三是对"双师型"教师的认定上层次不清，不利于打造较高层次的师资队伍。

在实践中，我们从教师成长阶段和教师专业能力结构两个维度，提出"四格四力"教师专业发展方式。"四格四力"教师专业发展是指教师通过"入格""合格""升格""风格"四个成长阶段，不断提高个人"教育力""专业力""实践力""创新力"的发展方式。

### （二）"四格"的基本要求与内容

教师的专业发展可以分为四个阶段：入格、合格、升格、风格。引领教师进行个人职业生涯规划，教师专业发展的"四格"，如图4-1所示。

**风格**：10年以上，形成教育教学风格等

**升格**：5年以上，定位发展方向，实现自我突破

**合格**：3年内，教学内容、教学方法与策略等

**入格**：1年左右，熟悉教学内容，练就教育教学基本功等

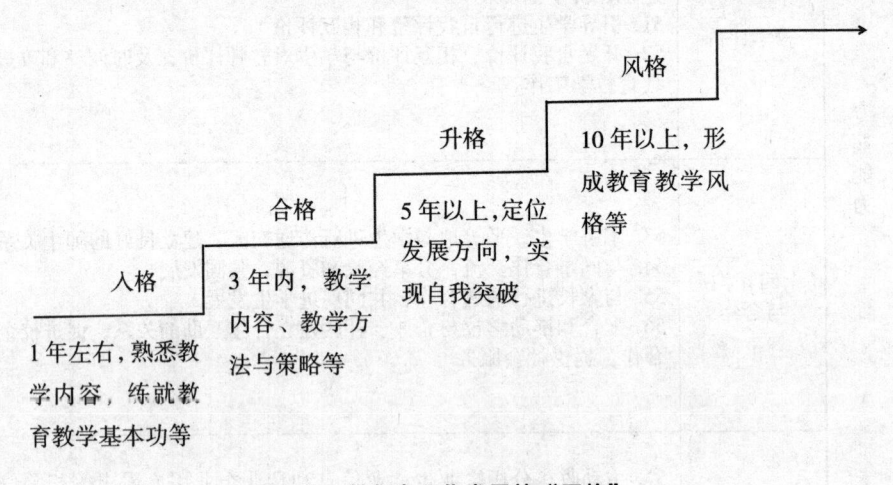

**图 4-1　教师专业化发展的"四格"**

"入格"阶段。不管有多丰富的企业工作经验，走上讲台的第一年，每位教师的培养与发展方向主要是：熟悉教学内容，练就教育教学基本功。如：认识职业教育，学会如何备课、上课、布置作业、出试卷、板书、表达、组织课堂等。此过程开展的培训主要有两个阶段，第一阶段是入职前的集中培训，第二阶段是工作岗位上的帮带。在此期间没有教师资格证的，还需要获取教师资格证书。

"合格"阶段。这里的"合格"并非指传统意义上的单位对教师的业绩考核合格，而主要是指在教师专业发展过程中教育教学能力所处的阶段。笔者认为，从事教育教学工作3年以内，教师的培养与发展方向主要是：钻研教学内容体系，练就合格的教学基本功，有一定的教育教学策略。如：课堂教学问题

诊断及对策、学科教学策略方法应用、班级管理技巧、课堂教学应变技能、班主任工作、教师心理调节技巧、人际沟通、学校发展诊断等。此阶段内，要参加"双师型"教师认定。

"升格"阶段。从事教育教学工作5年以上，教师培养与发展方向主要是：成为"明师"，即明白之师，要明确个人发展方向，这个方向可以是"教学型""德育型""复合型"等。在教育教学上要实现从教工作的第一次飞跃，这种飞跃的触发，一般是对个人发展影响较大的"关键事件"，如：个人在教育科研上的重要突破、被学校列为某个项目或部门的负责人以及重点培养对象、某个对个人造成较大冲击的负面事件等。抓住这些"关键事件"，加上个人的实践与反思，会促进教师专业发展的跃进，实现"升格"。此阶段内，教师要参加更高层次的"双师型"教师认定，要努力成为学校的骨干教师培养对象或骨干教师。

"风格"阶段。从事教学工作10年以上，教师培养与发展方向主要是："教学型"教师能形成独特的教学风格，如：生长型课堂的构建，学生主体性得到充分发挥。"德育型"教师在育人上有自己的风格，如：有较强的化人育人的能力，实现学生个性化成长，具备构建良好班风的能力。"复合型"教师：关注师生成长，有专业建设能力及专业发展战略思维，具备良好沟通与团队合作能力，管理能力较强等。此阶段，教师要努力成为学科带头人或名师培养对象等。

（三）"四力"的基本要求与内容

我们认为职业院校从事专业教学的人员应当具备四种能力，即"教育力""专业力""实践力""创新力"。

"教育力"是教育教学基本能力，"专业力"是从事相应专业教学的基本能力要求，"实践力"是从事相应专业教学所必须具备的操作能力。四力当中，"教育力"是核心，"专业力"是基础，"实践力"和"创新力"是支撑。四者形成稳固的三角形，它们之间的关系如图4-2所示。

图4-2 "四力"关系图

在教师专业发展的不同阶段，我们认为"教育力""专业力""实践力"同等重要，对能力的要求随从教年限不断缓慢增加。"创新力"在教师成长的"入格""合格"阶段要求并不高，但在"升格"阶段之后，则应放到教师发展的重要位置上来。如果将"四格"作为二维坐标的 X 轴，"四力"作为 Y 轴，这种对应关系如图 4-3 所示。

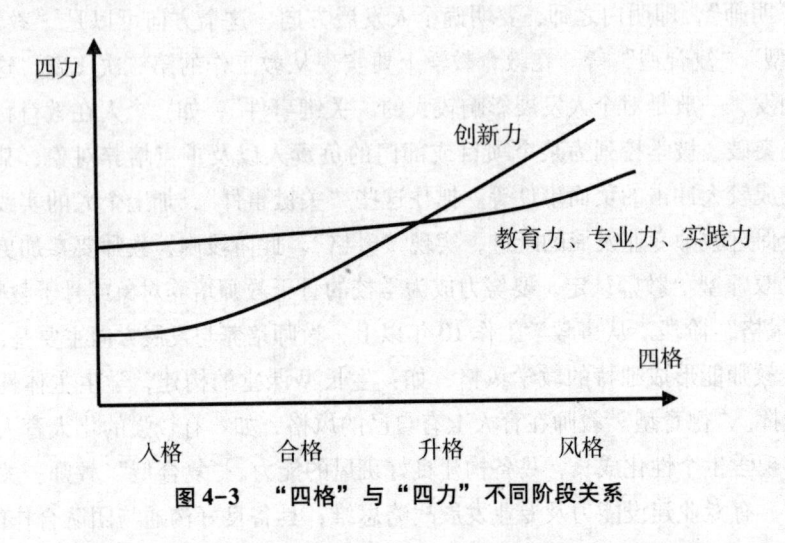

**图 4-3　"四格"与"四力"不同阶段关系**

在教育教学实践中，我们总结了四种能力所应具备的"应知内容"和"应会内容"以及培养方式，供大家参考，如表 4-2 所示。

**表 4-2："四力"基本要求与内容**

| 能力结构 | 应知内容 | 应会内容 | 培养方式 |
| --- | --- | --- | --- |
| 教育力 | 师德修养：基本规范、人文素养<br>职业教育理论：职业教育思想、教育心理学、教学方法论、学校管理理论、教育政策法规等 | 教学基本要求（备课、上课、作业、试卷、板书、表达、组织等）、课堂教学问题诊断及对策、学科教学策略方法应用、班级管理技巧、课堂教学应变技能、班主任工作、教师心理调节技巧、人际沟通、学校发展诊断等 | 听课、评课、先进人物报告、专家讲座、自修专著、演讲、文献研究、听课、头脑风暴、做中学、对话切磋交流 |

续表

| 能力结构 | 应知内容 | 应会内容 | 培养方式 |
|---|---|---|---|
| 专业力 | 专业基本知识、专业知识最新动态了解、专业研究专题等 | 专业知识、行业标准及法律法规 | 教师学历进修、教师自学、技能考核、调查、教师报告或专家报告 |
| 实践力 | 专业操作技能 | 企业生产管理实践、企业文化 | 下企业顶岗实习、企业技术服务、技能培训 |
| 创新力 | 课程开发的理念、策略与方法、教学方法研究、德育专题研究、专业技术创新 | 课程开发、实施及评价的实践、课题研究的实践、问题解决的策略与方法、企业技术创新与管理 | 专家引领、独立或联合开发课程、教育课题立项、企业技术攻关与服务、科技创新、论文写作等 |

价值驱动型学校，每所学校的教师专业发展路径不尽相同，我们支持校本化的教师专业发展。如某职业院校构建"多途径""多层次""多内容""多维度"的"立交桥"式教师专业发展方式，采用"四三制"教师专业发展路径，即："三个平台""三大工程""三项课程""三维空间"的四个三制度。

"三个平台"：日常教研活动平台、教师继续教育平台、教师个人反思平台。

"三大工程"："学科带头人""骨干教师""双师型"教师培养工程。

"三项课程"：教育培训课程、专业技能培训课程、创新培训课程。

"三维空间"：为教师创设学习空间、创设自我展示空间、创设实践空间。

教师专业发展离不开学校机制建设，这个机制至少包含三个层面，即：战略层、制度层、执行层。战略层：教师培养应与学校的发展规划相适应，应有具体的培养计划、培养目标。制度层：围绕战略层从教师引进、培养、晋升、激励、评价、清退，都应建立一整套完善的制度。该系列制度的建立要体现层次性和发展性。执行层：就是对战略与制度层的具体落实。要注意部门间的有效配合，注意阶段性的监督、反馈与总结。

### 三、价值驱动的班主任专业发展

（一）班主任工作职责与职业能力标准

本部分所探讨的班主任工作职责，在高等职业院校称为辅导员职责，两者有共同之处，本书所提班主任是从广义上来讲的，包含辅导员。

班主任是开展学生思想政治教育的主要力量，是职业院校学生日常思想政治教育和管理工作的组织者、实施者、指导者。探讨班主任工作职责，有利于班主任更好开展工作，帮助和指导学生成长成才。

教育部2017年印发的《普通高等学校辅导员队伍建设规定》中，明确提出辅导员的主要工作职责有九点：思想理论教育和价值引领、党团和班级建设、学风建设、学生日常事务管理、心理健康教育与咨询工作、网络思想政治教育、校园危机事件应对、职业规划与就业创业指导、理论和实践研究。教育部和人力资源社会保障部于2010年联合印发的《关于加强中等职业学校班主任工作的意见》中，提出中等职业学校班主任工作职责有五点：学生思想工作、班级管理工作、组织班级活动、职业指导工作、沟通协调工作。相比而言，普通高等学校辅导员工作职责要更多。

教育部于2014年印发《高等学校辅导员职业能力标准（暂行）》，该标准将辅导员的职业知识分为：基础知识、专业知识、法律法规知识，职业能力标准共分三级，初级、中级和高级，职业能力标准按等级要求依次递进，高级别包括低级别的要求。该职业能力标准围绕上面提到的九点工作职责，进行分解和细化，非常具有指导意义。中级职业标准如表4-3所示。

表4-3 中级辅导员职业标准

| 职业功能 | 工作内容 | 能力要求 | 相关理论和知识要求 |
| --- | --- | --- | --- |
| 思想政治教育 | （一）组织、协调班主任、思想政治理论课教师和组织员等共同做好经常性的思想政治教育工作 | 能与班主任、思想政治理论课教师和组织员等工作骨干做好沟通交流，充分发挥所有从事大学生思想政治教育工作人员的育人作用 | 心理学 |

续表

| 职业功能 | 工作内容 | 能力要求 | 相关理论和知识要求 |
|---|---|---|---|
| 思想政治教育 | （二）参与思想道德修养、形势与政策教育等课程教学 | 能深入了解国情、民情、社情；能根据教学的需要和学生的特点，采取灵活多样的教学方式开展形势与政策教育 | 政治学基础知识<br>课堂教学基本方法与理论 |
| | （三）为学生在理想、信念等方面遇到的深层次思想问题提供有针对性的教育咨询 | 能就学生深层次的思想问题进行沟通、挖掘、分析与辅导 | 伦理学相关知识<br>社会学相关知识 |
| 党团和班级建设 | （一）开展党员教育管理服务工作 | 具备丰富的党建团建工作经验与扎实的理论功底；能指导党支部书记开展党员教育培训，拓展教育途径；能指导党支部书记开展组织生活和组织关系管理；能指导党支部书记关爱帮助学生党员，保障党员民主权利 | 中华人民共和国史<br>中国共产党史<br>党的建设理论<br>大型活动组织管理和大型活动组织的方法与原则<br>课堂教学方法 |
| | （二）指导学生党支部和班团组织开展主题党、团日等活动 | 能抓住重大节庆日、重要活动、重要节点，指导党团组织开展主题活动<br>能指导学生组织开展丰富多彩的校园文化、艺术、体育等活动 | |
| | （三）参与学生业余党校、团校建设，讲授党课、团课 | 能组织开展学院级党校、团校的相关工作；能讲授具有一定理论水平、深受学生欢迎的党课、团课 | |

续表

| 职业功能 | 工作内容 | 能力要求 | 相关理论和知识要求 |
| --- | --- | --- | --- |
| 学业指导 | （一）帮助学习困难的学生适应大学学习生活，激发学习兴趣，掌握科学的学习方法<br>（二）研究分析学生学习状态和学习成绩变化，并针对性地开展分类指导<br>（三）指导学生开展课外科技学术实践活动<br>（四）指导学生考研、出国留学等学习事务 | 能通过侧面了解、谈心谈话、组织相关人员集体讨论等方式分析学生遇到的困难和应对措施，指导学生有效调整学习习惯和学习方法<br>能通过召开宣讲会、谈心谈话等方式鼓励学生主动参与课外学术实践活动 | 教育学相关知识<br>心理学相关知识 |
| 日常事务管理 | （一）违法违纪学生的教育处理 | 能准确把握国家有关法律法规和学校规章制度，对学生违法违纪行为进行严肃处理；能采用案例分析、宣传警示等形式对学生进行日常法律意识教育 | 《中华人民共和国刑法》<br>《中华人民共和国治安管理处罚法》<br>《国家教育考试违规处理办法》<br>学校相关规章制度 |
| | （二）能熟练把握学生情感、人际交往、财经、法律等方面事务科学咨询指导的政策、方法和技巧 | 能运用法律知识、社会学知识和心理学知识指导学生对日常遇到的各种复杂问题进行全面深入的分析，探究解决问题的办法 | 经济学相关知识<br>法学相关知识<br>社会学相关知识 |
| 心理健康教育与咨询 | （一）心理问题严重程度的识别与严重个案的转介<br>（二）心理测验的实施 | 具备三级心理咨询师资质或具有心理健康教育相关专业硕士学位<br>能对一般心理问题、心理障碍和精神疾病进行初步识别，了解转介到心理咨询中心或精神卫生医院的适用条件和相关程序 | 心理问题、神经症 |

续表

| 职业功能 | 工作内容 | 能力要求 | 相关理论和知识要求 |
| --- | --- | --- | --- |
| 心理健康教育与咨询 | （三）有效开展学生心理疏导工作<br><br>（四）初步开展心理危机的识别与干预<br><br>（五）相对系统地组织开展心理健康教育活动 | 能根据工作需要，正确实施各种心理测验量表、问卷调查，并能在专业人士指导下对结果进行正确解读和反馈<br><br>能与求助学生建立良好的信任关系，有效开展心理疏导工作，帮助学生调节情绪<br><br>能识别大学生心理危机的症状并进行初步评估，能协助专家开展相关的危机干预工作<br><br>能通过培养心理委员、宿舍长、班干部等方法，培养学生自我管理、自我救助和朋辈互助的能力；能有效设计相对系统的院系心理健康教育整体方案，并能指导学生社团开展形式多样的心理健康教育活动 | 精神病识别知识<br><br>各类测验的功能与使用范围，施测手段<br><br>教育心理学基础知识 |
| 网络思想政治教育 | （一）综合利用传统、网络媒体，统筹协调网上、网下工作<br>（二）引导学生在网上自我教育、自我管理和自我服务，教育学生在网上自我约束、自我保护<br>（三）围绕学生关注的重点、热点和难点问题，进行有效舆论引导；丰富网上宣传内容，把握网络舆论的话语权和主导权 | 能准确把握网络传播规律，有效配置整合网络资源<br><br>能对学生的网络行为进行教育引导<br><br>能通过博客、微博、校园交互社区、网络群组等网络平台主动发布相关内容，吸引学生浏览、点击和评论，引导网络舆情 | 社会学的基础知识<br>文化学的基础知识<br>教育学的基础知识<br><br>网络舆情引导方法 |

续表

| 职业功能 | 工作内容 | 能力要求 | 相关理论和知识要求 |
|---|---|---|---|
| 危机事件应对 | （一）指导初级辅导员对危机事件作初步处理，稳定并控制局面 | 能做好第一时间现场统筹指挥工作；能把握重点人员和关键节点，有效控制事态的发展 | |
| | （二）对事件相关信息做好全面汇总和准确分析并及时与有关部门沟通 | 能协调事件涉及相关部门迅速反应，筛选有效信息；能通过沟通和分析把握事件脉络并提出初步处理方案 | 《学生伤害事故处理办法》相关规定<br>危机事件、突发事件应对与管控的相关知识<br>公共危机管理相关知识<br>心理学相关知识<br>教育教学方法相关知识 |
| | （三）对事件发展及其影响进行持续关注与跟踪 | 能密切联系相关人员，跟踪事件的处理效果；通过网络、个别谈话等渠道掌握事件产生的影响；能进行事后集体和个体的心理疏导 | |
| | （四）组织安全教育课程学习 | 能讲授校园安全教育公共选修课 | |
| 职业规划与就业指导 | （一）帮助学生正确分析自己的职业倾向 | 能开展职业能力倾向测试并对结果进行分析、评估 | 职业生涯规划基本理论<br>人力资源管理基本理论 |
| | （二）开展职业生涯规划活动，帮助学生树立正确的职业观、择业观、创业观、成才观，尽快适应社会、融入社会 | 能帮助学生认识自身的性格特点和能力，明确职业发展目标，澄清职业取向；能为毕业生提供个性化咨询指导 | |
| 理论和实践研究 | （一）攻读获得思想政治教育、教育学、管理学等相关专业博士学位；参加国内学术交流活动 | 能开展深入的科学研究；能领导管理科研项目团队；以第一作者身份在相关领域期刊发表3篇学术论文 | 教育研究方法<br>社会学研究方法<br>管理学相关知识 |
| | （二）主持或参与校级及以上思想政治教育课题或项目研究，形成具有针对性和实效性的研究成果 | | |

（二）职业院校班主任专业能力模型

职业院校班主任是一门职业，按照职业分析的方法，我们进行了班主任工作任务的调研、收集、分析工作，提出班主任的四种角色：育人方向的维护者、学生生活的管理者、班集体的建设者、学习成长的引导者。以此为基础，归纳提炼出班主任的四项基本任务：贯彻党和国家的教育方针，立德树人；建设和维护和谐的班集体；帮助和指导学生学习成长；培养学生社会责任意识和集体荣誉感。为达成四项基本任务的有效实施，我们对这四个方面所涉及的知识和技能进行梳理，形成了班主任专业能力模型。如图 4-4 所示。

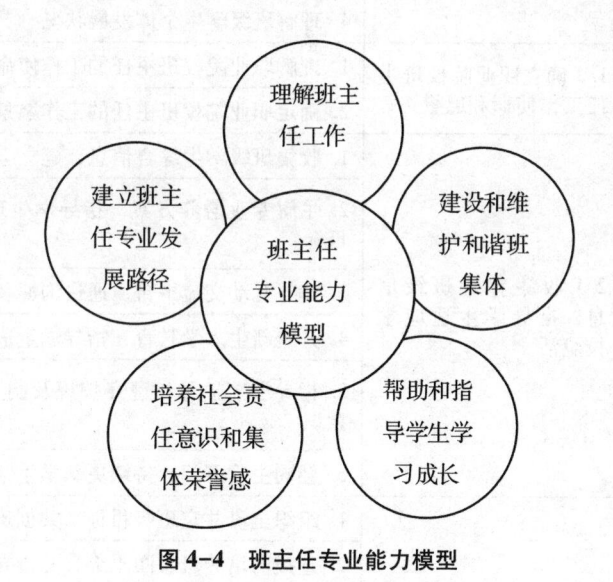

**图 4-4　班主任专业能力模型**

该专业能力模型中除上述通过职业分析得出的四项内容之外，增加了班主任个人的专业发展路径。班主任专业能力模型所对应的主要工作任务和技能要素，见表 4-4 班主任能力分析表，该表是笔者参与编写技工院校班主任工作实务的研究成果，有修改。

表 4-4 班主任能力分析表①

| 工作类别 | 主要任务 | 技能要素 |
| --- | --- | --- |
| 1 理解职业院校的班主任工作 | 1.1 理解职业教育的目标和任务 | 1. 认识职业教育的特征，理解职业教育的目标和任务 |
| | | 2. 认识职业院校培养目标，明确技能人才培养要求 |
| | 1.2 理解职业教育的对象和特征 | 1. 理解职业院校学生的群体特征 |
| | | 2. 理解班级构成及本班学生的群体特征 |
| | | 3. 理解班级学生个体特征 |
| | | 4. 理解班级学生个体发展状况 |
| | 1.3 确立职业院校班主任工作使命和愿景 | 1. 理解职业院校班主任的工作使命 |
| | | 2. 确定职业院校班主任的工作愿景 |
| 2 建立、发展和维护班级 | 2.1 收集整理班级信息，指导学生适应学校生活 | 1. 收集班级学生综合信息，建立学生档案 |
| | | 2. 了解专业培养方案，指导学生理解人才培养目标 |
| | | 3. 建立互动交流平台，通过沟通及时更新信息 |
| | | 4. 开展新生入学教育，指导学生适应学校生活 |
| | | 5. 指导学生学习和遵守校规及制度，形成规则意识 |
| | | 6. 会同主管部门，持续更新学生信息 |
| | 2.2 建立和优化班级目标，形成班级文化特征 | 1. 组织全班共定班级目标，共创班级文化形态 |
| | | 2. 选拔与培养班、团干部，并指导其开展工作 |
| | | 3. 开展榜样教育，指导学生学习技能楷模 |
| | | 4. 组织学生参与制定班级制度，并持续优化 |
| | | 5. 指导学生布置管理学习环境，创设班级文化氛围 |
| | | 6. 通过定期评估，促进集体反思，优化班级文化 |

---

① 《技工院校班主任工作实务》编委会. 技工院校班主任工作实务[M]. 北京：中国劳动社会保障出版社，2020：367-369.

续表

| 工作类别 | 主要任务 | 技能要素 |
|---|---|---|
| 2<br>建立、发展和维护班级 | 2.3 开展班级日常管理工作,彰显班级风貌 | 1. 设计和实施班会课,做好日常德育教育 |
| | | 2. 开展学生日常行为考评,彰显班级精神风貌 |
| | | 3. 注重日常沟通和观察,及时处理班级常见问题 |
| | | 4. 开展班级团队建设活动,争创和谐班集体 |
| 3<br>帮助和指导学生学习成长与成才 | 3.1 创建并保持良好的班级学风 | 1. 引导学生明确学习动机,提升学习自觉性 |
| | | 2. 引导学生改进学习方法策略,增强学习有效性 |
| | | 3. 建立和完善奖惩机制,改善学习行为 |
| | | 4. 实施分层分群教育,引导学生个性化成长 |
| | 3.2 尊重学生个体,引导学习成长与职业发展 | 1. 指导学生开展生涯规划,引导学生个性化成长 |
| | | 2. 建立良好的师生沟通模式,达成个别指导和有效沟通 |
| | | 3. 发现学生特长和潜能,提供展示舞台 |
| | | 4. 指导学生参加有益活动,培养学生高雅志趣 |
| | | 5. 指导学生科学管理自己的闲暇时间 |
| | | 6. 学生特殊问题的帮扶与转化 |
| | 3.3 开展多渠道沟通与多维协作教育 | 1. 加强教师间沟通,集体备班,齐抓共管聚合力 |
| | | 2. 与家长达成教育合力,帮助学生学习成长与职业发展 |
| | | 3. 协同多教育渠道,指导和组织学生开展多样的第二课堂活动 |
| | | 4. 携手专业教师,提升学生职业认知 |
| 4<br>培养学生社会责任意识和集体荣誉感 | 4.1 引导学生认知社会责任感和集体荣誉感 | 1. 开展主题教育活动,认知社会责任与公民道德素养 |
| | | 2. 建立荣誉评价机制,激励学生为班级集体争光 |
| | | 3. 引入企业文化氛围,帮助学生树立职业意识 |
| | | 4. 组织学生参观企业,在岗位体验中增强社会责任意识 |

续表

| 工作类别 | 主要任务 | 技能要素 |
| --- | --- | --- |
| 4<br>培养学生社会责任意识和集体荣誉感 | 4.2 指导与组织学生参加社会服务活动 | 1. 指导学生参加公益活动，引导增强学生社会融入意识 |
| | | 2. 指导学生参与志愿服务，强化社会服务意识 |
| | 4.3 指导学生参加社会实践、生产实习和实现就业 | 1. 鼓励和指导学生开展社会实践活动 |
| | | 2. 指导学生在校企合作中开展专业实践项目 |
| | | 3. 协同招生就业部门指导学生实习 |
| | | 4. 做好毕业生就业指导和学生毕业工作 |
| | 4.4 指导学生做好安全保护与危机应对 | 1. 指导学生安全自护，珍爱生命 |
| | | 2. 做好危机事件的预防、处置、善后 |
| | | 3. 指导学生积极应对社会公共卫生事件 |
| 5<br>建立班主任专业发展路径 | 5.1 有效开展工作，做合格班主任 | 1. 有效地开展班级管理工作 |
| | | 2. 有效地为班级学生提供个性化指导 |
| | | 3. 掌握和运用实用的心理学知识 |
| | | 4. 熟练运用多媒体技术，提升德育技术能力 |
| | | 5. 科学维护自身心理健康，有效进行压力情绪调适 |
| | | 6. 持续反思和总结，提炼班级管理和学生培养案例 |
| | | 7. 制定班主任个人职业生涯发展规划 |
| | 5.2 提升工作绩效，成为优秀班主任 | 1. 优化班级管理目标，提升班级管理水平 |
| | | 2. 指导学生自主管理，促进班级融合发展 |
| | | 3. 引导学生自主学习，促进学生个性化发展 |
| | | 4. 持续开展行动研究，提升班主任科研能力 |
| | | 5. 发挥个人积极特质，形成个性风格与工作艺术 |
| | | 6. 为新任班主任开展工作提供支持、培训和评估 |
| | 5.3 建构卓越班主任职业幸福通道 | 1. 成为一名高效能班主任，实现班级高效管理 |
| | | 2. 成为一名高情商班主任，实现师生共同成长 |

## 3. 班主任专业发展阶段及其评价

有人将班主任的专业发展分为适应期、成长期、成熟期、高原期、超越期，每个时期均有每个时期的特点，班主任要在实践中不断提高个人的能力。我们把班主任的发展分为三个层次，即"合格班主任""优秀班主任""卓越班任"。对应以上五个阶段，可以用表4-5表示。

**表4-5 班主任专业发展阶段、层次及特点**

| 发展阶段 | 特点 | 层次 | 特点 |
|---|---|---|---|
| 适应期 | 有热情，缺策略与方法 | 合格班主任 | 维持正常的班级管理 |
| 成长期 | 能接纳学生、面对挑战，缺少反思 | | |
| 成熟期 | 受学生爱戴，在实践中反思，理论指导实践 | 优秀班主任 | 实现班级自主管理 |
| 高原期 | 囿于某种水平，难突破 | | |
| 超越期 | 形成独到的育人方式 | 卓越班主任 | 生态班级，师生共成长 |

针对班主任专业发展的"三层次"，我们构建了"三维度"的班主任评价标准。"三维度"是指：班级建设状况评价、学生成长状况评价、班主任专业发展状况评价，简称"三层次三维度"班主任专业发展评价。如表4-6、表4-7、表4-8所示[1]。

**表4-6："三层次三维度"班主任专业发展评价：班级建设状况维度评价**

| 具体指标 | 各发展层次的详细指标 | | |
|---|---|---|---|
| | 合格班主任 | 优秀班主任 | 卓越班主任 |
| 班级的生态养成 | 建立完整的学生信息档案，有畅通的家校师生沟通平台 | 建立完整且真实有效的学生综合信息档案，应用媒体技术进行跟踪记录和统计分析 | 以班级信息库和动态的学生档案为基础，从班级学生的生活、学习与成长需求出发，形成有利于班级建设和发展的生态圈 |

---

[1] 《技工院校班主任工作实务》编委会. 技工院校班主任工作实务 [M]. 北京：中国劳动社会保障出版社，2020：370-381.

续表

| 具体指标 | 各发展层次的详细指标 | | |
|---|---|---|---|
| | 合格班主任 | 优秀班主任 | 卓越班主任 |
| 班级的生态养成 | 媒体技术应用得当，对学生的特殊情况重点关注关爱和跟进<br>会同主管部门，定期和不定期更新班级和学生的相关信息 | 运用教育技术实现家校平台及时有效沟通，开展信息平台互动<br>班集体充分认同信息更新，班委会可以组织完成更新工作 | 建立学生与学生、学生与教师、学校与家长之间的联系和沟通平台，形成和发展相互信任的班级氛围<br>与学校的学生管理部门（包括党团组织和学生组织）、教学管理部门、生活服务部门以及兄弟班级等形成多维协作的学校生活圈<br>与企业（特别是本专业的合作企业）、本地社区、兄弟院校和其他相关机构（包括主管部门等）形成学习资源圈 |
| 班级目标与文化建设 | 组织学生参与制定班级目标与创建班级文化，形成学生思想、学生学习、学生纪律、班委团队、环境布置、安全防护和班规、公约、奖惩、考核、评价等制度执行 | 全员参与共同制定班级目标，建立共同认同的班级文化理念，且共同参与过程管理，不断维护和优化班级文化 | 推动形成有归属感的班级社区。师生共创班级目标与特色文化，将班级建设成为师生共同成长、相互支持的友善社区和价值共同体 |
| 班级日常管理与维护 | 管理好自己的班级，班级是班主任的工作对象，班级的学生能够遵守学校的规则，参与到学校的学习和生活之中<br>建立一支合格的班干部队伍，分配并指导学生开展工作，保护学生积极性，激发学生的潜力，充分发挥班干部的管理作用<br>根据学生情况，详列班级管理清单，有效完成班级日、周、月的常规管理工作。班级秩序良好，能开展正常的教学和各种活动 | 实现学生自主管理班级，创造丰富多彩的班级活动，保持适当的班级秩序<br>建立健全班级管理机构和组织，班委会能正常运转班级日常工作，班级成员各司其职，能自行有效、有序地开展工作，自主开展评价与总结分享工作<br>完成学校规定的主题班会或主题教育活动，有序组织活动的策划、设计和开展，引领学生健康成长 | 形成协同配合的班级集体。在班级日常管理与维护上，形成以合作协同为基础的、有核心凝聚力的班级自主管理的机制和氛围<br>师生关系建立在合作协同的基础上，班级成员互相合作且有核心凝聚力，自主组织和自主管理。遇到问题时能有效启动班级组织机制沟通解决，成员间友善面对，倾听分享，有效沟通，平等公正地解决问题，并能及时总结和反思，持续改进 |

续表

| 具体指标 | 各发展层次的详细指标 | | |
|---|---|---|---|
| | 合格班主任 | 优秀班主任 | 卓越班主任 |
| 班风学风的创建与保持 | 建立加强学风的奖惩机制，组织奖助学金评定、个人评优及学生处分工作，高度认同和遵守学校的校规及相关制度<br>班级教育教学有序，整体学习氛围良好<br>班级学生按要求实现学习目标 | 班级有正确的舆论导向和良好的班风、学风，学生能够自主管理，形成一个尊师守纪、文明有礼、团结向上、"比、学、赶、帮"学习氛围浓厚、朝气蓬勃的班集体，具有一定的先进性<br>支持和引导有潜能的学生提出更有挑战性的学习目标<br>为有学习困难的学生提供适当支持 | 创建学习共同体，学风良好，互助学习，氛围浓厚，具有示范作用<br>班级具有开放的交流氛围，针对问题共同分享经验和讨论解决方案<br>针对班级荣誉或每一个学生的才能和成就，共同庆祝并为之骄傲<br>邀请在校和毕业的学长来班级分享成功的感受，反思成长的过程，并愿意分享他们的成功经验 |
| 主题活动与多维协作 | 班级在班主任的组织和指导下能有序进行德、智、体、美、劳等教育活动，班级学生能积极参加多样的第二课堂活动。家校沟通良好，家长认可学校教育活动，班级团结、有凝聚力<br>积极与个别学生的家长沟通，初步实现家校配合与教育<br>指导学生参加校内多样的社团及第二课堂活动，实现校内多渠道协同教育<br>与校内专业教师和校外合作企业沟通，了解企业用人要求，对标员工素养，开展职业指导教育和引导学生职业规划 | 班集体在班主任的指导下自发策划活动，开展班级团建活动或主题教育的集体活动，充分挖掘活动的教育意义，发挥活动育人的优势，激发学生参与活动的积极性，培养班干部策划、组织活动的能力，扎实推进学生综合素养的全面提升<br>获得个别学生家长的支持，指导家长采用正确的教育方法，实现正向的家校共育<br>协同校内专业学习资源与企业用人需求，进行长期心理建设，以学生的特质为基础，发展学生的优势，提高职业素养，激励学生走技能成才的道路 | 师生共同规划班级活动，最大限度地调动多样性的资源发展班级。班级文化建设成果突出，具有示范作用<br>创造性地策划、设计、组织主题班会或主题教育活动，并进行多维协作学习和发展，能对班级活动进行评估，开展反思，并提出改善计划，促进策略构建<br>建立班级家委会协助班级建设，建立家校共同协作教育机制<br>发展班级与企业、专业学习资源、社会机构等多方联合，调动校内外资源对学生进行协同教育，洞察内部和外部的发展机会，利用一切可能的机会来支持学生学习和发展 |

续表

| 具体指标 | 各发展层次的详细指标 | | |
|---|---|---|---|
| | 合格班主任 | 优秀班主任 | 卓越班主任 |
| 班级社会责任和荣誉感 | 班级学生在班主任的引导下，力所能及参加社会各类公益活动和志愿组织<br>初步建立班级志愿服务制度和班级志愿服务队伍组织机构，并开展活动<br>指导学生建立志愿档案，分配专人做好服务记录，指导活动的开展并组织学生及时总结分享 | 有完整有效的班级志愿服务制度，有完整规范、执行力强的班级志愿服务队伍组织机构<br>培养学生干部，引导学生自主开展志愿服务活动和总结分享会，能开展有效、有序的志愿服务活动<br>活动记录真实完整，志愿者档案、活动档案管理严格。活动后按期开展总结分享会 | 班级学生有组织地参与社会活动，开展自主管理的多平台志愿服务，形成"学生干部承接—干部执行—干部反馈—干部记录"的学生自主管理团队<br>与多家社会公益团队保持良好联系，有多个志愿服务平台（社区、街道、公益组织、学校等），履行班级社会责任和彰显班级突出的特色文化与社会影响力 |
| 安全自护与危机应对 | 班级开展常规安全主题教育活动，学生掌握必要的安全自护技能，班级建立安全自护和危机应对的机制，并在班主任组织下经过了一定的学习和演练<br>对突发公共卫生事件遵循"早发现、早预警、早控制、早处理"的原则。班内突发危机事件或公共卫生事件时，学生能配合听从班主任指挥紧急自护和避险 | 班级建有完备的安全自护和危机应对方案，班级自主开展安全主题教育活动并加强情境模拟演练和危机应对，落实责任到人<br>当危机发生时能自发有序地进行有效应对和安全自护。在突发公共卫生事件时，班级能够配合学校实施群体性传染病疫情的预警与应对方案，人人自觉全面防控，最大程度减少此类事件所造成的影响 | 班级成为生活和生命教育与实践的典范，热爱生活，珍视生命，将安全自护与危机应对内化为班级每个学生的安全素养<br>面对突发公共卫生事件时，师生共同启动班级预警与应对方案，保障班级同学和自身的安全，并力所能及积极投身到学校志愿活动，配合学校对全体学生的保护和防控 |

表4-7 "三层次三维度"班主任专业发展评价：学生成长状况维度评价

| 具体指标 | 各发展层次的详细指标 | | |
|---|---|---|---|
| | 合格班主任 | 优秀班主任 | 卓越班主任 |
| 自我认知 | 正确认识自我、评价自我，具有正确的世界观、人生观和价值观。正确认识本专业的职业前景，重拾信心，树立职业理想，立志技能成才 | 对个人发展进行SWOT分析，建立个人生涯发展规划 积极利用机会和优势发展自我，能制定阶段性目标，并能正确面对生活和学业上的挫折、压力和困难，选择适合自己的职业 | 有意识地进行反思性建构，以指导自己的学习和生活；积极地理解自己所处的年龄阶段、行为特点、性格和学习风格，认识和接纳自己与他人的差异；对自己保持高期望，相信自己可以实现技能成才 学会从成功和失败的案例中认识到成功的内部归因可以通过学习效能感来建立，即潜在力量和乐观程度，理解努力和成就之间正向的极大的关系，避免自己陷入习得性无助，以获得走向成功的自信 |
| 自我管理 | 自觉遵章守纪，积极参与班内外各项活动，配合班干部完成班级日常工作 积极参与学校的学习和生活，身心健康发展，形成良好的日常生活行为习惯 | 具有自主管理意识，将日常行为考核的内容作为自身的评价标准 可以自主解决问题，与班级成员建立合作关系，学生之间互帮互助，有强烈的集体荣誉感 | 调控自己的情绪，使之适时适度地表现出来。学会控制自己放任和随意的冲动，并持续坚持热爱学习，并开放式地分享学习的经验，共创快乐学习氛围 能付出情感上的努力，在学习和生活中遇到各种情境时，能有意识地调控自己的情绪，采取适时适度的行为 主要学习如何以认知重构替代压抑和减轻压力，并进行适当的归因，使之转化为自己的学习资源 |

续表

| 具体指标 | 各发展层次的详细指标 | | |
|---|---|---|---|
| | 合格班主任 | 优秀班主任 | 卓越班主任 |
| 自主学习 | 明确学习动机,掌握科学的学习方法,完成学习任务,掌握相关技术技能<br>在校企合作专业实践项目或生产实习中,将理论应用于实践,达成学习目标 | 有明确的学习目标,以专业技能大师和技能明星为榜样,主动积极学习<br>实现自主学习,积极完成各项学习任务,掌握扎实的专业技能与基本理论知识 | 学会从"成为一个什么样的人?"和"如何才能通过学习实现技能成才技能报国?"的追问中,思考自我价值和社会责任感,激发学习内驱力,提升自主学习的能力<br>树立长远发展目标并分解和建立阶段目标,并通过学习程度中的反思不断完善<br>发掘学习潜力,达成挑战性目标,来适应未来可能的变化 |
| 个性发展 | 能够参与完成班级活动<br>积极参加各类校园活动 | 积极参加学生会、社团活动、各项技能比赛及各类第二课堂活动,培养正当的兴趣、爱好和特长<br>对参加的活动进行总结和反思 | 学会平衡认知自己的学习和生活,以创造获得学业满足感的动力<br>学会自我指导和自我激励。发掘自身特长和潜能,参加各类活动发挥特长,在各种创新性活动中踊跃争先 |
| 参与班级 | 参与讨论制定班级管理制度,认可班级目标,集体荣誉感强<br>积极参与班级各项活动 | 配合班干部完成班级日常工作或自主管理班级,具有强烈的班级荣誉感与集体主义意识<br>尝试在班级中寻找自己的角色和位置。参与设计组织班级主题活动,反思优化班级文化 | 参与师生共同规划班级活动,最大限度地调动自己的资源和能力发展班级<br>积极带动自己的家长参与班级建设,成为家校沟通协作的桥梁<br>参与班级活动的评估与反思,并提出自己有建设性的改善计划,以促进策略构建和改善创新 |

续表

| 具体指标 | 各发展层次的详细指标 | | |
|---|---|---|---|
| | 合格班主任 | 优秀班主任 | 卓越班主任 |
| 社会责任 | 在班主任的鼓励与组织下，参加志愿服务活动<br>在参加活动的过程中，客观地自评与互评 | 积极参与志愿服务活动，有良好的社会责任感与奉献精神<br>学生干部能独立承接、组织开展有序、有效的志愿服务活动，并及时反馈 | 具有强烈的社会责任感，主动担当志愿者，将自己的爱国情感、责任感转化为实际的社会服务行动<br>积极参与社会活动组织，在自主管理团队中根据任务分工进行承接、执行、记录或参与评估 |
| 安全自护与危机应对 | 在班主任组织下参与安全教育的学习和演练，掌握必要的安全行为知识和技能<br>熟知安全注意事项，当班内突发危机事件或公共卫生事件时，配合听从班主任的指挥，进行紧急自护和避险或在他人的帮助下完成自护和避险，并及时汇报 | 自觉把安全放在第一位，积极参与危机应对方案，主动参与安全主题教育活动和情境模拟演练<br>遭遇危机时明晰本人的责任和安全注意事项，并自发有序有效地进行应对，配合班级应对措施，从自身做起减少影响并且帮助同学 | 学会积极生存、健康生活与独立发展，并在班级生活中学会对生命的呵护、记录、感恩和分享<br>通过专业学习和日常生活中的安全意识和安全技能的训练内化为安全素养<br>通过公共危机事件关注生命的过程，发展自我保护和紧急救援技能<br>通过专业学习和日常生活中环境保护情境，认识自我生命与自然和社会的关系 |

表4-8 "三层次三维度"班主任专业发展评价：班主任专业发展状况维度评价

| 具体指标 | | 各发展层次的详细指标 | | |
|---|---|---|---|---|
| | | 合格班主任 | 优秀班主任 | 卓越班主任 |
| 班主任工作认知 | 理解职业教育 | 认识职业教育的内涵与特征，理解职业教育的体系、特征及其目标，理解技术工人在经济社会中的重要作用和社会地位 | 理解企业的用人需求以及技术工人成长的过程和规律 | 总结技能大师和优秀毕业生的成功案例，分析其成功的原因 |

续表

| 具体指标 | | 各发展层次的详细指标 | | |
|---|---|---|---|---|
| | | 合格班主任 | 优秀班主任 | 卓越班主任 |
| 班主任工作认知 | 理解职业教育 | 引导学生发展职业素养和专业技能，走技能强国和技能报国之路 | 运用技能发展的规律和方法，指导学生开展自主学习 | 与相关企业建立联系，发掘职业素养和专业学习的各种资源 |
| | 理解职业教育对象 | 掌握班级学生所处的身心发展阶段的共性特征和发展规律<br>从学生的构成信息中，分析班级的基本特点 | 了解班级学生整体的身心发展状况，评估学生的人格特质和心理健康水平<br>从班级学生的心理特征和行为特征分析学生个体的特征 | 了解和评估班级学生整体和个体的身心发展状况，并进行分类和分层<br>对学生进行分类指导。针对有学习潜力的学生，引导其制定挑战性发展目标；针对学习有困难或行为不理性的学生，制定及时干预或特别辅导计划 |
| | 理解班主任工作 | 参加班主任岗前培训，理解班主任工作使命，理解班主任工作职责与内容、角色定位和作用，达到上岗要求<br>认真履行班主任工作职责，积极开展班级工作，工作考核为合格 | 热爱班主任工作，自觉履行班主任工作职责，积极开展工作，较好地完成班主任工作，工作考核为优秀<br>在工作中不断学习班主任工作相关的知识和技能，并不断总结、反思和建构班主任工作策略 | 在日常工作中创造性地开展班主任工作，长期工作表现出色，工作考核连续优秀成为高效能和高情商的班主任，形成个人的班级工作风格，并能帮助和指导新任班主任开展工作 |

续表

| 具体指标 | | 各发展层次的详细指标 | | |
|---|---|---|---|---|
| | | 合格班主任 | 优秀班主任 | 卓越班主任 |
| 学习和应用心理学、管理学与教育学等知识和技能，促进班级建设和学生成长 | 班级建设 | 学习和运用教育学、心理学和管理学的基本知识，进行班级管理，有效组织和开展班级常规团体活动和心理健康教育，具有初步的团体心理辅导的能力<br>学习和运用多种工具，进行班级学情分析，掌握班级的整体学情；根据学校要求，结合班级实际情况合理定位班级目标<br>按照活动设计的步骤，利用合适的工具，完成活动的策划和设计；有序组织活动开展，活动后及时进行总结，学生有一定收获 | 学习和运用积极心理学、焦点解决技术、团体辅导技术、非暴力沟通、萨提亚的一致性沟通理论、TA理论等有效工具，有针对性地组织开展班级发展性团体辅导活动，具有较强的心理辅导能力<br>运用各类工具准确分析学情，从学生成长、发展、知识、技能等各个方面充分了解班级学情；带领学生共同为班级制定符合学情的班级目标，分解细化班级目标，并以目标指导学生行为<br>根据教育目标精心策划活动组织形式，活动有序开展，活动总结有针对性，教育效果好；针对班级问题组织召开主题班会或主题教育活动，班会后问题有所改善，基本得到解决；激发学生参与活动的积极性，培养班干部策划、组织活动的能力，扎实推进学生综合素养的全面提升 | 具有较完备的现代教育理念，掌握系统的教育策略和团体动力学理论，运用积极心理学理念和团体辅导技术，针对班情设计和开展不同阶段的班级团体心理辅导活动，进行班级长期心理建设，并学习和借鉴企业团队管理的方法，将班级打造成具有核心凝聚力和归属感的团队<br>融合使用多种工具，引导学生共同讨论，进行班级学情的多维分析；指导学生自主运用工具为班级制定符合学情的班级愿景、班级目标，并细化分解目标。以班级愿景调动学生的内驱力，指导学生自主制定以目标为导向的行动和学习计划<br>指导学生结合专业特点，融入班级特色，策划、设计和开展班级系列主题活动，班级学生参与度高，充分展示自己的才能和潜力；引导学生进行反思，起到良好的教育作用 |

续表

| 具体指标 | | 各发展层次的详细指标 | | |
| --- | --- | --- | --- | --- |
| | | 合格班主任 | 优秀班主任 | 卓越班主任 |
| 学习和应用心理学、管理学与教育学等知识和技能，促进班级建设和学生成长 | 学生成长 | 学习和运用教育学、心理学的基本知识，理解青春期青少年的身心发展规律，了解班级每个学生的个性、兴趣、能力、价值观、意志品质、家庭教养方式等特性，发现学生的内在心理需求、资源和问题，尊重和接纳学生<br>建立尊重和赏识学生的教育价值观，关心爱护学生，尊重学生人格，平等公正对待学生，获得学生信任<br>善于和学生、家长建立良好关系，进行有效沟通。关心学生，积极响应学生沟通意愿，能真诚积极地倾听学生心声，了解学生情况<br>采用多种教育方法对个体学生实施指导，在充分了解学生情况的基础上，制定符合个体学生发展的教育目标，帮助个体学生走出困境，实现自我超越与成长<br>具有维护自身情绪与压力调适的常识和能力，维护学生和自己的心理健康，在工作中注重培养学生健全的人格品质和心理素质<br>了解心理健康的标准，能调控自己和学生的情绪，在学习方面和职业发展方面能够给学生提供必要的指导和辅导<br>做好学生信息安全以及与学生沟通时的人身安全防护工作 | 运用心理学的专门知识和实用工具，充分了解每个学生个性特质和成长背景，发现每个学生的优势和资源，同时能识别、诊断学生问题，提出解决思路和办法<br>与学生、家长及校内外多方建立和维护稳固协作关系。真诚积极地倾听学生心声，建立平等有效的沟通，关注、跟踪和了解每一位学生的成长状况，获得学生的理解信任，建立融洽的师生关系。在遇到矛盾时，能运用沟通策略有效化解冲突<br>关注自我和学生的心理状况，树立积极心理学的理念，激发学生自主关爱和维护心理健康的意识和能力，注重培养学生积极良好的人格品质和心理素质<br>选用恰当的方式，引导学生探究问题成因，并改变思维方式尝试自主解决问题，采取正确的教育方法对个体学生进行思想和行为指导<br>发现和识别学生的异常情绪和行为，对一般性问题能运用相关的心理辅导技术进行辅导沟通，对于情况严重的学生转介学校专业心理教师或专业心理和医疗机构 | 熟练运用教育学和心理学的专门知识和专用工具，做学生的课程顾问、评估顾问和社会顾问。全面掌握青少年的身心发展规律，熟悉学生在需求、兴趣、智能、性格与人际关系等方面的身心发展特征，发掘每个学生的特质、优势和资源，尊重和关怀每个学生，引导学生走出困境，发展特长，自主学习和个性化成长<br>掌握高效沟通策略，建立学生、家长等多方面的良好支持系统，遇到突发问题或矛盾冲突时能有效及时化解<br>了解和发现学生具有较强的洞察力，倾听理解学生的真实想法，包括他们的优势、压力、困难和问题及其变化，引导学生在实现自主学习、个性发展、工匠精神的培养等活动中，学会自主培养和塑造积极健全的人格品质和过硬的心理素质 |

续表

| 具体指标 | | 各发展层次的详细指标 | | |
|---|---|---|---|---|
| | | 合格班主任 | 优秀班主任 | 卓越班主任 |
| 学习和应用心理学、管理学与教育学等知识和技能，促进班级建设和学生成长 | 学生成长 | — | 持续关注学生，与学生相互理解，分享感受。强调班干部的工作责任心和带头作用，增强班级的管理秩序。面对后进生要抓住教育契机，针对性开展教育引导、激发和唤醒，实现全体学生共同进步的良好局面 | 识别诊断学生异常心理和行为，具备心理咨询师的基本素养，能运用一定的心理咨询技术，开展一定程度的心理辅导和咨询。对于严重或危机问题要进行转介和配合干预<br>作为学生的情商教练，带领个体学生进行反思，帮助学生学会反思，达到学生能自主发展和自我修正的目标。引导学生对自我价值和社会责任感进行思考，为社会培养有担当、有追求、优秀的技能人才 |
| 制定个人职业生涯发展规划 | 自我认知 | 对自我职业性格和职业能力有一定的认识，能学会换位思考，避免激化矛盾，能乐观积极面对工作；初步建立反思意识，联系班主任的角色去思考工作方法和师生关系<br>初步感知自己的情绪情感特征，认识自己的学习风格和工作风格，理解其对班主任工作的影响<br>对自己职业发展有积极期望，能胜任班主任工作，建立对学生积极的期望和信任 | 能有效分析自我职业性格和职业能力的优势与不足，并在管理中发挥自身的优势；有较强的反思意识，从班主任角色出发剖析自己，并采取适当的工作方法，建立和维护信任的师生关系<br>清晰理解和感知自己的情感与行为特征，学习风格和工作风格如何影响班级和学生<br>理解期望理论，对自己的工作有较高期望，并对学生有较高期望和信任 | 通过有效的反思了解作为班主任的自己，认识班主任的角色、策略与学生之间的关系<br>从感知学生的差异和不同中，理解自己的学习风格和工作风格及其对班主任工作的影响 |

续表

| 具体指标 | | 各发展层次的详细指标 | | |
|---|---|---|---|---|
| | | 合格班主任 | 优秀班主任 | 卓越班主任 |
| | 自我认知 | 有归因意识，对于自己的工作成功和失利进行一定的内归因，理解努力和成功的正向关系 | 结合自身工作的成功和失败建立积极的内归因 | 学习和应用期望理论，理解班主任的期望与信任是如何影响到学生的行为表现的，并对自己和学生始终保持高期望总结和评估个人成功与学生成功的内部归因，理解努力和成就之间正向的极大的关系 |
| 制定个人职业生涯发展规划 | 生涯规划 | 具备初步职业规划能力，依据技工院校培养目标和学校发展规划，制定个人阶段性职业生涯规划，认真执行，自我监督<br>明确个人职业发展目标（业务知识、班级发展等），制定阶段目标、短期目标（2年以内），每一个学期进行一次评估、修改和完善<br>熟悉工作环境，进行工作岗位内容设计（例如：一周和一个月的常规工作设计），做好本职工作，能完成学校分配的各项任务<br>初步形成自己的带班经验 | 依据技工院校培养目标和学校发展规划，梳理工作重点，剖析自我，制定个人下一个阶段的职业发展规划，认真执行，自我监督<br>明确个人职业发展目标，在上一个阶段的基础上，增设中期和长期目标，定期进行自我评估、修改和完善<br>熟悉工作的特点，继续梳理工作岗位内容（如：能设计学期初、学期中、学期末的常规工作），找到班级发展的突破口，出色完成学校分配的各项任务，实现职业可持续发展<br>形成自己成熟的有特色的班级管理经验 | 树立教育信念，持续追问自己的三个问题：我为什么要做一名班主任？我要成为一名什么样的班主任？如何才能成为一名卓越的班主任？相信教育的目的和班主任的价值，理解技工教育的使命，树立自身职业目标，成为贯彻党的教育方针立德树人的典范<br>全身心投入班主任工作，精益求精，不断积累自身优势，并引领每一位学生发挥自己的优势，在相互支持系统中累积职业自信 |

续表

| 具体指标 | | 各发展层次的详细指标 | | |
|---|---|---|---|---|
| | | 合格班主任 | 优秀班主任 | 卓越班主任 |
| 制定个人职业生涯发展规划 | 生涯规划 | — | — | 形成班级管理的个性风格和工作艺术,成为班主任工作和德育工作的专业带头人<br>成为学生的情商教练,关注、表达和解读学生的情感,帮助学生认识自己、管理自己、激励自己,共情他人,并学会建设相互信任的人际关系,成为高情商的人 |
| | 发展优势特质 | 树立职业认同感,努力培养积极的工作品质(如真诚、乐观、负责、谨慎、理解等),敢于迎接挑战,在管理中发挥自身的优势,有效完成学校分配的各项任务在学生认可中累积职业自信和工作成绩,获得幸福感 | 具有良好的亲和力和心理自我调适能力,能发挥班主任个人积极特质,为班级建设和学生成长带来积极影响,形成个性风格与教育艺术在学生爱戴中累积职业自信,在获得职业成就中提升幸福感 | 以更平衡的方式来认知自己的工作,发展高效能班级,创造获得职业满足感的动力<br>具有内化的动机,进行自我指导和自我激励,将乐观精神、首创精神等积极的特质与自己工作的动机和使命感结合起来<br>在与学生的共同发展和建设有归属感的终身社区中获得职业自信和职业幸福感 |
| | 专业发展 | 根据自身需要和学校安排,参加必要的专业培训<br>向优秀班主任学习,学习教育学、心理学和管理学等基本知识;在日常班主任工作中开展反思,不断总结经验 | 根据自身需要和学校安排,参加必要的专业进修和开展业务交流持续学习、提升、反思、总结工作,主动研究,持续撰写班级管理案例、学生培养案例,德育论文及参加德育科研课题 | 参与组织班主任工作的业务交流,为班主任的专业发展提供必要的培训 |

续表

| 具体指标 | | 各发展层次的详细指标 | | |
|---|---|---|---|---|
| | | 合格班主任 | 优秀班主任 | 卓越班主任 |
| 制定个人职业生涯发展规划 | 专业发展 | 审视自己的工作，尝试撰写班级管理案例和学生培养案例 | 为新任班主任开展工作提供支持、培训和评估，指导青年班主任成长 | 开展学生个案或班级建设的行动研究，开展班主任科研，形成独特的管理智慧，主持或参与德育科研项目或课题，撰写高质量的论文、案例集或相关教育著作 建立名师工作室或以"青蓝工程"等方式，充分发挥"传帮带"的作用，把班级管理的优秀经验和智慧传授给新任班主任，帮助他们快速成长 |

### （四）班主任研究会

当前，名班主任工作室为班主任工作的引领和示范发挥了积极作用。在实际工作中，为充分发挥班主任的各自优势，汇聚管理智慧，进行有目的的自我管理与发展，我们将名班主任、卓越班主任、优秀班主任组成班主任研究会这一非正式组织。班主任研究会日常受学生处指导工作，主要任务是研究、总结班主任工作规律、方式方法，指导和引领班主任专业发展。该研究会在引领班主任专业发展上发挥了重要作用，弥补了正式组织在某些方面的短板。

班主任研究会的工作职责主要有以下四点。

1. 新生班主任培训

目的是帮助新班主任提高班级管理、班队活动、家校沟通、德育科研、心理健康教育等能力，帮助他们向"品德的引领者、知识的传授者、心灵的沟通者、情绪的调节者和班级的管理者"这个目标迈进，为学生提供优质高效的教育服务。

适用范围是准新生班主任，有志成为班主任的年轻教师和生活指导教师。

研究会的任务是负责制定新生班主任培训方案，并组织实施新生班主任培训计划。

2. 日常班主任业务技能培训

目的是帮助班主任提高班级管理、班队活动、家校沟通、德育科研、心理健康教育等能力及水平，加强班主任专业队伍建设。

适用范围是班主任、德育管理人员。

主要任务是负责组织学院班主任及德育管理人员的各级各类培训活动。

3. 班主任专业能力大赛

目的是以赛促建、以赛示范，培养和造就一支学习型、研究型的班主任队伍。

适用范围是优秀班主任、生活指导老师、学管老师。

研究会的任务是负责制定班主任专业能力大赛方案，并组织实施该方案。

4. 主题班会

目的是结合学生的实际情况对班主任开展主题班会活动给予专业性、实用性指导，提高班主任开展主题活动的水平和能力。

研究会的任务是负责制作班会课件，并由院学生处负责组织各系实施活动。

## 第二节 价值驱动的学生发展

**一、职业院校学生情况分析**

教育部组织开展的《中等职业教育对学生文化知识水平和学习能力要求的研究》[1]，对全国111所中等职业学校的45886位在校生和45596位刚报到的新生进行了数学和英语测试，从数学成绩来看，46.60%的学生没有达到小学毕业应有的水平；59.69%的学生没有达到初中二年级应有的水平。从英语成绩来看，38.63%的学生没有达到小学毕业应有的水平；72.24%的学生没有达到初中二年级应有的水平。中等职业学校学生在初中阶段，大部分学生的文化基础较弱。在行为习惯等方面的调查中，教师认为他们的学习习惯和学习方法"比较

---

[1] 教育部"中等职业教育教学改革计划"专项研究——"中等职业教育对学生文化知识水平和学习能力要求研究"，本研究是根据教育部统一要求进行的，于2007年7月初开始，10月中旬结题。对中等职业学校教育教学进行了分析，提出了改革建议。

差和很差"的比例分别是60.8%、53.01%。在我们的调查中,中等职业学校学生有80.6%来自农村,家庭条件一般,父母受教育程度普遍不高。

中等职业学校学生文化基础成绩不突出,学习兴趣和学习能力不高,也造成了他们自信心不足。高等职业院校学生相比普通类高等院校学生的学习状况,差别也很大,情况与中等职业学校大体一致。

职业院校学生就读职业院校的愿望是什么。在2021年由《教育家》杂志联合相关教科院,面向全国职业院校、家庭、企业等进行了广泛的调查,调查共回收来自31个省(区、市)的106125份有效问卷,发布了《中国职业教育发展大型问卷调查报告》。在一道关于对"职业教育的期望"的题中,选择结果如图4-5所示。

| 选项 | 比例 |
|---|---|
| 获得多个职业资格证书 | 52.55% |
| 获得升入高等学校学习的机会 | 64.57% |
| 加强职业道德素质的培养 | 67.95% |
| 高素质技能人才 | 79.46% |
| 培养技能型人才 | 64.37% |

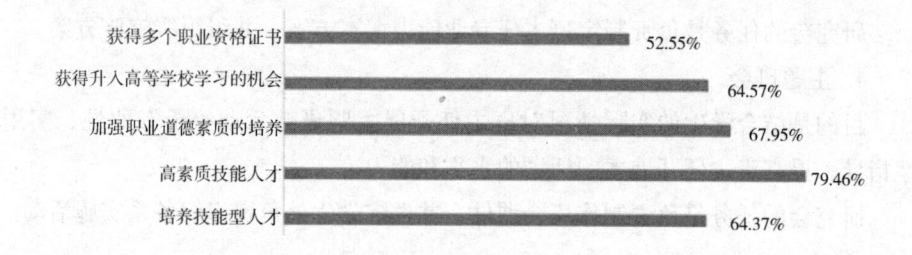

**图4-5 职业教育的期望**

选择成为"高素质技能人才"占79.46%,排在第一位。"加强职业道德素质的培养"占67.95%,排第二位。"获得升入高等学校学习的机会"占64.57%,排第三位。这个调查结果比较真实地反映了就读职业院校学生的愿望。近几年,随着职业教育体系的建立,中等职业学校及专科类职业院校学生,越来越多地将升学作为自己的诉求。这需要我们高度关注。

**二、发现学生**

虽然职业院校的学生在入学时文化基础课程成绩不算突出,但并不代表他们在这方面一直不突出,而且在其他智能方面可能有过人之处。他们进入职业院校普遍存在通过提高技术技能改变命运的朴素想法。我们应当营造人人皆可成才、人人尽展其才的良好育人环境,让每个人都有人生出彩的机会,使他们成为高素质劳动者和技术技能人才。

"多元智能理论"是指导我们如何正确面对学生的重要理论,该理论由霍华德·加德纳(Howard Gardner)在《智力的结构》(*Frames of Mind*, 1983)一书里提出，一个人至少拥有如表4-9中所列的七种智力。

表4-9："多元智能理论"基本结构①

| 智力类型 | 特点 | 适合职业 |
| --- | --- | --- |
| 语言智力 | 有效地运用口头语言及文字能力，个人能够顺利而高效地利用语言描述事件、表达思想并与人交流 | 作家、演说家、记者、主持人、律师 |
| 数理逻辑智力 | 有效地计算、测量、推理、归纳、分类，并进行复杂数学运算的能力。表现为个人喜欢通过推理来进行思考，喜欢提出问题并执行实验以寻求答案，寻找事物的规律及逻辑顺序 | 科学家、会计师、统计学家、工程师、电脑软件研发人员 |
| 空间智力 | 准确感知视觉空间的才能。空间智能强的人对色彩、线条、形状、空间及它们之间关系的敏感性很高 | 室内设计师、建筑师、摄影师、画家、飞行员 |
| 身体运动智力 | 善于运用整个身体来表达想法和感觉，以及运用双手灵巧地生产或改造事物的能力 | 运动员、舞蹈家、外科医生、手工艺人 |
| 音乐智力 | 音乐智能主要是指敏感地感知音调、旋律、节奏和音色等能力 | 作曲家、歌唱家、乐师、音乐评论家 |
| 人际交往智力 | 能够有效地理解别人及其关系和与人交往的能力。善于觉察他人的情绪，体会他人的感受，辨别不同的人际关系 | 政治家、外交家、领导者、心理咨询师、公关人员 |
| 自然观察者智力 | 是指善于观察自然界中的各种事物，对物体进行辨识和分类的能力。表现为强烈的好奇心和求知欲、敏锐的观察能力，关注各种事物的细微差别 | 天文学家、生物学家、地质学家、考古学家、环境设计师 |

多元智能理论，为我们发现学生、发掘学生特长和潜能至少提供如下帮助。

一是人的智能是多元的，不能仅靠学习成绩的好坏来评价学生。

二是要善于发现学生的优势智能，并为其提供良好的成长环境，促其成长成才。

---

① 图表来源于：http://sh.zgjsks.com/html/2018/xx_1020/35560.html.

三是人不可能都成为全才,要尊重差异,应当根据学生的不同情况,让每个学生找到适合自己的发展道路。

另一个指导我们实践的重要理论是"全人教育理论"。该理论源自人本教育理论。美国心理学家卡尔·罗杰斯是人本主义教学理论的代表人物,他指出:全人教育即以促进学生认知素质、情意素质全面发展和自我实现为教学目标的教育。①全人教育认为:教育最主要、最根本的目的是培育人类发展的内在潜能,每个学习者都具有独特且有价值的能力,每个个体都内在地具有创造性,有独特的身体、情绪、智力和精神需求的能力,拥有无限的学习能力。②正如全人教育的十项原则中第十项所说:人最重要、最有价值的,是他内在的、主观的生命——自我或者说灵魂,教育必须滋养人的精神性生活,使其健康成长,而不能通过无休止的评价和竞争伤害它。香港职业训练局在职业教育中大力推行全人教育,他们认为全人教育有四大核心:发挥创意、积极参与、关心社会、道德伦理。

帮助和转化有特殊问题的学生,我们应该保持"农民心态"。正如著名教育家叶圣陶先生说:"教育是农业而不是工业。"以农民对待庄稼的态度来看待我们有特殊问题的学生。农民少有抱怨庄稼长不好是庄稼的问题,农民时时充满期待,农民有踏实做事的人生哲学,农民少有职业倦怠。我们在教育学生过程中亦是如此,学生成长得不好,应多剖析我们的原因。教育是一种慢的艺术,需要我们的精心耕耘,充满期待,静待花开,不曾离别。

对待有特殊问题的学生,我们也要有"医生心态"。医生对待病人轻易不会说:"你怎么得这种病?我看不了"。医生会通过望、闻、问、切,确定病因,开出药方,精心治疗,几个疗程之后,若病情不见好转,还有会诊、转院等制度。对待有特殊问题的学生,我们应当向医生学习,不离不弃,多方尝试,帮助学生成长。

### 三、帮助和指导学生发展

1. 让每位学生都有人生出彩的机会

从人本主义角度来讲,教育的目的在于发现人的价值、发掘人的潜能、发展人的个性。要让每位学生都有人生出彩的机会,首要的是发现学生,为学生

---

① 张大均. 教育心理学 [M]. 2版. 北京:人民教育出版社,2011:113-114.
② 刘云,谢少华. 全人教育以人为本的理念及其对中国教育思想的启示 [J]. 贵州社会科学,2017(3):93-98.

提供展示舞台。如何发现学生特长和潜能,其基本方式有两种,一是在学生日常活动表现中观察发现,二是通过量表进行测试发现。如"多元智能类型测量表"对学生的智能类型进行测量,激励学生发掘潜能,培养和展现特长。

在发现学生特长和潜能后,如何培养和展现特长,我们大致可以采用从专业学习中培养和展示学生特长和从日常活动中培养和展示学生特长两种途径。

(1) 从专业学习中培养和展示学生特长

如何从专业学习中培养和展示学生特长,笔者在实践中总结了六种常用方式。

一是鼓励学生参加各种各类专业技能大赛。参加大赛,从备战、训练,一直到最后的比赛,是对选手的专业能力、心理素质、意志品质的极大挖掘与激发,是成就学生的重要途径。

二是鼓励学生参加或创办自己喜欢的专业社团。手机社、机器人社、无人机社、模具社、汽车维修社、网络社、手游社、面包社、茶艺社等等,总有一款适合你,总有一群懂你的人在等你。社团能让学生找到自己的"圈子",找到自己的"粉丝"。

三是鼓励学生进入大师工作室工作。每所职业院校都设有不少的"技能大师工作室",要鼓励你的学生加入大师工作室,积极参与大师所从事的一些项目,通过现代学徒制成就学生。

四是班级至少订阅一份专业书刊。利用班费为学生订阅专业书刊,不仅可增加学生专业认同感,而且会拓展学生知识面。学生多年坚持阅读一份或多份专业报刊,或许可以改变他的一生。对于有相对固定教室的班级,可以设立班级"图书角";若没有固定教室,可将"图书角"分设在男女生宿舍。图书的来源为每位学生的自有图书,每月每人更换一书。班主任可组织班级同学每月评选出"优秀图书",对于提供"优秀图书"者,给予适当奖励。

五是设立"机会榜"。班主任可以定期收集一些与专业相关的岗位,在班级发布"机会榜",为学生提供成长平台。如:班主任主动联系实验实训室管理员,积极举荐品学兼优的学生,义务担任管理员的助手。

六是在校园里面开"公司"。鼓励学生结合专业,在学校的"创业一条街""创业孵化基地""众创空间",或者网上创办属于自己的公司。如笔者曾指导化工专业的学生利用所学专业知识创立洗衣液公司,原材料由学生购买,学校的设备可由学生业余时间"租借"进行生产。学生在公司里不仅要学会研发、采购、生产、品控,还要学会销售、人员管理等等,将专业教育、创业教育、德育工作融合在了一起。

（2）从日常活动中培养和展示学生特长

如何从日常活动中培养和展示学生特长，我们可以结合学校实际培养学生。这里特别值得一提的是要引导学生利用好闲暇时间。爱因斯坦说："人的差异在于业余时间，业余时间生产着人才，也生产着懒汉、酒鬼、牌迷、赌徒。由此不仅使工作业绩有别，也区分出高低优劣的人生境界。"学生一般一天会有八小时在教室学习，八小时在宿舍休息，还有八小时是课余时间。有人说，一个人的命运取决于他业余时间都干了些什么。

通过课余八小时的日常活动培养学生特长是最放松和自由的。要主动给学生"找事干"，精心策划一些活动，通过活动育人。如：围绕展示专业技能的技能节或科技节，有各类专业能力大赛、科技创新作品展示、专业技能展示等；体育类的活动非常受学生欢迎，除传统的运动会外，还包括各类体育比赛，如：篮球、足球、排球、乒乓球、羽毛球等球类比赛，都是培养和展示学生风采的舞台。文艺节类活动更是如此，如：元旦文艺汇演、歌手大赛、舞蹈大赛、合唱比赛、社团展演等。在国家倡导劳动教育、工匠精神的大背景下，举行学生劳动技能大赛，通过叠被子、收纳衣物、温馨宿舍评比活动，培养和展示学生劳动素养。

每项活动都是一门课程，都是一个大舞台，皆可展示自我、成就自我。班主任应激励、引导学生积极参与，要充分相信学生，发挥学生的主体性。

（3）激励方式与个性化评价的有效选择

马斯洛的需要层次理论、赫茨伯格的双因素理论以及期望理论，都可以作为我们选择激励方式的理论基础。因人因事不同，可采取不同的激励和评价方式。笔者在实践中总结了四种方式供大家参考。

一是班级"每周之星""月度人物"评选。受表彰的学生不一定品学兼优，只要是某一个方面表现突出、事迹感人，符合主流价值观，就可以评选。如"创业之星""孝敬父母之星""篮球之星""早起之星""快乐之星""管家之星"等。

二是让学生享有某项特殊权利。某位同学由于某个方面表现突出，班主任特别奖励他一张参加学校"十佳歌手"音乐会的热门门票，或者奖励一次与班主任（系主任、校长）面对面共进午餐的机会，或者奖励他和班主任一起参加重要活动，如共同会见企业代表洽谈班企合作事宜等，或者允许他享有一次班级座位的自由选择权，或者参加某项活动的优先权等。

三是奖励"班币"。"班币"是班级自己订制的一种"货币"。它可以模拟企业对员工的物质激励，某位同学或某个团体表现优秀，班主任按照班规给予一定数额的班币奖励。对于违纪的学生可以进行"罚款"处理。期末按每人手中的班币多少记本学期德育评分,作为评优、评先的依据。班币也可用于日常教学,记录学生的平时成绩。

四是担任班级职务。马斯洛将自我价值实现作为最高层次需要,让学生参与班级管理,发挥个人自我价值,可作为一种重要的激励方式。如:设立值周班长、值日班长、班级钥匙长、投影机长等。

培养和展示学生特长关键在于班主任的教育理念。我们要努力将自己修炼成为"智慧型"班主任。冯契在《智慧说》中这样定义"智慧":"智,法用也;慧,明道也。天下智者莫出法用,天下慧根尽在道中。智者明法,慧者通道。道生法,慧生智。慧足千百智,道足万法生。智慧,道法也。"苏霍姆林斯基与两朵玫瑰花的故事、陶行知与四块糖的故事、魏书生面对犯错的学生要求写500字的说明书,这些都闪耀着智慧的光芒。要修炼成为"智慧型"的班主任,不能仅靠班主任兵法,方法是表象的、工具性的东西,即上面所讲的"智",而真正见功夫的,还是一个人的教育理念,即"慧"。苏霍姆林斯基、陶行知、魏书生都是慧者,慧足自然千百智。班主任要能"慧眼识才",发现人的价值,并且能够发掘人的潜能、发展人的个性,就必须不断实践、不断学习、不断反思。唯有此,才可成为"智慧型"班主任,而这样的教师最有可能成为"人师"。

2. 新媒体下的学生管理创新

新媒体就是数字化的媒体形式。新媒体技术的发展,对学生管理工作来说面临不少新挑战。游戏问题、网贷问题、直播问题、交友问题、意识形态问题等等,以前不存在的问题或并不用太多关注的问题,今天却必须认真对待。如何面对新媒体下的学生管理,是一个值得探讨的话题。

(1)思想认识问题

面对日新月异的新媒体,我们是"堵"、是"导",还是视而不见?在现实中,我们许多管理者先是看不见,继而是看不起,实际上是看不懂,最终是来不及。当我们的学生对短视频这种传播媒介越来越感兴趣的时候,我们有没有将短视频作为宣传手段,许多管理者不想试、不敢试、不会试。应当说,学生在哪里,我们的阵地就应当在哪里。

杜威曾经这样说:"如果我们仍然用昨天的方式来教育现在的学生,那么我们将剥夺他们的明天。"雷·克利福德(Ray·Clifford)认为:"科技不能取代教师,但是使用科技的教师却能取代不使用科技的教师。"在移动互联已成为我们的生活方式的今天,任何人、任何物、任何时间、任何地点,永远在线、随时互动。这种基于移动互联网的思维（5F思维：碎片思维Fragment、快一步思维Fast、第一思维First、焦点思维Focus、粉丝思维Fans），为我们的学生管理工作带来新的机遇。

（2）重新构建学校的生态系统

如何在新媒体环境下重新定义我们的学校生态系统。面对网络，有人说"地点已死，空间长大"，我们需要突破有形的围墙，重新定义我们的学校空间。新空间构建学校新的生态系统，笔者认为新的生态系统至少应当有这些变化：学习环境重构、教育内容供给方式改变、教与学方式变革、教育教学管理的改进等。

学习环境重构主要是指基于网络环境的优化，使网络使用更加便捷。

教育内容供给方式改变，主要在于改变传统供给方式，使教育教学资源便于获取和使用，实现所需即所得。这需要加大云资源开发和利用，采用学生喜闻乐见的呈现形式，使我们的公众号、视频号、数字图书馆、数字化管理平台等不断补充与完善，更加人性化。

教与学方式变革，这一部分在第三章已有详细阐述，这里不再赘述。

教育教学管理的改进。每位学生都是个性化的存在，要做到因材施教并不容易，而技术让我们有了区分和激发每一个学习者的各种可能性。利用新媒体使我们的管理方式更加精准与个性化，更有利于促进人的成长。

（3）新媒体下的学生管理应用案例

案例1：微信群、朋友圈：关注每个个体

在传统的班级管理中，如果我们可以将学生日常表现分为"优生""中等生"和"问题学生"的话（注：这种分类方式并无歧视之意），班主任对学生的关注度可用"微笑曲线"来表示，如图4-6所示。

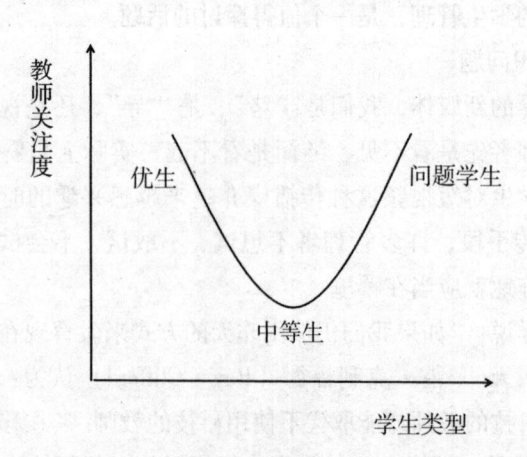

图4-6 教师对不同类型学生的关注度

班主任的日常教育活动当中，会比较多地关注两端的"优生"和"问题学生"，而对于底端的"中等生"则关注度并不会太高。而在实际工作中，这个看似没有太多问题关注度不太高的"中等生"，却往往出现问题。

微信的出现，为我们关注每个个体提供了技术上的可能。班级微信群是班主任日常与学生沟通的重要平台，每个学生随时随地可以与班主任和同学之间互动。学生的朋友圈随时随地记录他们的喜怒哀乐。这为教师了解、关注、帮助每一位学生打开了一扇窗，用好这种新媒体手段可以帮助我们解决以前不容易解决的问题。

案例2：网络问卷平台，倾听每一位学生心声

"感动校园人物"评选、"十佳学子"评选、"创业人物"评选、学生评教、疫情防控等等，利用各类网络问卷平台，可以轻松方便地实现。如下是我们在疫情暴发学生居家期间所做的学生心理和行为网上调查，通过调查情况，我们及时调整学生居家管理措施，极大满足了学生需求，产生良好效果。

## 新冠疫情下职业院校学生心理和行为状况调查报告

新冠肺炎（COVID-19）自被发现以来，已在亚洲、欧洲、美洲等多国造成传播，尤其是在美国、意大利、中国、西班牙等国疫情较为严重。世界卫生组织（WHO）宣布新型冠状病毒进入全球大流行状态。2020年1月20日，国家卫生健康委员会公告，将新型冠状病毒感染的肺炎纳入乙类传染病和检疫传染病，并采取甲类管理标准。各级部门依法采取了病人隔离治疗、密切接触者隔离医学观察、普通人居家隔离等系列防控措施。职业类院校按要求延期开学，学生在家经历了漫长的假期。在疫情面前，职业院校学生的心理和行为状况如何？学生对新冠肺炎防控知识的认知程度、居家学习和生活状况怎样？对学校采取防控措施是否满意？这些问题的了解对确保学生身心健康和疫情防控具有重要作用。为深入了解学生状况，我们选取疫情较为严重的广东省某职业院校作为样本，设计问卷进行调查。

一、调查对象、内容和方法

（一）调查对象

本次调查从2020年3月8日至3月10日，抽取广东某职业院校的12007名学生进行调查，收到有效问卷10879份。学生填写问卷时主要分布在广东、云南、广西、湖北、湖南、江苏、四川、北京、江西、重庆、浙江、香港、澳门等25个省、市、特别行政区。其中疫情期间在湖北的学生有57人、广东10556

人、云南77人、广西43人,其余分布在湖南、四川、江西、香港等21个省、市、特别行政区。

(二)调查的主要内容

调查内容设计,主要针对疫情期间学生的人口学特征、心理状况(8项内容)、行为状况(8项内容)、对新冠肺炎防控知识的认知程度(15项内容)、居家学习和生活状况(6项内容)、对学校采取防控措施的认可度(3项内容)、线上教学的满意度等12个方面展开调查。

(三)调查方法

组织学生管理、心理等方面的专业人员,自行设计调查问卷,采用问卷星网络调查平台进行数据采集。利用SPSS25.0对数据进行描述性分析,对身处重点疫区的学生情况进行交叉分析等。

二、调查结果

从学生的人口学特征、心理状况(8项内容)、行为状况(8项内容)、对新冠肺炎防控知识的认知程度(15项内容)、居家学习和生活状况(6项内容)、对学校采取防控措施的认可度(3项内容)、线上教学的满意度等12个方面展开调查。

(一)学生人口学特征

**表1 参与调查的学生人口学特征**

| | 特征 | 人数 | 百分比(%) | 有效百分比(%) | 累计百分比(%) |
|---|---|---|---|---|---|
| 性别 | 男 | 6768 | 62.2 | 62.2 | 62.2 |
| | 女 | 4111 | 37.8 | 37.8 | 100.0 |
| 年龄 | Y<16 | 836 | 7.7 | 7.7 | 7.7 |
| | (Y)16≤Y<17 | 2896 | 26.6 | 26.6 | 34.3 |
| | 17≤Y<18 | 2208 | 20.3 | 20.3 | 54.6 |
| | 18≤Y<19 | 2737 | 25.2 | 25.2 | 79.8 |
| | 19≤Y | 2202 | 20.2 | 20.2 | 100.0 |
| 来源地 | 重点疫区 | 57 | 0.5 | 0.5 | 0.5 |
| | 非疫区城市 | 5063 | 46.5 | 46.5 | 47.0 |
| | 非疫区乡镇 | 2887 | 26.5 | 26.5 | 73.5 |
| | 非疫区农村 | 2872 | 26.5 | 26.5 | 100.0 |

（二）学生的心理状况

学生的心理状况从 8 个方面进行测量，整体状况良好。但需要关注的是，面对疫情，少数学生仍然存在各种心理困扰，具体占比见表2。其中，将 8 个测量内容中出现"总是"和"经常"的频率比例分别相加，由高到低排序，排在前列的项是："做事犹豫不决，不能拿定主意"共 677 人，占 6.22%；"日常生活毫无趣味"共 597 人，占 5.49%；"做事无法集中注意力"共 528 人，占 4.85%；"感觉精神上有压力"共 500 人，占 4.6%；"因为担忧而失眠"共 462 人，占 4.25%；"心情是抑郁焦虑的"共 453 人，占 4.16%。

表2 学生的心理状况

| 题目 选项 | 总是 | 经常 | 有时 | 很少 | 从不 |
|---|---|---|---|---|---|
| 做事犹豫不决，不能拿定主意 | 236（2.17%） | 441（4.05%） | 1876（17.24%） | 3286（30.2%） | 5040（46.33%） |
| 日常生活毫无趣味 | 236（2.17%） | 361（3.32%） | 2102（19.32%） | 3288（30.22%） | 4892（44.97%） |
| 做事无法集中注意力 | 221（2.03%） | 307（2.82%） | 1968（18.09%） | 3476（31.95%） | 4907（45.11%） |
| 感觉精神上有压力 | 212（1.95%） | 288（2.65%） | 1726（15.87%） | 3364（30.92%） | 5289（48.62%） |
| 因为担忧而失眠 | 201（1.85%） | 261（2.4%） | 1268（11.66%） | 3176（29.19%） | 5973（54.9%） |
| 心情是抑郁焦虑的 | 194（1.78%） | 259（2.38%） | 1947（17.9%） | 3516（32.32%） | 4963（45.62%） |
| 疫情期间烦躁不安 | 154（1.42%） | 229（2.1%） | 1352（12.43%） | 3236（29.75%） | 5908（54.31%） |
| 会无缘无故感到害怕 | 134（1.23%） | 128（1.18%） | 1000（9.19%） | 2887（26.54%） | 6730（61.86%） |
| 小计 | 1588（1.82%） | 2274（2.61%） | 13239（15.21%） | 26229（30.14%） | 43702（50.21%） |

（三）学生的行为状况

学生的行为状况也从 8 个方面进行测量。面对疫情，有 8.09% 的学生出现吸烟喝酒的行为，10.32%的学生更容易发怒或出现偏激行为。大部分学生都养成了重视消毒洗手、减少与他人接触及每天关注疫情报道的行为习惯，见表3所示。

表3 学生的行为状况

| 题目<br>选项 | 完全不符合 | 不太符合 | 一般情况 | 比较符合 | 完全符合 |
|---|---|---|---|---|---|
| 重视消毒、洗手等习惯 | 257<br>(2.36%) | 77<br>(0.71%) | 1161<br>(10.67%) | 2931<br>(26.94%) | 6453<br>(59.32%) |
| 做平时没时间做的事情 | 430<br>(3.95%) | 431<br>(3.96%) | 2258<br>(20.76%) | 3109<br>(28.58%) | 4651<br>(42.75%) |
| 尽量减少与他人接触 | 276<br>(2.54%) | 134<br>(1.23%) | 1120<br>(10.3%) | 2649<br>(24.35%) | 6700<br>(61.59%) |
| 大量吃东西缓解焦虑 | 3174<br>(29.18%) | 2935<br>(26.98%) | 2680<br>(24.63%) | 857<br>(7.88%) | 1233<br>(11.33%) |
| 更注意饮食锻炼 | 207<br>(1.9%) | 290<br>(2.67%) | 2654<br>(24.4%) | 3019<br>(27.75%) | 4709<br>(43.29%) |
| 开始吸烟喝酒，或出现更多吸烟喝酒行为 | 8826<br>(81.13%) | 678<br>(6.23%) | 495<br>(4.55%) | 219<br>(2.01%) | 661<br>(6.08%) |
| 与之前相比，更容易发怒和出现偏激行为 | 6508<br>(59.82%) | 1973<br>(18.14%) | 1276<br>(11.73%) | 411<br>(3.78%) | 711<br>(6.54%) |
| 每天都会关注疫情相关报道 | 294<br>(2.7%) | 218<br>(2%) | 2504<br>(23.02%) | 2920<br>(26.84%) | 4943<br>(45.44%) |
| 小计 | 19972<br>(22.95%) | 6736<br>(7.74%) | 14148<br>(16.26%) | 16115<br>(18.52%) | 30061<br>(34.54%) |

（四）对新冠肺炎防控知识的认知程度

问卷中设计了有关新冠肺炎的15个知识点，每题计为1分，问卷满分为15分，对结果数理统计得出，问卷平均得分为12.15分。由此可以得出，学生对新冠肺炎相关知识比较熟悉，防疫防护认识比较全面，折射出学生对新冠疫情的关注度较高及学生获得了较多科学防疫知识。测试题目及正确率见表4所示。

表4 学生对新冠肺炎防控知识的认知程度

| 题目 | 正确率 | 错误率 |
| --- | --- | --- |
| 新型冠状病毒传播途径包括空气飞沫传播、接触传播、气溶胶传播以及可能的粪口传播 | 10436（95.93%） | 443（4.07%） |
| 晒太阳不能够杀死新型冠状病毒 | 7904（72.65%） | 2975（27.35%） |
| 疑似新冠肺炎患者或从疫区返乡人员，一般需要隔离14天，主要是因为新冠肺炎潜伏期一般是3-7天，最长时间一般不超过14天 | 7198（66.16%） | 3681（33.84%） |
| 并不是酒精浓度越高越能杀死新型冠状病毒 | 8407（77.28%） | 2472（22.72%） |
| 洗热水澡、吹热空调、蒸桑拿等方法是不可以杀死空气中的新冠病毒的 | 8767（80.59%） | 2112（19.41%） |
| 新冠肺炎主要的临床症状为发热、咳嗽和乏力 | 10447（96.03%） | 432（3.97%） |
| 多数患者治愈后良好，儿童病例症状相对较轻，少数患者病情危重 | 8585（78.91%） | 2294（21.09%） |
| 死亡病例多见于老年人和有慢性基础疾病患者 | 8876（81.59%） | 2003（18.41%） |
| 目前对于新冠肺炎没有特效药可用于治疗和预防 | 7937（72.96%） | 2942（27.04%） |
| 我们出门一定要佩戴口罩，人与人的交往距离，至少保持1米以上，最好2米以上 | 10591（97.35%） | 288（2.65%） |
| 接触手机和电梯按钮后，要及时洗手消毒 | 10688（98.24%） | 191（1.76%） |
| 在做好了防护消毒的前提下，在家收快递和取外卖感染概率比较低 | 8513（78.25%） | 2366（21.75%） |
| 病毒离开人体仍能存活一段时间，但不一定具有传染性 | 3988（36.66%） | 6891（63.34%） |
| 被治愈的新冠肺炎患者，尽管自身有了抗体，但仍有再次被感染的可能 | 9603（88.27%） | 1276（11.73%） |
| 目前疫情的拐点还没有到来，因此我们仍要保持高度警惕 | 10625（97.67%） | 254（2.33%） |
| 小计 | 132565（81.24%） | 30620（18.76%） |

### （五）居家学习和生活状况

学生居家生活和学习状况总体良好。65.71%的学生能很好规划居家生活学习，安排得当；75.94%的学生在家能主动帮父母分担家务；76.41%的学生与父母沟通交流顺畅。但也有20.89%的学生表示"在家里无所事事，感觉快闷疯了"。此外，当被问及对开学的态度时，68.96%的学生希望学校能够早日开学。另外特别值得关注的是，有20.89%的学生在家无所事事，感觉快闷疯了，以及有23.01%的学生对开学存在焦虑感，需要针对这部分学生采取相应的教育和指导。

**表5　学生居家学习和生活状况**

| 题目选项 | 完全不符合 | 不太符合 | 一般情况 | 比较符合 | 完全符合 |
|---|---|---|---|---|---|
| 我在家里无所事事，感觉快闷疯了 | 2726（25.06%） | 2147（19.74%） | 3733（34.31%） | 1223（11.24%） | 1050（9.65%） |
| 我能很好规划居家生活学习，安排得当 | 297（2.73%） | 282（2.59%） | 3151（28.96%） | 3462（31.82%） | 3687（33.89%） |
| 我能主动帮父母分担家务 | 262（2.41%） | 146（1.34%） | 2210（20.31%） | 3530（32.45%） | 4731（43.49%） |
| 我与父母的沟通交流顺畅 | 289（2.66%） | 179（1.65%） | 2099（19.29%） | 3431（31.54%） | 4881（44.87%） |
| 我对开学是充满担心和焦虑的 | 3074（28.26%） | 2155（19.81%） | 3147（28.93%） | 1168（10.74%） | 1335（12.27%） |
| 我希望学校能够早日开学 | 510（4.69%） | 262（2.41%） | 2605（23.95%） | 2373（21.81%） | 5129（47.15%） |
| 小计 | 7158（10.97%） | 5171（7.92%） | 16945（25.96%） | 15187（23.27%） | 20813（31.89%） |

### （六）对学校管理的满意度

在关于"你对学校在开展新冠肺炎防控和教育方面工作的评价"调查中，有74.1%的学生认为"非常满意"，19.9%"比较满意"，两项累计百分比为94%。学生对"你在填写每日一报身体健康状况时的态度"时，"非常积极"占80.4%，"比较积极"占14.8%，两项累积百分比为95.2%，"一般情况""不太积极"和"非常被动"累积百分比为4.8%。"疫情期间班主任对你的关心"满意度达 90.1%。

对于"停课不停学"的线上教学评价,"非常满意"的占 64.7%,比较满意的占 23.6%,"一般情况"的占 9.7%,"不太满意"的占 1.2%,"非常不满意"的占 0.8%。

(七)重点疫区学生与非疫区学生的差异分析

本调查中"重点疫区"特指湖北省,"非疫区"指湖北省以外的区域。本调查采用 SPSS25.0 中的交叉分析得出如下数据。

对"我在家里无所事事,感觉快闷疯了"的选项中,"重点疫区"选择"比较符合"和"完全符合"的累计百分比为 36.84%,比 20.89%的整体平均水平高出 15.95%,比"非疫区城市"高出 15.47%。见表 6 所示。

表 6　疫区与非疫区在"我在家里无所事事,感觉快闷疯了"选项中的对比

| X\Y | 完全不符合 | 不太符合 | 一般情况 | 比较符合 | 完全符合 | 小计 |
| --- | --- | --- | --- | --- | --- | --- |
| 重点疫区 | 10 (17.54%) | 10 (17.54%) | 16 (28.07%) | 9 (15.79%) | 12 (21.05%) | 57 |
| 非疫区城市 | 1302 (25.72%) | 930 (18.37%) | 1749 (34.54%) | 576 (11.38%) | 506 (9.99%) | 5063 |
| 非疫区乡镇 | 683 (23.66%) | 611 (21.16%) | 1027 (35.57%) | 318 (11.01%) | 248 (8.59%) | 2887 |
| 非疫区农村 | 731 (25.45%) | 596 (20.75%) | 941 (32.76%) | 320 (11.14%) | 284 (9.89%) | 2872 |

在"疫情期间觉得烦躁不安"的选项中,疫区与非疫区的区别如表 7 所示。

表 7　疫区与非疫区在"疫情期间觉得烦躁不安"选项对比分析

| X\Y | 总是 | 经常 | 有时 | 很少 | 从不 | 小计 |
| --- | --- | --- | --- | --- | --- | --- |
| 重点疫区 | 3 (5.26%) | 0 (0.00%) | 4 (7.02%) | 22 (38.60%) | 28 (49.12%) | 57 |
| 非疫区城市 | 84 (1.66%) | 100 (1.98%) | 645 (12.74%) | 1505 (29.73%) | 2729 (53.90%) | 5063 |
| 非疫区乡镇 | 27 (0.94%) | 65 (2.25%) | 375 (12.99%) | 869 (30.10%) | 1551 (53.72%) | 2887 |
| 非疫区农村 | 40 (1.39%) | 64 (2.23%) | 328 (11.42%) | 840 (29.25%) | 1600 (55.71%) | 2872 |

在"我希望学校能够早日开学"的选项中,疫区学生选"完全符合"的比例为52.63%,比全体参与调查者高出5.48%。在面对疫情感觉"日常生活毫无趣味"的调查中,疫区学生选"总是"的为7.02%,选"经常"的为5.26%,而非疫区城市学生的比例是2.13%和3.26%。比较有意思的是,"非疫区农村"在生活的趣味性上比"非疫区城市"和"非疫区乡镇"分别高出2.78%和3.22%,这可能与农村活动空间大,居家隔离相对宽松有关,见表8所示。

表8 疫区与非疫区在"日常生活毫无趣味"选项中的对比分析

| X\Y | 总是 | 经常 | 有时 | 很少 | 从不 | 小计 |
| --- | --- | --- | --- | --- | --- | --- |
| 重点疫区 | 4(7.02%) | 3(5.26%) | 14(24.56%) | 16(28.07%) | 20(35.09%) | 57 |
| 非疫区城市 | 108(2.13%) | 165(3.26%) | 1002(19.79%) | 1540(30.42%) | 2248(44.40%) | 5063 |
| 非疫区乡镇 | 59(2.04%) | 100(3.46%) | 568(19.67%) | 891(30.86%) | 1269(43.96%) | 2887 |
| 非疫区农村 | 65(2.26%) | 93(3.24%) | 518(18.04%) | 841(29.28%) | 1355(47.18%) | 2872 |

在"感觉精神上是有压力的"调查中选"总是"的比例是:重点疫区学生为3.51%,非疫区城市学生为2.05%,非疫区乡镇学生为1.52%,非疫区农村学生为2.16%。在"做事无法集中注意力"调查中选"总是"的比例是:重点疫区学生为3.51%,非疫区城市学生为2.03%,非疫区乡镇学生为1.59%,非疫区农村学生为2.44%。在"因为担忧而失眠"调查中选"总是"的比例是:重点疫区学生为3.51%,非疫区城市学生为2.03%,非疫区乡镇学生为1.42%,非疫区农村学生为1.92%。

三、讨论与对策

从学生的心理状况调查结果来看,学生做事犹豫不决,不能拿定主意,感觉日常生活毫无趣味、精神压力、失眠、抑郁焦虑现象比较明显。学校在疫情期间开设心理咨询热线或线上心理健康教育课,应重点针对这些问题来指导学生。可以采用的辅导方式有:认识和接纳情绪、情绪管理的方法(转移和升华)、学会放松(深呼吸、精神放松)、克服学习无助感、注重劳逸结合等。

针对以往突发事件相关研究发现,有相当多大学生缺乏应对突发事件的经验,情绪不够稳定,缺乏分析和决策能力,容易受暗示,行为较冲动。从调查的情况来看，疫情期间学生的行为状况，消毒、勤洗手等卫生习惯有所加强，但吸烟喝酒、更容易发怒或出现偏激等行为较平常有所增加。应当积极疏导学生消极情绪，家校合作共育，协调学生与家长关系，引导学生读书、观看有正向激励作用的影视作品等。

提高学生对新冠肺炎的认知程度有利于学生心理健康。学生对新冠肺炎的认知度越高，出现轻度焦虑的风险越小，说明学生对新冠肺炎的认知越全面，预防措施了解得越到位，其心理状态越好，越积极应对疫情。学校可通过短信、微信公众号、网站等新媒体手段，对学生开展疫情教育、卫生教育，提高学生对疫情的认知度。

推广很多年的互联网+下的学习，如：移动学习、微课、慕课等，真正大面积应用于教学并没有实现，但在疫情之下，短时间内却得到了极大普及应用，各校借助线上教学平台开展的教学工作，得到了学生的认可。但线上互动、教学质量检测、个性化教学等却有待进一步提高。

防控疫情与复工复产是当前的两项重要工作，职业院校在做好疫情防控的同时，应当引导学生参与到复工复产当中。在支持企业复工复产中，化解学生的心理与行为问题，同时增加了学生的社会责任感教育、生命教育等。

（三）帮扶和转化有特殊问题的学生

"问题学生"是指在外因及内因共同作用、相互影响下，个别学生在思想、品德、心理、行为等方面偏离同龄人发展常态，需要给予及时引导和帮助的学生。我们应学会对有特殊问题或行为的学生进行发展性辅导咨询、帮扶与转化。

1. "问题学生"产生的原因及转化策略

"问题学生"的产生，原因是多方面的，班主任应对产生的原因精准识别，从根源上有效阻断，对"问题学生"要以因施策。

（1）家庭原因。主要有两个方面：第一个方面是家长不当的教育方式所致。因家长简单粗暴、以打代教、不良行为、无效的教育方法等所导致的"问题学生"。解决路径：一是办好班级家长学校，利用家长会、家长经验介绍、专家讲座等形式，对家长进行育人理念与方法教育；二是对"问题家长"进行家访，了解具体情况，现场指导；三是发现学生进步及时与家长沟通。第二个方面是留守儿童长期教育缺失所致。就读职业院校的部分学生曾是留守儿童或现在依然是留守孩子，长期父母教育缺失和长辈的监管不力，造成"问题学生"。针对不同情况，走进学生心灵，关爱、理解、引导。

（2）学校原因。主要有两个方面：一是因应试教育而"筛选"出的"问题学生"。班主任应有这样的认识，职业教育不是单纯的学历教育和职业技能等级证书教育，而是让人过一种幸福完整职业教育生活的教育，每一位学生都是独特的，天生我材必有用。二是因教师不当的教育教学方式所致。如果是因为其他科任教师教育教学方式导致的"问题学生"，班主任应定期或不定期召开科任教师交流会，达成共识，齐抓共管，转化"问题学生"。如果是由班主任所致，班主任应当虚心听取学生声音，改变自己不当的教育教学方式，不断学习，革新教育理念，提高业务水平。

（3）社会原因。有两个方面：一是交友不慎所致。解决策略：家校齐努力，让学生逐渐远离以前的朋友；创造条件让学生建立新的"朋友圈"；引导学生树立正确的价值观。二是因互联网、手机等新兴媒体的负面影响所导致。解决策略：利用班会等可利用的手段，培养学生的信息素养，即培养学生八个方面的能力：运用信息工具、获取信息、处理信息、生成信息、创造信息、发挥信息的效益、信息协作、信息免疫。

（4）自身原因。青春叛逆期导致，这需要我们对学生宽容、理解和有效交流，这是对因青春叛逆期"问题学生"转化的三件法宝。有些是学习兴趣低造成"问题学生"。解决策略：通过优秀毕业生与"问题学生"面对面、行业精英就业讲座、专业技能展示等形式，培养"问题学生"对专业的兴趣，引导他们进行有效的职业生涯规划，并且监督激励他们实现这一规划。

针对上述不同原因，除以因施策外，帮扶和转化"问题学生"的基本路径是：首先应当了解学生并建立良好的师生关系，然后师生针对存在的问题通过共同协商再达成愿望和目标，接下来是师生共同找到解决问题的策略和达成行动契约，最后是在教师、家长和同伴的帮助、监督下落实行动契约并不断改进。

许多矛盾的结点在于没有进行有效沟通，在解决"学生问题"时，可采用"沟通五步法"。

第一步：确定目的。认知、思维、角色。

第二步：建立关系。情意关联，聚焦注意。

第三步：循环推进。深度对话，引导思维。

第四步：共同概括。认知判断，角色定位。

第五步：退出延伸。收尾退出，行动延伸。

2. 心理问题学生应对

在中国科学院心理研究所发布的《中国国民心理健康发展报告（2019—2020）》中，高中阶段出现抑郁症状的学生接近40%，其中重度抑郁检出率为

10.9%~12.5%，轻度抑郁为25%~26.8%。这个数据确实让人震惊，学生心理问题必须引起我们高度重视。世界卫生组织1948年将健康定义为："健康乃是一种在身体上、精神上的完满状态，以及良好的适应力，而不仅仅是没有疾病和衰弱的状态。"职业院校学生心理健康的标准应当包括：智力正常、情绪健康、意志健全、人格完整、自我评价正确、人际关系和谐、社会适应正常、心理行为符合年龄特征等方面。① 相应的心理健康教育包括：学会有效学习、情绪的有效管理、挫折应对、健全人格塑造、自我认知、人际关系协调、适应社会等。

针对学生常见的心理问题，可以采取以下辅导方式。见表4-10。

**表4-10　学生常见心理问题及辅导方式②**

| 常见心理问题 | 辅导方式 |
| --- | --- |
| 自我意识相关的问题（自主性相关问题、自尊相关问题、自我控制能力及相关问题） | 1. 建立积极的自我概念（接纳，审美）<br>2. 提高自信训练<br>3. 独立生活、社交、意志品质<br>4. 榜样示范 |
| 人际关系问题（师生关系问题、同伴关系问题、亲子关系问题、特殊家庭亲子关系问题） | 1. 疏导消极情绪<br>2. 调整学生认识，防止过高期待<br>3. 换位思考<br>4. 激励进取，正强化 |
| 学习问题（厌学、不良学习习惯、考试焦虑、学习疲劳、注意力不集中） | 1. 兴趣引导<br>2. 代币激励<br>3. 切断联系<br>4. 科普方法 |
| 学生情绪问题（焦虑情绪、抑郁情绪、强迫倾向的情绪困扰、恐惧情绪、创伤的应对与干预、常见精神障碍及其处理） | 1. 认识和接纳情绪<br>2. 情绪管理的方法（转移和升华）<br>3. 教会放松（深呼吸、精神放松）<br>4. 克服学习无助感<br>5. 注重劳逸结合<br>6. 家校合作 |

---

① 刘峨．心理健康教育2版［M］．北京：清华大学出版社，2019：3.
② 江连凤．运用焦点解决短期治疗技术提升职校班主任沟通技能（讲义）［Z］．2019.

续表

| 常见心理问题 | 辅导方式 |
| --- | --- |
| 学生问题行为（说谎、偷窃与偷窃癖、逃学行为、侵犯行为、自杀行为、成瘾行为） | 1. 正强化、负强化与惩罚（表扬、批评）<br>2. 塑造<br>3. 消退<br>4. 榜样示范<br>5. 行为契约<br>6. 认知行为矫正法<br>7. 代币奖惩法 |
| 青春期性心理（性意识问题、异性交往中的问题、性心理障碍、性行为问题） | 1. 青春期科普教育<br>2. 鼓励多进行课外活动<br>3. 指导男女生正常交往，避免误区<br>4. 成长目标激励 |

3. "教育惩戒"

对学生违规违纪，应当进行必要的"教育惩戒"。教育惩戒是指教师和学校在教育教学过程和管理中基于教育目的与需要，对违规违纪、言行失范的学生进行制止、管束或者以特定方式予以纠正，使学生引以为戒，认识和改正错误的职务行为。"教育惩戒"不同于"教育惩罚"，更不是体罚。"惩"即惩处、惩罚，是其手段；"戒"即戒除，防止，是其目的。没有惩戒的教育是不完整的教育，必要的惩戒有利于学生的成长，但有一个原则就是：惩戒必须是在尊重学生人格，并且利于学生发展的前提下进行的。

如何惩戒？惩戒可以分为"人为惩戒"与"自然惩戒"两种方式。"人为惩戒"是没有事先约定的一种惩戒方式，是受人的情绪影响的一种惩戒方式。这种方式易把矛盾扩大化，不易被学生接受。如学生又迟到了，班主任心情好一些，可能教育几句就过去了。若班主任心情不太好，可能罚站、罚清洁等等。这就是典型的"人为惩戒"方式。

自然惩戒是一种对违反某项规定而必然应当受到的惩罚。这种方式约定在先，易被学生接受。如学生又迟到了，班主任可以问全班同学怎么办，同学会按事先的班级约定给出处理办法。魏书生让犯了错的学生写说明书，写说明书不同于写检讨书，魏书生说："在说明书中基本使用心理描写的表达方法，描绘出心理活动的三张照片，每张照片上都有两种思想在争论。第一张照片，犯错误前，两种思想怎么争论；第二张照片，犯错误中，两种思想边怎样交战；第三张照片,犯错误之后,两种思想作何感想。"①这三张照片描述清楚了,学生也就认识到自己的错误,教师再引导学生改进就容易得多了。

对中等职业学校学生违规违纪、行为失范,屡教不改的,或者严重影响教育教学秩序的,或者有欺凌同学、辱骂殴打教师等恶劣情节的,教师应当提请学校采取以下措施进行教育惩戒。可以给予不超过一周的停课或者停学惩戒,要求家长带回配合开展教育;也可以由法治副校长或法治辅导员予以训诫;还可以安排专门的教育场所,由专业人员(如心理教师)进行辅导、矫治等等。

转化问题学生,最需要的是爱心和耐心。好的学生人人爱,爱大家不怎么喜欢的学生才是真爱。魏书生这样说:"淘气的学生在几年的淘气史中,会有过上百次的自食其言,会有过上百次拒绝良言相劝,会有过上百次逃避父母管教,会有过上百次敷衍老师。对我们某一次成功的教育来说,只要不是第一百零一次拒绝、敷衍,只要有了一步朝前面的跨越,就很不容易了。不要期望过高,期望过高,既不利于教师树立教育的信心,也不利于学生树立改过的信心。"

### 4. 基于哈登(Haddon)模型的学生健康管理

学校人员密集,工作、学习、生活集中在有限的活动空间内,容易发生传染病的传播流行,突发公共卫生事件的风险明显。我国70%以上的突发卫生事件发生在学校,其中80%以上的为传染病流行事件。② 由国家卫生健康委员会和教育部联合发布,并于2019年7月1日正式实施的《普通高等学校传染病预防控制指南》,对高校在应对新冠疫情上发挥了很好的指导作用。指南从传染病预防、控制和保障等几方面做出了防控指引。各高校从防控新冠肺炎疫情的组织机构建立、两案八制等制度建设、管控、健康教育与服务等方面做了大量工作。特别是前期开展的师生疫情大排查,"停课不停学"的线上教学等,取得了一些成效。但学校人员复杂,学生人数多,疫情容易暴发,学生返校后,必然面临一系列防控问题:集中上课、集中用餐、多人合住、晨检、消毒、疫情突发处置等现实问题突出,每所学校的情况不同,必须"一校一策"。这些都在考验学校管理者的治理智慧和防控能力。这需要多方面、多角度来思考和探索传染病的防控措施,这方面比较有代表性的是Haddon模型及预防策略。它从另外一个视角为我们防控疫情提供了很好的借鉴,而且实践证明它是行之有效的。

---

① 魏书生.班主任工作漫谈——献给青年班主任[M].桂林:漓江出版社,1993(8):183.

② 沈春安,沈蘅.学校突发公共卫生事件健康教育策略探讨[J].健康教育与健康促进,2008,3(3):65-66.

(1) Haddon 模型及预防策略

Haddon 模型，也称 Haddon 矩阵。它是一种用于伤害预防和控制的模型，产生于1972年，由美国前国家公路交通安全局及公路安全保险处负责人威廉·哈登（William Haddon）提出。Haddon 模型最初用在交通伤害和预防上，后来经过多年的发展逐渐应用到更多的领域，尤其是突发公共卫生事件的应对上。

Haddon 模型具体体现为"三阶段、三因素"。"三阶段"是指事件"发生前""发生时""发生后"三个阶段。Haddon 的研究受到戈登（John E. Gordon）和吉布森（James J. Gibson）《意外事故流行病学》文章的启发，该文强调，公共健康体系下对伤害控制的定位应基于宿主（host）、媒介（agent）和环境（environment）三因素的相互作用。[①] Haddon 将事件控制因素分为"宿主""媒介""环境"三个因素。对突发公共卫生事件而言，"宿主"指人；"媒介"指"致病因子/媒介因子"，它通过无生命物或者有生命物传递至宿主；"环境"是人和致病因子所处的状况条件，包括物理环境和社会环境，物理环境是潜在伤害的促进因素或直接因素，社会环境是指影响伤害进程的社会政治背景，如政治环境、法律环境、相关制度等。Haddon 认为事件的发生取决于宿主、致病因子和环境三因素的相互平衡，一旦平衡被打破事件随即发生。表 4-11 是根据 Haddon 交通伤害预防模型中三阶段和三因素建立的模型简表。

表 4-11　Haddon 交通伤害预防模型简表[②]

| 发生阶段 | 宿主 | 致病因子/媒介物 | 环境 | |
| --- | --- | --- | --- | --- |
| | | | 物理环境 | 社会环境 |
| 发生前 | 遴选合格司机 | 上路前车辆安全检查，特别是车闸、轮胎、灯光等 | 公路的状态及维护保养 | 限制车速的法律，加大对岔路口的投资 |
| 发生时 | 司机的应变能力和乘车者的自我保护意识 | 车辆内部装备（尤其是轮胎）性能 | 路面状况与路边障碍物 | 紧急救援体系和资源保障系统 |

---

① 田腾. 儿童意外伤害的理论分析——基于"Haddon 模型"[J]. 基础教育，2017，14(3)：104-112.

② BARNETT DJ, BALICER RD, BLODGETT D, et al. The application of the Haddon matrix to public health readiness and response planning [J]. Environ Health Perspect, 2005 (5)：561-566.

续表

| 发生阶段 | 宿主 | 致病因子/媒介物 | 环境 | |
|---|---|---|---|---|
| | | | 物理环境 | 社会环境 |
| 发生后 | 防止失血过多，妥善处理骨折 | 油箱质地的改善与防止漏油 | 车祸急救 | 健康保险、消防、应急系统与措施 |
| | 伤害严重程度判断和预防死亡 | 车辆损坏度评价及修复 | 公路整治 | 社会、家庭支持及开辟医疗救治的绿色通道 |

预防策略。Haddon 最突出的贡献在于两个方面：一是建构了"Haddon 模型"，另一个是与之相匹配的 10 条预防策略。两者互为补充，"Haddon 模型"旨在从事件发展的全过程分析与之相关的因素来理解事件的发生与防控，10 条预防策略则从源头防控、阻止传播、积极救治等方面提供具体的控制事件策略。表 4-12 是世界卫生组织与联合国儿童基金会基于 Haddon 的 10 条预防策略，针对儿童伤害相关的防护举例列表。10 条预防策略见表 4-12 策略部分。

表 4-12 意外伤害控制策略[①]

| 策略 | 与儿童伤害相关的防护（举例） |
|---|---|
| 1. 首先要阻止危险的产生<br>2. 减少危险的数量<br>3. 阻止危险物的传播和释放<br>4. 调整危险的释放率以及空间分布<br>5. 在时间和空间上将受保护者与危险分开<br>6. 通过屏障措施将危险与受保护者隔离<br>7. 调整涉及危险因素的基础设备质量<br>8. 使个体抵得住一些伤害<br>9. 对抗已经发生的危险<br>10. 有效急救、运送和康复措施 | ·禁止生产和销售不安全的产品<br>·汽车降低速度<br>·防止儿童接触药瓶<br>·使用安全带和儿童约束装置<br>·自行车及人行道<br>·窗户护栏、游泳池围栏、覆井盖<br>·操场表面质地软<br>·给儿童良好的营养<br>·烫伤急救处理——用冰敷烫伤处，或设立报警电话及时救助<br>·烧伤移植，修复手术 |

（2）Haddon 模型及策略在应对新冠肺炎中的应用

---

① WHO, UNICEF. World report on child injury prevention [R]. Geneva: WHO, 2008: 13.

Haddon 模型在高校新冠肺炎防控中的因素分析。Haddon 模型从发生前、发生时、发生后三个阶段，分宿主、致病因子/媒介物、环境三个因素分解事件的防控，为我们防控传染病的传播提供了很好的参考。结合高校的实际情况，基于 Haddon 模型对高校在新冠肺炎防控中的因素做了具体分析，见表 4-13：Haddon 模型在高校新冠肺炎防控中的因素分析。

表 4-13 Haddon 模型在高校"新冠肺炎"防控中的因素分析

| 发生阶段 | 宿主 | 致病因子/媒介物 | 环境 | |
|---|---|---|---|---|
| | | | 物理环境 | 社会环境 |
| 发生前 | 师生身体状况日报；个人是否实施防护措施；增强个人体质；每日师生早中晚三次测温；师生疫情应急演练；疫情宣传教育 | 主要传播途径包括飞沫和接触传播；学习工作与生活环境的通风与消毒；快递件消毒；疫区师生的居家或隔离观察；因病缺勤人员登记与追踪；外来人员的检查与管控；学生减少外出 | 校医配备及医疗水平；防控物资储备（消毒用品、口罩、体温探测仪）；医疗设备及药品；隔离室的建立；校园环境清洁；师生工作学习生活环境的改善 | 教育主管部门、卫生部门、社区与学校形成联防联控机制；突发新冠肺炎应急预案；突发新冠肺炎报告制度；学生健康管理制度；开设健康教育课并纳入学分；环境卫生通风、消毒与检查通报制度 |
| 发生时 | 个人防护措施的不到位；对事件的全方位评估；立即上报，并及时送医；应急预案的快速反应 | 流行病学调查，发现传播途径；发病者学习、工作、生活场所的消毒与通风 | 隔离室的床位数及生活条件；发病者学习、工作、生活环境的不通风、人员密集程度；医疗水平和快速反应能力；送医车辆的配备及卫生防疫情况 | 多方联防联控机制有效运行；资源保障系统；学习、工作、生活环境管理制度；心理疏导和服务机制；疫情的通报和发布制度；媒体舆情的回应与引导；学校疫情停课制度 |

续表

| 发生阶段 | 宿主 | 致病因子/媒介物 | 环境 | |
|---|---|---|---|---|
| | | | 物理环境 | 社会环境 |
| 发生后 | 对发病人员的救治及人文关爱;对共同生活、学习的密切接触者进行身体检查、隔离观察及心理疏导;疫苗注射;师生疫情防控总结教育 | 根据流行病学调查结果,切断传播途径;评估对致病因子/媒介物防控中的得失,查缺补漏 | 对师生学习、工作、生活环境的彻底改善;提高学校的医疗水平与加强硬件设备设施建设;必要的防护物资储备 | 生病、隔离期间的师生待遇及法律支持;复课证明查验制度;对学校防控制度的长期监督检查;失职追责制度;宣扬正面典型 |

(3) Haddon 10 条预防策略在高校新冠肺炎防控中的应用

Haddon 的 10 条预防策略,针对传染病而言,基本上可分为:源头防控、减少和阻止疫情传播、保护健康者、物理条件保障、积极救治等内容。基于 Haddon 的 10 条预防策略,我们认真梳理了高校在新冠肺炎防控中的一些关键防护措施,如表 4-14 所示。

表 4-14 Haddon 10 条预防策略在高校新冠肺炎防控中的应用

| 策略 | 与新冠肺炎相关的关键防护措施(举例) |
|---|---|
| 1. 首先要阻止危险的产生<br>2. 减少危险的数量<br>3. 阻止危险物的传播和释放<br>4. 调整危险的释放率以及空间分布<br>5. 在时间和空间上将受保护者与危险分开<br>6. 通过屏障措施将危险与受保护者隔离<br>7. 调整涉及危险因素的基础设备质量<br>8. 使个体抵抗住一些伤害<br>9. 对抗已经发生的危险<br>10. 有效急救、运送和康复措施 | ·禁止接触、捕杀和食用野生动物<br>·延迟开学<br>·对师生工作、学习与生活环境的定时通风、清洁和消毒<br>·使用口罩、消毒液;减少师生聚集机会与时间<br>·确诊病人的隔离治疗与疑似病人的隔离观察与体检<br>·将校园与外界的有效隔离;餐厅桌台面的隔离板<br>·确保体温探测仪等医疗物资的质量与数量,提高医疗水平<br>·增强师生体质<br>·对病人送医隔离;联防联控机制运作;密切接触者体检<br>·对病人救治,人文关爱与心理疏导 |

表 4-14 仅提供了与 Haddon 10 条预防策略相对应的防控新冠肺炎的部分措

施,在实际运用中,各校需结合本校实际进行必要的完善。如策略的第5条"在时间和空间上将受保护者与危险分开",除"确诊病人的隔离治疗与疑似病人的隔离观察与体检"外,必要的错峰放学、错峰用餐、提供标准套餐(以减少师生不必要的排队等待时间)、限制图书馆人流量等也是可以考虑的。

# 参考文献

**主要参考书目**

[1] 郑航，王晓莉．价值驱动型学校改进——理论与实践[M]．广州：广东人民出版社，2021．

[2] 上海市教育科学研究院，麦可思研究院．2018中国高等职业教育质量年度报告[M]．北京：高等教育出版社，2018．

[3] 杨全印，孙稼麟．学校文化研究——对一所中学的学校文化透视[M]．北京：教育科学出版社，2005．

[4] [英国]泰勒．原始文化[M]．蔡江浓，编译．杭州：浙江人民出版社，1998．

[5] 教育大辞典编纂委员会．教育大辞典（6）[M]．上海：上海教育出版社，1992．

[6] 国家教育委员会人事司．学校管理研究专题[M]．北京：科学普及出版社，1997．

[7] 赖文燕，周红兵，赵婧．企业文化[M]．南京：南京大学出版社，2015．

[8] 稻盛和夫．企业家精神[M]．叶瑜，译．北京：机械工业出版社，2018．

[9] 李希贵．新学校十讲[M]．北京：教育科学出版社，2013．

[10] 赵中建．学校文化[M]．上海：华东师范大学出版社，2004．

[11] 范国睿．学校管理的理论与实务[M]．上海：华东师范大学出版社，2003．

[12] 王远明．香山文化历史投影与现实镜像[M]．广州：广东人民出版社，2006．

[13] 广东省社会科学院历史研究室，中国社会科学院近代史研究所中华民国史研究室，中山大学历史系孙中山研究室．孙中山全集（第1卷）[M]．北京：中华书局，1981．

[14] 广东省社会科学院历史研究室，中国社会科学院近代史研究所中华民国史研究室，中山大学历史系孙中山研究室．孙中山全集（第4卷）[M]．北京：中华书局，1986．

[15] 广东省社会科学院历史研究室，中国社会科学院近代史研究所中华民国史研究室，中山大学历史系孙中山研究室．孙中山全集（第5卷）[M]．北京：中华书局，2006．

[16] 广东省社会科学院历史研究室，中国社会科学院近代史研究所中华民国史研究室，中山大学历史系孙中山研究室．孙中山全集（第6卷）[M]．北京：中华书局，1985．

[17] 广东省社会科学院历史研究室，中国社会科学院近代史研究所中华民国史研究室，中山大学历史系孙中山研究室．孙中山全集（第8卷）[M]．北京：中华书局，1986．

[18] 广东省社会科学院历史研究室，中国社会科学院近代史研究所中华民国史研究室，中山大学历史系孙中山研究室．孙中山全集（第9卷）[M]．北京：中华书局，2006．

[19] 陈旭麓，郝盛潮，王耿雄．孙中山集外集[M]．上海：上海人民出版社，1990．

[20] 尚明轩．孙中山传[M]．北京：北京出版社，1979．

[21] 黄彦．论三民主义与五权宪法[M]．广州：广东人民出版社，2008．

[22] 葛金国．校园文化：理论意蕴与实务运作[M]．合肥：安徽大学出版社，2006．

[23] 赵海吉．回到原点做教育[M]．北京：光明日报出版社，2014．

[24] 车洪波，郑俊田．中国当代制度文化建设[M]．北京：中国商务出版社，2004．

[25] 王绪君，刘文纲．管理学基础．2版[M]．北京：中央广播电视大学出版社，2008．

[26] 郝建国，陈胜华，王秋红．行政事业单位内部控制规范实际操作范本[M]．北京：中国市场出版社，2015．

[27] 朱永新．中国新教育[M]．北京：中国人民大学出版社，2012．

[28] 朱永新．我的教育理想[M]．桂林：漓江出版社，2014：125．

[29] 米靖. 中国职业教育史研究 [M]. 上海：上海教育出版社，2009.

[30] 汪泓. 中国产学合作教育的崛起 [M]. 北京：清华大学出版社，2013.

[31] 陈工孟. 中国职业教育年鉴（2015）[M]. 北京：经济管理出版社，2015.

[32] 周明星. 职业教育基本理论纲要 [M]. 北京：人民教育出版社，2010.

[33] 方明. 陶行知名篇精选：教师版 [M]. 北京：教育科学出版社，2006.

[34] 人力资源和社会保障部职业能力建设司，中国就业培训技术指导中心. 校企双制 工学一体——校企合作工作指南 [M]. 北京：中国劳动社会保障出版社，2018.

[35] 赵志群. 职业教育工学结合一体化课程开发指南 [M]. 北京：清华大学出版社，2009.

[36] 黄景容. 一体化课程开发与实施 [M]. 广州：广东教育出版社，2016.

[37] 宋其玉. 2008 版 ISO9001 标准理解与应用指南 [M]. 北京：机械工业出版社，2009.

[38] 姜大源. 职业教育要义 [M]. 北京：北京师范大学出版社，2017.

[39] 李小平. 新编基础心理学 [M]. 南京：南京师范大学出版社，2005.

[40] 霍尔莫斯，等. 个人与团队管理（下册）. 2 版 [M]. 北京：清华大学出版社，2008.

[41] 张人红，李建民. 研究性学习管理用书 [M]. 桂林：广西教育出版社，2001.

[42] 莫雷. 教育心理学 [M]. 北京：教育科学出版社，2007.

[43] 教育部师范教育司. 教师专业化的理论与实践. 2 版 [M]. 北京：人民教育出版社，2003.

[44]《技工院校班主任工作实务》编委会. 技工院校班主任工作实务 [M]. 北京：中国劳动社会保障出版社，2020.

[45] 张大均. 教育心理学 [M]. 北京：人民教育出版社，2011.

[46] 刘娟. 心理健康教育 [M]. 北京：清华大学出版社，2019：3.

[47] 魏书生. 班主任工作漫谈——献给青年班主任 [M]. 桂林：漓江出版社，1993：183.

主要参考期刊论文及其它

[1] 张德. 从科学管理到文化管理——企业管理的软化趋势 [J]. 清华大

学学报（哲学社会科学版），1993（1）：28.

［2］成思危. 价值观与企业文化管理［C］. 2008湖北企业文化高峰论坛论文集，2008（5）：915.

［3］张东娇. 价值驱动型学校的特征、文化哲学与建设策略［J］. 北京师范大学学报（社会科学版），2014（5）：5-7.

［4］周文彰，张薇. 福列特构建价值驱动型组织的四重逻辑［J］. 国家行政学院学报，2018（2）：70.

［5］郑航. 价值驱动型学校改进需关注的几个重要问题［J］. 教育科学研究，2021（01）：33-36.

［6］魏巍. 本科毕业生就业专业对口问题研究［D］. 上海：华东师范大学，2017.

［7］R. Hergh, J. Miller, and G. Frelding（1998）. Models of Moral Education：An Appraisal. New York：Longman, P23

［8］潘璋荣. 耶鲁大学的办学理念及其启示［J］. 新课程研究，2018（1）.

［9］王红岩. 高职生职业素养培养策略研究［J］. 黑龙江高教研究，2012（2）.

［10］吴伟萍. 从企业需求出发探究高职学生职业素养培养［J］. 职业与教育，2014（8）.

［11］蒋乃平. 职业素养训练是职业院校素质教育的重要特点［J］. 中国职业技术教育，2012（1）.

［12］刘学国. 浅论学校文化和学校文化建设［J］. 教育理论与实践，1990（6）.

［13］郭继东，祝静文. 学校文化结构的三种模型隐喻［J］. 现代教育论丛，2011（9）.

［14］刘亦菲. 对学校文化的要素与结构的分析［J］. 天津师范大学学报，2008（3）.

［15］赵海吉. 职业院校精神文化及其提炼方式［J］. 职业. 2020（7）.

［16］彭振宇. 基于校训视角看高职院校精神的凝炼——基于200所全国示范及骨干高职院校校训调查统计分析［J］. 职业技术教育，2011（20）.

［17］白色学院. 白色学院简介［EB/OL］. http：//www. bsuc. cn/xxgk/xxjj. htm，2018（12）.

［18］南京工业职业技术学院. 学院简介［EB/OL］. http：//www. niit. edu. cn/，2018（12）.

［19］北京国家会计学院. 学院简介［EB/OL］. http：//www. nai. edu. cn/index. php, 2018（12）.

［20］华夏科技大学. 华夏简介［EB/OL］. http：//www. hwh. edu. tw/files/11-1000-409. php, 2018（12）.

［21］李剑铭. 中山市黄圃腊味产业集群发展对策研究［D］. 电子科技大学, 2011（12）：13.

［22］中国科学院领导力课题组. 愿景领导力研究［J］. 领导科学, 2009（2）.

［23］百度百科. 国立西南联合大学［EB/OL］. https：//baike. baidu. com, 2018（12）.

［24］庄政. 孙中山教育思想阐述［C］."孙中山与中华民族崛起"国际学术研讨会论文集, 2006（11）.

［25］韩杰, 粟斌. 浅析孙中山知行观及其教育思想［J］. 焦作大学学报, 2014（9）.

［26］蓝炜儿, 姚晓波. 孙中山职业教育思想及现实意义初探［J］. 郧阳师范高等专科学校学报, 2013（4）.

［27］周军. 辛亥革命时期广东的教育［EB/OL］. 广东革命历史博物馆, 2018（12）.

［28］百度百科. 公民教育［EB/OL］. https：//baike. baidu. com, 2018（12）.

［29］刘丽蓉. 孙中山思想研究［D］. 云南师范大学硕士论文, 2015（5）.

［30］长沙市楚天职业与心理研究院, 中山市技师学院."孙中山职教思想"文化体系设计方案［Z］. 课题研究成果, 2018（12）.

［31］深圳职业技术学院. 深圳职业技术学院官网［EB/OL］. https：//www. szpt. edu. cn/xxgk/xhxx. htm, 2019（1）.

［32］缪远. 传历史文脉 承嘉庚风格——厦门大学嘉庚风格建筑楼群赏析［J］. 华中建筑, 2008（3）.

［33］袁丽, 朱旭东, 宋萑. 美国学校教室文化建构的解读——基于对一所美国公立学校的观察［J］. 外国教育研究, 2016（6）.

［34］赵昕. 学习岛——工作场所学习的一种新形式［J］. 世界教育信息, 2007（2）.

［35］卢亮. 学习岛：德国企业内部培训的新方式［J］. 中国人力资源开发, 2011（8）.

[36] 王清, 杨京文. 基于Kolb理论的中医儿科学学习风格与教学方法探讨 [J]. 中国中医药现代远程教育, 2017 (8).

[37] 曼秀雷敦. 曼秀雷敦（中国）药业有限公司官网 [EB/OL]. http://www.mentholatum.com.cn, 2019 (1).

[38] 海南大学校园石刻"海大人全力抗击超强台风'威马逊'".

[39] 黄文浩. 试论职业院校制度文化的内在生成 [J]. 职教论坛, 2016 (30).

[40] 冯永刚. 学校制度文化育人的价值意蕴及其实现 [J]. 教育科学研究, 2018 (5).

[41] 周晶. 制度文化视域下大学治理能力现代化研究 [D]. 湖南大学博士学位论文, 2018 (4).

[42] 程勉中. 高等学校组织结构及其创新路径 [J]. 郑州轻工业学院学报, 2009 (10).

[43] 教育部办公厅. 教育部直属高校经济活动内部控制指南（试行）教财厅〔2016〕2号 [EB/OL]. http://cwc.hbue.edu.cn/12/87/c868a135815/page.htm, 2017 (2).

[44] 史姝玥. COSO委员会的内部控制整合框架更新及启示 [J]. 经济师, 2019 (1).

[45] 舒伟, 左锐, 陈颖, 文静. COSO风险管理框架的新发展及其启示 [J]. 西安财经学院学报, 2018 (10).

[46] 教育部办公厅. 教育部直属高校经济活动内部控制指南（试行）教财厅〔2016〕2号 [EB/OL]. http://cwc.hbue.edu.cn/12/87/c868a135815/page.htm, 2017 (2).

[47] 朱建芳. 高校ISO9001—2015标准质量管理体系的建立与实施——以广州航海学院为例 [J]. 教育教学论坛, 2018 (4).

[48] 刘荣. 新时期高职院校特色行为文化建设路径研究 [J]. 经济师, 2012, (12).

[49] 睢密太. 论大学行为文化建设的内容途径方法 [J]. 大学教育, 2017 (3).

[50] 胡树森. 加强高职院校行为文化建设的思考 [J]. 河北职业技术学院学报, 2008, (2).

[51] 陈彪彪、田金莲. 高职院校校园行为文化建设 [A]. 无锡职教教师论坛论文集 [C], 2009, (10).

[52] 蒙晓旺. 高校榜样教育育人功能发挥研究 [D]. 南宁: 广西大学, 2016.

[53] 教育部. 新时代高校教师职业行为十项准则 [EB/OL]. http://www.moe.gov.cn/srcsite/A10/s7002/201811/t20181115_ 354921. html, 2019.

[54] 教育部. 中等职业学校教师专业标准（试行）[EB/OL]. http://old.moe.gov.cn/publicfiles/business/htmlfiles/moe/s6991/201309/157939. html, 2019.

[55] 教育部. 中等职业学校校长专业标准 [EB/OL]. http://www.moe.gov.cn/srcsite/A10/s7151/201501/t20150112_ 189307. html, 2019.

[56] 赵海吉. 管理者应遵循的几条法则 [J]. 中小学校长, 2008 (6).

[57] 教育部. 教育部关于2013年深化教育领域综合改革的意见 [EB/OL] http://old.moe.gov.cn/publicfiles/business/htmlfiles/moe/s7229/201303/148072. html, 2019 (04).

[58] 中共中央关于全面深化改革若干重大问题的决定 [EB/OL]. http://www.gov.cn/jrzg/2013-11/15/content_ 2528179. htm, 2019 (04).

[59] 国务院办公厅. 关于深化产教融合的若干意见 [EB/OL]. http://www.gov.cn/zhengce/content/2017-12/19/content_ 5248564. htm, 2019 (04).

[60] 国务院. 国家职业教育改革实施方案 [EB/OL]. http://www.gov.cn/zhengce/content/2019-02/13/content_ 5365341. htm, 2019 (04).

[61] 国家发改委, 教育部. 建设产教融合型企业实施办法（试行）[EB/OL]. http://www.ndrc.gov.cn/zcfb/zcfbtz/201904/t20190403_ 932600. html, 2019 (05).

[62] 孙立家. 中国古代职业教育的主要教育形式——艺徒制 [J]. 职业技术教育, 2007 (7).

[63] 陶行知. 生利主义之职业教育 [EB/OL]. https://wenku.baidu.com/view/cb4de03fa32d7375a4178070. html, 2019 (04).

[64] 政务院. 中央人民政府政务院关于整顿和发展中等技术教育的指示 [J]. 人民教育, 1952 (5): 56.

[65] 第一次全国工人技术学技校长会议关于提高教学工作质量的决议 [J]. 劳动, 1955 (10): 1.

[66] 中共中央国务院关于教育工作的指示 [J]. 江苏教育, 1958 (18): 5.

[67] 孙宝树. 在中国职协六届三次理事会会议上的讲话 [Z]. 广州, 2018 (11).

[68] 人力资源和社会保障部. 人力资源社会保障部颁布新的国家职业技能标准 [EB/OL]. http://www.gov.cn/xinwen/2019-01/08/content_5355778.htm, 2019 (05).

[69] 人力资源和社会保障部. 人力资源社会保障部颁布新的国家职业技能标准 [EB/OL]. http://www.gov.cn/xinwen/2019-01/08/content_5355778.htm, 2019 (05).

[70] 吴立波, 吴回生. 职业资格制度改革与职业教育的关系研究 [J]. 职业教育研究, 2018 (9).

[71] 李寿冰. 高职院校开展1+X证书制度试点工作的思考 [J]. 中国职业技术教育, 2019 (10).

[72] 教育部, 国家发展改革委, 财政部, 市场监管总局. 关于在院校实施"学历证书+若干职业技能等级证书"制度试点方案 [EB/OL]. http://www.moe.gov.cn/srcsite/A07/moe_953/201904/t20190415_378129.html, 2019 (05).

[73] 祝士明, 吴文婕. 五个对接：现代职业教育内涵发展的路径选择 [J]. 职教论坛, 2014 (27).

[74] 周永平, 石伟平. 论"终身职业教育" [J]. 中国职业技术教育, 2017 (5).

[75] 付俊文, 赵红. 利益相关者理论综述 [J]. 首都经济贸易大学学报, 2006 (2).

[76] 孙晓. 利益相关者理论综述 [J]. 经济研究导刊, 2009 (2).

[77] 赵显通. 职业教育系统解析：利益相关者的视角 [J]. 职业技术教育, 2012 (34).

[78] 王剑. 王阳明知行合一思想重释 [J]. 中华文化论坛, 2016 (8): 77.

[79] 柳忠林. 王阳明知行合一说新解 [J]. 山东大学学报, 1988 (4).

[80] 游青明. "知行合一"与陶行知的生活教育理论 [J]. 改革与开放, 2012 (12).

[81] 方华明. 万世师表 知行合一——伟大的人民教育家陶行知 [J]. 职业与教育, 2006 (10).

[82] 英国高等学校"三明治"教育模式 [N]. 中国教育报, 1990. 7. 31.

[83] 刘娟,张炼. 英国三明治教育发展历程及其政策举措分析[J]. 现代教育科学,2012(01).

[84] 李炳安. 产学研合作的英国教学公司模式及其借鉴[J]. 高等工程教育研究,2012(1).

[85] 姚襄祥. 英国教学公司在促进产学结合中的作用[J]. 比较教育研究,1996(1).

[86] 李博. 基于"产学官合作"的日本实践型高职教育模式[J]. 教育与职业,2017(13).

[87] 尹晓玉. 日本高等教育产学官合作研究——以冈山大学为例[D]. 长春:东北师范大学,2014(6).

[88] 曹勇,秦玉萍. 日本政府主导型产学官合作模式的形成过程、推进机制与实施效果[J]. 自然辩证法通讯,2011(5).

[89] 余沫汐. 日本职业教育"产学官"联合办学模式研究与借鉴——以日本高等专门院校为例[D]. 南昌:江西科技师范大学,2014(6).

[90] College Cooperative Education [J]. Best of Co -opGuide. 2007 -08 Edit. National Commission for Cooperative (USA).

[91] 张敏. 美国合作教育实践项目保障制度:现状、特点及启示[J]. 重庆高教研究,2016(6).

[92] 广东省人力资源和社会保障厅2012年省级教学研究课题"技工院校'校园对接产业园'模式研究"成果,课题编号:2012022,课题主持人:赵海吉.

[93] 赵海吉. "三进三出"校企合作[J]. 职业技术教育,2011(7).

[94] 王飞 崔秋立. 从"校企一体"到"校企双制"—技工教育校企合作源流及发展路径[J]. 中国培训,2022(3).

[95] http://www.mohrss.gov.cn/SYrlzyhshbzb/rencairenshi/zcwj/jinengrencai/202002/t20200210_ 359218.html

[96] http://www.mohrss.gov.cn/SYrlzyhshbzb/rencairenshi/zcwj/jinengrencai/202002/t20200210_ 359218.html

[97] 中国国家标准化管理委员会. 质量管理体系——要求(ISO 9001:2008,IDT). 内部培训资料,2008.

[98] 贾永枢. 基于PDCA循环的校企一体教学管理流程[J]. 浙江工贸职业技术学院学报,2010(3).

[99] 张丽江,张国祥. 行动导向教学中的"行动"之研究[J]. 职业,

2010（12）.

［100］［日］田中统治，野泽有希.日本新教育课程背景下的"课程经营"［J］.全球教育展望，2009（12）.

［101］刘邦祥，吴全全.德国职业教育行动导向的教学组织研究［J］.中国职业技术教育，2007（5）：51-55.

［102］易艳明，石婷.德国行动导向教学理论基础、组织模式与设计原则再分析［J］.中国职业技术教育，2016（27）.

［103］崔发周.行动导向教学方法设计与教学组织方式［J］.职业，2013（10）.

［104］https：//www.celt.iastate.edu/instructional-strategies/effective-teaching-practices/revised-blooms-taxonomy/？elementor-preview=4740&ver=1536780009#blooms-model，2022.

［105］赵海吉.基于WebQuest的研究性学习模式及其在计算机维修与维护教学中的应用［J］.中国职业技术教育，2005（2）.

［106］王米雪.联通主义视角下的移动学习资源设计［Z］.2014中国学习与发展大会.2014.

［107］黎加厚.微课程教学法与翻转课堂的中国本土化行动［J］.中国教育信息化.2014（12）.

［108］靳新.移动互联环境下的教学模式变革及数字化课程建设［Z］.蓝墨云班课技术资料，2016.

［109］汪晓东.基于移动学习的新型职业培训模式研究［Z］.中国就业培训技术指导中心与人力资源和社会保障部职业技能鉴定中心立项课题，2015.

［110］左崇良，吴云鹏.教师专业发展研究：进展与方向［J］.中国成人教育2019（19）.

［111］王宪成等，实行"双证书制"，培养"一体化"职教师资［J］.中国培训，1997（9）.

［112］教育部"中等职业教育教学改革计划"专项研究——"中等职业教育对学生文化知识水平和学习能力要求研究"

［113］刘云，谢少华.全人教育以人为本的理念及其对中国教育思想的启示［J］.贵州社会科学，2017，（3）.

［114］江连凤.运用焦点解决技术SFBT提升职校班主任沟通技能（讲义）［Z］，2019.

［115］教育部.中小学教师实施教育惩戒规则（试行）［EB/OL］，

http：//www. moe. gov. cn/srcsite/A02/s5911/moe_ 621/202012/t20201228_ 507882. html, 2020 (12).

[116] 沈春安, 沈蕝. 学校突发公共卫生事件健康教育策略探讨 [J]. 健康教育与健康促进, 2008, 3 (3)：65-66.

[117] 田腾. 儿童意外伤害的理论分析——基于"Haddon 模型" [J]. 基础教育, 2017, 14 (3)：106.

[118] Barnett DJ, Balicer RD, Blodgett D, et al. The application of the Haddon matrix to public health readiness and response planning [J]. Environ Health Perspect, 2005 (05), p561-566.

[119] WHO, UNICEF. World report on child injury prevention [R]. Geneva：WHO, 2008：13.